SPANISH-EN~~~
ENGLISH-SPANISH
BEGINNER'S
DICTIONARY

A Beginner's Guide in Words and Pictures

FOURTH EDITION

By Gladys C. Lipton
Director
National FLES Institute,
Kensington, MD

Olivia Muñoz
Former Director of Foreign Languages
Board of Education, Houston Public Schools,
Houston, TX

BARRON'S

Dedicated, with affection, to
Robert Lipton and Raúl Muñoz, Jr.

The authors wish to thank Eloise Rodríguez and
Elaine Wolfire for valuable suggestions, and Michael S. Pérez
for his great work on the final coordination of the material.

All inquiries should be addressed to:
Barron's Educational Series, Inc.
250 Wireless Boulevard
Hauppauge, NY 11788
www.barronseduc.com

ISBN-13: 978-0-7641-3968-0
ISBN-10: 0-7641-3968-1
Library of Congress Control Number 2008934846

Printed in Canada
9 8 7 6 5 4 3 2 1

Table of Contents

Tabla de Materias

Introduction

Learning another language can be fun for everybody! This *Spanish–English/English–Spanish Beginner's Dictionary* is a book that will be both interesting and useful to you. If you enjoy discovering new words and sentences in Spanish and English, if you like trying to pronounce new sounds and looking at pictures, this book will bring many hours of enjoyment.

This fourth edition contains many new and expanded features, including new words and expressions, particularly in technology. There are many Cultural Notes scattered throughout the book, reflecting both Spanish and American cultures. There is also a For Travelers supplement to assist you when you travel to the many Spanish-speaking countries around the world. And the Spanish and English pronunciation keys will help you solve some of the mysteries of foreign language pronunciation.

Last, but not least, by looking up words and expressions in both languages, you will have an opportunity to compare them and gain some insights into Spanish and American cultures.

Welcome to the world of languages!

Gladys C. Lipton and Olivia Muñoz

Introducción

Aprender una lengua extranjera puede ser divertido para todo el mundo. Pronto verás que este diccionario bilingüe es interesante y muy útil. Si tú gozas descubriendo nuevas palabras y frases en español e inglés, si te gusta tratar de pronunciar nuevos sonidos y mirar ilustraciones, este libro te dará muchas horas de agradable pasatiempo.

La cuarta edición contiene muchas palabras y expresiones nuevas, especialmente en el campo de la tecnología. Hay muchas Notas Culturales repartidas en el texto que reflejan tanto la cultura hispana como la norteamericana. Hemos también incluido un Suplemento para Viajeros para ayudarte cuando viajes a distintos países de habla inglesa. Y las claves de pronunciación del español y del inglés te aclararán o resolverán el misterio de cómo decir las palabras correctamente.

Por último, cuando busques palabras y expresiones en ambos idiomas, tendrás la oportunidad de compararlos y así comprender mejor las culturas hispana y norteamericana.

¡Bienvenido al mundo de los idiomas!

Gladys C. Lipton y Olivia Muñoz

Spanish-English

(Español-Inglés)

A Note About Grammar

The "vosotros" form is included in parentheses within all verbal conjugations. Please be aware that this form is normally used in Spain, but it is of very limited use in Latin American countries.

Una Nota Sobre Gramática

La forma del "vosotros" se ha incluido en paréntesis dentro de todas las conjugaciones verbales. Cabe notar que esta forma es de uso corriente en España, pero se emplea muy infrecuentemente en los países latinoamericanos.

Spanish Pronunciation Key

(for English speakers)

Notes

1. Many Spanish sounds do not have an exact English equivalent. The phonemic symbols are approximate and will assist the beginning student of Spanish as he or she encounters new words and phrases.

2. The Spanish–American pronunciation is used throughout the dictionary.

3. Capital letters in the phonemic symbols indicate the syllable that receives the emphasis. For example,

den-TEES-ta

4. Beginning students of Spanish should be particularly careful of the pronunciation of Spanish vowels. Spanish vowels are sharper, clearer, and less drawn out than English vowels.

5. In order to give the student greater confidence, some of the refinements of Spanish pronunciation have not been indicated, such as intervocalic "d." These will be easily acquired with further study and listening to spoken Spanish.

CONSONANTS

Spanish Spelling	Phonemic Symbol
b, v	b
c + a, o, u	k (as in *kitten*)
c + e, i	s (as in *sit*)
ch	ch
d	d
f	f
g + a, o, u	g (as in *go*)
g + e, i	j (like the *h* in *house*)
gu + e, i	g (as in *go*)
h (silent)	—
j	j (like the *h* in *house*)
k	k
l	l
ll	ly (as in *million*) (or *y* for pronunciation in Southwestern U.S. and most of western hemisphere)
m	m
n	n
ñ	ny (as in *onion*)
p	p
qu	k
r	r
rr	rr (strong rolling sound)
s	s
t	t
v	b
x	ks, gs
y	y (as in *yellow*)
z	s

4

VOWELS			
Spanish Spelling	Spanish Example	Phonemic Symbol	Sounds something like English word
a	la	a	father
e	pero	e	pet
i, y	disco	ee	keep
io	serio	eeo	—
o	oficina	o	open
u	útil	u	too
ie	cierto	ye	yesterday
ey, ue, ei	seis	ay	say
ai	bailar	aee	fight
au	causa	av	how

A

a [A] preposition   **at, in, to**

Ellos van a México.
They are going to Mexico.

---

a la derecha [a-la-de-RE-cha] preposition   **to the right**

El auto dobla a la derecha.
The car turns to the right.

---

a la izquierda [a-la-is-KYER-da] preposition   **to the left**

Enrique se sienta a la izquierda de Carlos.
Henry sits to the left of Charles.

---

el abanico [a-ba-NEE-co] noun, masc.   **fan**

Usa el abanico porque hace calor.
She uses the fan because it's hot.

---

la abeja [a-BE-ja] noun, fem.   **bee**

A la abeja le gustan las flores.
The bee likes flowers.

---

abierto [a-BYER-to] adjective, masc.   **open**
abierta [a-BYER-ta] fem.

La caja está abierta.
The box is open.

---

el abogado [a-bo-GA-do] noun, masc.   **lawyer, attorney**

Mi papá es abogado.
My father is a lawyer.

---

abril [A-BREEL] noun, masc.   **April**

En abril llueve mucho.
It rains a lot in April.

---

abrir [a-BREER] verb   **to open**

Yo abro   Nosotros abrimos
Tú abres   (Vosotros abrís)
Él, Ella, Usted abre   Ellos, Ellas, Ustedes abren

Marcos abre la puerta.
Mark opens the door.

---

la abuela [a-BUE-la] noun, fem.   **grandmother**

La abuela prepara la comida.
The grandmother prepares the food.

---

el abuelo [a-BUE-lo] noun, masc.   **grandfather**

Mi abuelo va a la pesca.
My grandfather goes fishing.

---

acabar [a-ka-BAR] verb   **to finish**

Yo acabo   Nosotros acabamos
Tú acabas   (Vosotros acabáis)
Él, Ella, Usted acaba   Ellos, Ellas, Ustedes acaban

Alejandra siempre acaba la tarea temprano.
Alexandra always finishes the homework early.

acabar de [a-ka-BAR-de] idiomatic expression   **to have just**

Yo acabo   Nosotros acabamos
Tú acabas   (Vosotros acabáis)
Él, Ella, Usted acaba   Ellos, Ellas, Ustedes acaban

Él acaba de tomar un refresco.
He just had a drink.

---

el aceite [a-SAY-te] noun, masc.   **oil**

El motor necesita aceite.
The motor needs oil.

---

la acera [a-SE-ra] noun, fem.   **sidewalk**

Ellos caminan por la acera.
They walk along the sidewalk.

acompañar [a-com-pa-NYAR] verb   **to go along,**
                                            to accompany

Yo acompaño   Nosotros acompañamos
Tú acompañas   (Vosotros acompañáis)
Él, Ella, Usted acompaña   Ellos, Ellas, Ustedes acompañan

El muchacho acompaña a su hermana.
The boy accompanies his sister.

acostarse [a-kos-TAR-se] verb   **to go to bed**

Yo me acuesto   Nosotros nos acostamos
Tú te acuestas   (Vosotros os acostáis)
Él, Ella, Usted se acuesta Ellos, Ellas, Ustedes se acuestan

Los niños se acuestan a las nueve.
The children go to bed at nine.

el actor [ak-TOR] noun, masc.   **actor**

El actor está aquí.
The actor is here.

el acuario [a-KUA-reeo] noun, masc.   **aquarium**

Hay peces en el acuario.
There are fish in the aquarium.

adiós [a-DEEOS] interjection   **good-bye**

El papá dice "adiós."
The father says "Good-bye."

adivinar [a-dee-bee-NAR] verb   **to guess**

Yo adivino   Nosotros adivinamos
Tú adivinas   (Vosotros adivináis)
Él, Ella, Usted adivina   Ellos, Ellas, Ustedes adivinan

Adivina lo que traigo.
Guess what I have.

---

adrede [a-DRE-de] adverb   **on purpose**

El niño rompe el vaso adrede.
The boy breaks the glass on purpose.

---

la aeromoza [ae-ro-MO-sa] noun, fem.   **flight attendant**

La aeromoza ayuda a los pasajeros.
The flight attendant helps the passengers.

---

el aeropuerto [ae-ro-PUER-to] noun, masc.   **airport**

El avión sale del aeropuerto.
The plane leaves the airport.

---

afuera [a-FUE-ra] adverb   **outside**

El jardín está afuera.
The garden is outside.

---

agarrar [a-ga-RRAR] verb   **to catch, to get**

Yo agarro   Nosotros agarramos
Tú agarras   (Vosotros agarráis)
Él, Ella, Usted agarra   Ellos, Ellas, Ustedes agarran

Yo también quiero agarrar un pollito.
I also want to catch a chick.

agosto [a-GOS-to] noun, masc.   **August**

Su cumpleaños es en agosto.
Her birthday is in August.

agradable [a-gra-DA-ble] adjective   **pleasant, nice**
Mi maestra es agradable.
My teacher is nice.

agua [A-gua] noun, fem.   **water**
Tengo sed. Dame agua, por favor.
I'm thirsty. Give me some water, please.

la aguja [a-GU-ja] noun, fem.   **needle**
La señora usa la aguja para coser.
The lady uses the needle to sew.

ahora [a-o-ra] adverb   **now**
Ahora no podemos ir.
We can't go now.

ahorrar [a-o-RRAR] verb   **to save**

Yo ahorro	Nosotros ahorramos
Tú ahorras	(Vosotros ahorráis)
Él, Ella, Usted ahorra	Ellos, Ellas, Ustedes ahorran

Lino ahorra su dinero.
Linus saves his money.

el aire [AEE-re] noun, masc.   **air**
Ellos abren la ventana para que entre aire fresco.
They open the window so the cool air can come in.

el ala [A-la] noun, fem.   **wing**
las alas [A-las]

El pájaro usa las alas para volar.
The bird uses his wings to fly.

---

la alberca [al-BER-ka] noun, fem.   **pool**

Roberto nada en la alberca. (la piscina)
Robert swims in the pool.

---

la alcancía [al-kan-SEE-a] noun, fem.   **(piggy) bank**

Eloísa guarda el dinero en su alcancía.
Eloise keeps the money in her bank.

> In the year 711, the Moors invaded Spain and remained there for eight centuries. Although forced to leave, they left their mark on Spanish history and language. Among the words of Arabic origin that came into the Spanish language are *alcancía* (savings), *almohada* (pillow), *alcohol,* and *álgebra*. Other examples are *naranja* (orange), *toronja* (grapefruit), and *limón* (lemon).
>
> En el año 711 los moros invadieron a España y allí permanecieron durante ocho siglos. Aunque forzados a salir, dejaron sus huellas en la histroria y en la lengua española. Entre las palabras árabes que entraron en la lengua están *alcancía, almohada, alcohol,* y *álgebra*. Otros ejemplos son *naranja, toronja,* y *limón*.

---

alegre [a-LE-gre] adjective   **cheerful, gay, glad**

Hoy los niños están alegres.
The children are cheerful today.

la alfombra [al-FOM-bra] noun, fem.   **rug**

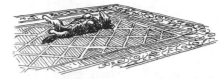

La alfombra de la sala es hermosa.
The rug in the living room is beautiful.

algo [AL-go] pronoun, masc.   **something**

Hay algo en la caja.
There is something in the box.

el algodón [al-go-DON] noun, masc.   **cotton**

El vestido es de algodón.
The dress is made of cotton.

alguien [AL-gyen] pronoun   **someone**

Alguien está en la puerta.
Someone is at the door.

algunas veces [al-GU-nas-BE-ses] adverb   **sometimes**

Algunas veces vamos al parque zoológico.
Sometimes we go to the zoo.

la almohada [al-mo-A-da] noun, fem.   **pillow**

Duermo en una almohada suave.
I sleep on a soft pillow.

alrededor [al-rre-de-DOR] adverb   **around**

El jardín está alrededor de la casa.
The garden is around the house.

---

el alumno [a-LUM-no] noun, masc.   **pupil**
la alumna [a-LUM-na] fem.

El alumno hace la lección en clase.
The pupil does his lesson in class.

---

allá [a-LYA, a-YA] adverb   **down there, over there**

Allá está el avión.
The plane is over there.

---

allí [a-LYEE, a-YEE] adverb   **there**

Tu libro está allí.
Your book is there.

---

amar [a-MAR] verb   **to love**

Yo amo	Nosotros amamos
Tú amas	(Vosotros amáis)
Él, Ella, Usted ama	Ellos, Ellas, Ustedes aman

Mi mamá ama a mi papá.
My mom loves my dad.

---

la ambulancia [am-bu-LAN-seea] noun, fem.   **ambulance**

La ambulancia va al hospital.
The ambulance is going to the hospital.

---

americano [a-me-ree-KA-no] adjective, masc.   **American**
americana [a-me-ree-KA-na] fem.

Mi maestro es americano de los Estados Unidos.
My teacher is an American from the United States.

---

el amigo [a-MEE-go] noun, masc.   **friend, chum**
la amiga [a-MEE-ga] fem.

Los amigos están pescando.
The friends are fishing.

---

anaranjado [a-na-ran-JA-do] adjective, masc.   **orange**
anaranjada [a-na-ran-JA-da] fem.
color de naranja [ko-LOR-de-na-RAN-ja]
Su camisa es anaranjada.
His shirt is orange.

---

ancho [AN-cho] adjective, masc.   **wide**
ancha [AN-cha] fem.
La calle es muy ancha.
The street is very wide.

---

andar [an-DAR] verb   **to go, to walk**

Yo ando	Nosotros andamos
Tú andas	(Vosotros andáis)
Él, Ella, Usted anda	Ellos, Ellas, Ustedes andan

Ellos andan en el parque.
They are walking in the park.

15

andar a caballo idiomatic expression   **to go horseback**
[an-DAR-a-ka-BA-yo]   **riding**

Cada domingo anda a caballo.
Every Sunday he goes horseback riding.

andar en bicicleta, montar en bicicleta   **to go bicycle**
[an-DAR-(mon-TAR)-en-bee-see-KLE-ta]   **riding**

Le gusta montar en bicicleta.
She likes to go bicycle riding.

---

el anillo [a-NEE-lyo, a-NEE-yo] noun, masc.   **ring**

¡Qué anillo tan bonito!
What a beautiful ring!

---

el aniversario [a-nee-ber-SA-reeo] noun, masc.   **anniversary**

Mis padres celebran su aniversario.
My parents are celebrating their anniversary.

---

la antena de televisión   **television antenna**
[an-TE-na-de-te-le-bee-SEEON] noun, fem.

Las casas tienen antenas de televisión.
The houses have television antennas.

---

antes [AN-tes] preposition   **before**

Antes de mirar la televisión, hay que hacer las tareas.
Before watching television, we have to do our homework.

---

el año [A-nyo] noun, masc.   **year**

Roberto tiene quince años.
Robert is fifteen years old.

---

apagar [a-pa-GAR] verb   **to turn off**

Yo apago	Nosotros apagamos
Tú apagas	Vosotros apagáis
Él, Ella, Usted apaga	Ellos, Ellas, Ustedes apagan

El papá apaga la luz.
The father turns off the light.

el aparador [a-pa-ra-DOR] noun, masc.   **store window**

Hay ropa en el aparador. (la vitrina)
There are clothes in the store window.

el aparato de televisión   **television set**
[a-pa-RA-to-de-te-le-bee-SEEON] noun, masc.

El aparato de televisión es moderno.
The television set is modern.

el apartamento [a-par-ta-MEN-to] noun, masc.   **apartment**

Ellos viven en un apartamento cerca de la escuela.
They live in an apartment near the school.

el apellido [a-pe-LYEE-do] noun, masc.   **family surname**

¿Cuál es su apellido?
What is your family surname?

> In Spain and Latin America, people officially
> identify themselves by using both the father's last
> name and the mother's maiden name. If my name
> is José Luis, my full name would be JOSÉ LUIS
> GARCÍA OBREGÓN. García is my father's family
> name and Obregón is my mother's family name.
>
> En España y Latinoamérica, la gente se identifica
> oficialmente con el apellido de cada uno de los
> padres. Es decir, si me llamo JOSÉ LUIS, mi
> nombre completo es JOSÉ LUIS GARCÍA
> OBREGÓN. García es el apellido de mi padre y
> Obregón es el apellido de mi madre.

17

el apetito [a-pe-TEE-to] noun, masc.   **appetite**

Mi hermano come con buen apetito.
My brother has a good appetite.

---

el apio [A-peeo] noun, masc.   **celery**

Me gusta el apio en la ensalada.
I like celery in the salad.

---

aprender [a-pren-DER] verb   **to learn**

Yo aprendo	Nosotros aprendemos
Tú aprendes	(Vosotros aprendéis)
Él, Ella, Usted aprende	Ellos, Ellas, Ustedes aprenden

Se va a la escuela a aprender.
One goes to school to learn.

---

apretado [a-pre-TA-do] adjective, masc.   **tight**
apretada [a-pre-TA-da] fem.

El saco está apretado.
The coat (jacket) is tight.

---

aquí [a-KEE] adverb   **here**

Aquí están los zapatos.
The shoes are here.

aquí tiene idiomatic expression   **here is, are**

Aquí tiene usted su paquete.
Here is your package.

---

la araña [a-RA-nya] noun, fem.   **spider**

¿Quién tiene miedo de la araña?
Who's afraid of the spider?

el árbol [AR-bol] noun, masc.   **tree**

El árbol tiene muchas ramas.
The tree has many branches.

el arco iris [AR-co-EE-rees] noun, masc.   **rainbow**

El arco iris tiene muchos colores.
The rainbow has many colors.

la arena [a-RE-na] noun, fem.   **sand**

En la playa hay arena.
There is sand on the beach.

el armario [ar-MA-reeo] noun, masc.   **cupboard**

Los platos hondos están en el armario.
The bowls are in the cupboard.

arquitectura [ar-kee-tek-TOO-ra] noun, fem.   **architecture**

La arquitectura es la técnica y el arte empleados en toda construcción.

Architecture is the technique and art used in all construction.

> Among the great architectural wonders of the world, there are three in Latin America: Brazil has the Statue of Christ the Redeemer, Peru has Machu Pichu, and Mexico has the Chichen Itza Pyramid.
>
> Entre las grandes maravillas de arquitectura del mundo, hay tres en América del Sur. Brasil tiene la Estatua del Cristo Redentor, Perú tiene a Machu Pichu y México tiene la Pirámide de Chichen Itza.

---

arrancar(se) [a-rran-KAR-se] verb   **to take out, pull out**

Yo arranco	Nosotros arrancamos
Tú arrancas	(Vosotros arrancais)
Él, Ella, Usted arranca	Ellos, Ellas, Ustedes arrancan

El camión arranca el árbol.
The truck pulls the tree out.

---

arrastrar [a-rras-TRAR] verb   **to drag**

Yo arrastro	Nosotros arrastramos
Tú arrastras	(Vosotros arrastráis)
Él, Ella, Usted arrastra	Ellos, Ellas, Ustedes arrastran

David arrastra un costal.
David drags a sack.

---

arreglar [a-rre-GLAR] verb   **to arrange, to repair**

Yo arreglo	Nosotros arreglamos
Tú arreglas	(Vosotros arregláis)
Él, Ella, Usted arregla	Ellos, Ellas, Ustedes arraglan

El trabajador arregla la máquina.
The worker repairs the machine.

---

arrestar [a-rres-TAR] verb   **to arrest**

  Yo arresto   Nosotros arrestamos
  Tú arrestas   (Vosotros arrestáis)
  Él, Ella, Usted arresta   Ellos, Ellas, Ustedes arrestan

El policía arresta a los ladrones.
The policeman arrests the robbers.

---

arriba [a-RREE-ba] adverb   **upstairs**

Mi dormitorio está arriba.
My bedroom is upstairs.

¡Arriba! [a-RREE-ba] idiomatic expression   **Hurray!**

¡Arriba los jugadores!
Hurray for the players!

---

arrollar [a-rro-LYAR, a-rro-YAR] verb   **to roll**

  Yo arrollo   Nosotros arrollamos
  Tú arrollas   (Vosotros arrolláis)
  Él, Ella, Usted arrolla   Ellos, Ellas, Ustedes arrollan

Los muchachos arrollan los periódicos.
The boys are rolling the newspapers.

---

el arroz [a-ROS] noun, masc.   **rice**

Me gusta el arroz con pollo.
I like rice with chicken.

21

el artista [ar-TEES-tah] noun   **artist**

Ese artista exhibe sus pinturas en los museos de Barcelona.
That artist exhibits his paintings in the Barcelona museums.

> Pablo Picasso, the artist from Málaga, Spain, is the most famous painter of the last century. He is also known for his sculpture, ceramics, graphics, and drawings. His "Guernica" painting is a masterpiece that reflects war's horrors.
>
> Pablo Picasso, el artista de Málaga, España, es el más famoso pintor del último siglo. Se le conoce también por su escultura, su cerámica, sus gráficas y sus dibujos. Su pintura "Guernica" es una obra maestra que refleja los horrores de la guerra.

así [a-SEE] adverb   **this way, so**

Así comen los españoles.
The Spanish eat this way.

el asiento [a-SYEN-to] noun, masc.   **seat**

Este asiento es para usted.
This seat is for you.

asistir [a-sees-TEER] verb   **to attend**

Yo asisto	Nosotros asistimos
Tú asistes	(Vosotros asistís)
Él, Ella, Usted asiste	Ellos, Ellas, Ustedes asisten

Los padres asisten a las reuniones de la escuela.
The parents attend the school meetings.

la aspiradora [as-pee-ra-DO-ra] noun, fem.   **vacuum cleaner**
La aspiradora limpia la alfombra.
The vacuum cleaner cleans the rug.

---

el astronauta [as-tro-NAU-ta] noun, masc.   **astronaut**
El astronauta es muy valiente.
The astronaut is very courageous.

---

astuto [as-TU-to] adjective, masc.   **cunning, astute**
astuta [as-TU-ta] fem.
Es un hombre astuto.
He is a cunning man.

---

atreverse [a-tre-BER-se] verb   **to dare**

Yo me atrevo	Nosotros nos atrevemos
Tú te atreves	(Vosotros os atrevéis)
Él, Ella, Usted se atreve	Ellos, Ellas, Ustedes se atreven

¿Quién se atreve a subir el árbol?
Who dares to climb the tree?

---

ausente [au-SEN-te] adjective   **absent**
¿Quién está ausente hoy?
Who is absent today?

---

el autobús [au-to-BUS] noun, masc.   **bus**
Rafael toma el autobús a las siete de la mañana.
Ralph takes the bus at seven A.M.

---

el automóvil [au-to-MO-beel] noun, masc.   **automobile**
Acaban de comprar un automóvil.
They have just bought an automobile.

---

la avenida [a-be-NEE-da] noun, fem.   **avenue**

El edificio está cerca de la avenida Bolívar.
The building is near Bolivar Avenue.

> Simon Bolivar is honored as a great general
> whose victories over the Spaniards in the 1820s
> brought independence from Spain to Bolivia,
> Colombia, Ecuador, Peru, and Venezuela.
>
> Simón Bolívar se honra como el gran general
> cuyas victorias sobre los españoles en los años
> 1820 resultaron en la independencia de Bolivia,
> Colombia, Ecuador, Perú y Venezuela.

la aventura [a-ben-TU-ra] noun, fem.   **adventure**

María cuenta su aventura.
Mary is telling her adventure.

avergonzarse [a-ber-gon-SAR-se] verb   **to be ashamed**

Yo me avergüenzo	Nosotros nos avergonzamos
Tú te avergüenzas	(Vosotros os avergonzáis)
Él, Ella, Usted se	Ellos, Ellas, Ustedes
avergüenza	se avergüenzan

Se avergüenza cuando no hace la tarea.
He is ashamed when he does not do his homework.

el avión [a-BEEON] noun, masc.   **plane**

El avión se despega del aeropuerto.
The plane takes off from the airport.

24

el avión a chorro [a-BEEON-a-CHO-rro]   **jet airplane**
noun, masc.

El avión a chorro es muy rápido.
The jet airplane is very rapid.

¡ay! [AEE] interjection   **Oh!**

¡Ay! La hora llega.
Oh! The hour is here.

ayer [a-YER] adverb   **yesterday**

En el refrigerador hay comida de ayer.
There is food from yesterday in the refrigerator.

ayudar [a-yu-DAR] verb   **to help**

Yo ayudo	Nosotros ayudamos
Tú ayudas	(Vosotros ayudáis)
Él, Ella, Usted ayuda	Ellos, Ellas, Ustedes ayudan

Los señores en la ambulancia van a ayudar.
The men in the ambulance are going to help.

el azúcar [a-SU-car] noun, masc.   **sugar**

El azúcar es dulce.
Sugar is sweet.

azul [a-SUL] adjective   **blue**

A veces el cielo está azul.
Sometimes the sky is blue.

B

bailar [baee-LAR] verb   **to dance**

Yo bailo   Nosotros bailamos
Tú bailas   (Vosotros bailáis)
Él, Ella, Usted baila   Ellos, Ellas, Ustedes bailan

Me gusta bailar.
I like to dance.

---

bajar [ba-JAR] verb   **to go down**

Yo bajo   Nosotros bajamos
Tú bajas   (Vosotros bajáis)
Él, Ella, Usted baja   Ellos, Ellas, Ustedes bajan

Ellos bajan por la escalera.
They go down the stairway.

---

bajo [BA-jo] adjective, masc.   **low**
baja [BA-ja] fem.

El techo es bajo.
The roof is low.

---

la bandera [ban-DE-ra] noun, fem.   **flag**

¿Cómo es la bandera de tu país?
What is your country's flag like?

---

bañarse [ba-NYAR-se] verb   **to take a bath**

Yo me baño   Nosotros nos bañamos
Tú te bañas   (Vosotros os bañais)
Él, Ella, Usted se baña   Ellos, Ellas, Ustedes se bañan

En casa nos bañamos por la noche.
At home we take a bath at night.

el baño [BA-nyo] noun, masc.　　　　　　　**bath, restroom**
Ella está en el baño ahora.
She is in the bath now.

el baño de sol [BA-nyo-de-SOL] noun, masc.　　　　**sunbath**
Juanita toma un baño de sol en el patio.
Juanita takes a sunbath on the patio.

barato [ba-RA-to] adjective, masc.　　　　　　**cheap**
barata [ba-RA-ta] fem.
Es un juguete barato.
It is a cheap toy.

la barba [BAR-ba] noun, fem.　　　　　　**beard, chin**
Santa Claus tiene una barba blanca.
Santa Claus has a white beard.

el barco [BAR-co] noun, masc.　　　　　　**boat**
Ellos pasean en el barco.
They take a ride in the boat.

el básquetbol [BAS-ket-bol] noun, masc.　　　**basketball**
A mi hermano le gusta jugar al básquetbol.
My brother likes to play basketball.

el bebé [be-BE] noun, masc.　　　　　　**baby**
El bebé de mi tía está contento.
My aunt's baby is happy.

beber [be-BER] verb   **to drink**

Yo bebo	Nosotros bebemos
Tú bebes	(Vosotros bebéis)
Él, Ella, Usted bebe	Ellos, Ellas, Ustedes beben

La niña bebe leche.
The girl drinks milk.

la bebida [be-BEE-da] noun, fem.   **drink**

Tengo sed. Vamos a comprar una bebida.
I'm thirsty. Let's buy a drink.

el béisbol [BAYS-bol] noun, masc.   **baseball**

El béisbol es mi deporte favorito.
Baseball is my favorite sport.

bello [BE-lyo, BE-yo] adjective, masc.   **beautiful**
bella [BE-lya, BE-ya] fem.

El jardín es bello.
The garden is beautiful.

el beso [BE-so] noun, masc.   **kiss**

La madre le da un beso al hijo.
The mother gives her son a kiss.

la biblioteca [bee-bleeo-TE-ka] noun, fem.   **library**

En la biblioteca hay libros de toda clase.
There are all kinds of books in the library.

---

la bicicleta [bee-see-KLE-ta] noun, fem.　　　**bicycle**

La bicicleta tiene dos ruedas.
The bicycle has two wheels.

---

bien [BYEN] adjective　　　**all right, ok**

¡Está bien! Juan puede jugar.
It's all right. Juan can play.

---

bien [BYEN] adverb　　　**well**

Jorge escribe bien.
George writes well.

bien hecho [BYEN-E-cho] adverb　　　**Well done!**

El trabajo está bien hecho.
The work is well done.

---

el bistek [bees-TEK] noun, masc.　　　**beefsteak**

Siempre ordena un bistek en el restaurante.
He always orders a beefsteak in the restaurant.

---

blanco [BLAN-ko] adjective, masc.　　　**white**
blanca [BLAN-ka] fem.

El coche es blanco.
The car is white.

---

la boca [BO-ka] noun, fem.　　　**mouth**

Tú comes con tu boca.
You eat with your mouth.

---

el boleto [bo-LE-to] noun, masc.　　　**ticket**

¿Tiene Ud. un boleto?
Do you have a ticket?

---

la bolsa [BOL-sa] noun, fem.   **purse, pocket**

La señora pone el dinero en la bolsa.
The lady puts the money in her purse.

la bolsa de mano [BOL-sa-de-MA-no] noun, fem.   **handbag**

Su bolsa de mano está en el ropero.
Her handbag is in the closet.

---

el bolígrafo [bo-LI-gra-fo] noun, masc.   **ballpoint pen**

Luís tiene un bolígrafo en su bolsillo.
Luis has a ballpoint pen in his pocket.

---

el bolsillo [bol-SEE-lyo, bol-SEE-yo] noun, masc.   **pocket**

Hay un bolsillo dentro del saco.
There is a pocket inside the coat (jacket).

---

el bombero [bom-BE-ro] noun, masc.   **fireman**

El bombero es fuerte.
The fireman is strong.

bonito [bo-NEE-to] adjective, masc.   **pretty**
bonita [bo-NEE-ta] fem.

El vestido es muy bonito.
The dress is very pretty.

---

el borrador [bo-rra-DOR] noun, masc.   **eraser**

El borrador del lápiz es de hule.
The pencil eraser is made of rubber.

---

borrar [bo-RRAR] verb   **to erase**

Yo borro	Nosotros borramos
Tú borras	(Vosotros borráis)
Él, Ella, Usted borra	Ellos, Ellas, Ustedes borran

La maestra borra la pizarra.
The teacher erases the chalkboard.

---

el bosque [BOS-ke] noun, masc.   **forest**

Hay muchos árboles en el bosque.
There are many trees in the forest.

---

la botella [bo-TE-lya, bo-TE-ya] noun, fem.   **bottle**

La botella de agua está en el refrigerador.
The bottle of water is in the refrigerator.

---

la botica [bo-TEE-ka] noun, fem.   **drugstore**

La señora va a la botica para comprar medicina.
The lady goes to the drugstore to buy medicine.

---

el botón [bo-TON] noun, masc.   **button**

El saco tiene un botón grande.
The coat (jacket) has a large button.

¡Bravo! [BRA-bo] interjection   **Hurrah!**

¡Bravo! Acaba de sacar una buena nota.
Hurrah! He just got a good grade.

---

brincar [breen-KAR] verb   **to jump**

Yo brinco	Nosotros brincamos
Tú brincas	(Vosotros brincáis)
Él, Ella, Usted brinca	Ellos, Ellas, Ustedes brincan

No brincamos en la sala de clase.
We do not jump in the classroom.

brincar la cuerda [breen-KAR-la-CUER-da]   **to jump rope**
  idiomatic expression

Nos gusta brincar la cuerda.
We like to jump rope.

Buena suerte [bue-na-SUER-te]   **Good luck!**
  idiomatic expression

Cuando el juego comienza, todos dicen "¡Buena suerte!"
When the game begins, everyone says "Good luck!"

Buenas tardes [bue-nas-TAR-des]   **Good afternoon,**
  idiomatic expression   **Good evening**

Los niños dicen a la maestra "Buenas tardes."
The children say "Good afternoon" to the teacher.

Buenos días [bue-nos-DEE-as]   **Good morning**
  idiomatic expression

Cuando nos despertamos decimos "Buenos días."
When we wake up, we say "Good morning."

---

el bulevar [bu-le-VAR] noun, masc.   **boulevard**

El desfile es en el bulevar de San Miguel.
The parade is on St. Michael's Boulevard.

---

el buque [BU-ke] noun, masc.   **ship**

El buque cruza el océano.
The ship crosses the ocean.

---

el burro [BU-rro] noun, masc.   **donkey**

El burro es un buen trabajador.
The donkey is a good worker.

---

buscar [bus-KAR] verb   **to look for**

Yo busco   Nosotros buscamos
Tú buscas   (Vosotros buscáis)
Él, Ella, Usted busca   Ellos, Ellas, Ustedes buscan

Yo busco mi lápiz amarillo.
I am looking for my yellow pencil.

buscar en computadora [bus-KAR ehn kom-pu-ta-DO-ra]
    verb   **to search in a computer**

Si buscas la información por Google, la vas a encontrar.
If you search for the information with Google, you'll find it.

---

el buzón [bu-SON] noun, masc.   **mailbox**

El cartero deja la carta en el buzón.
The mailman leaves the letter in the mailbox.

C

el caballo [ka-BA-yo] noun, masc.   **horse**

El niño monta un caballo.
The boy is riding a horse.

---

la cabeza [ka-BE-sa] noun, fem.   **head**

Le duele la cabeza a ella.
She has a headache.

---

el cacahuate [ka-ka-UA-te] noun, masc.   **peanut**
el cacahuete [ka-ka-UE-te] noun, masc.

Cuando vamos al juego de béisbol, comemos cacahuetes.
When we go to the baseball game, we eat peanuts.

> Words such as *tomate* and *cacahuate* came into
> Spanish with the presence of the Spaniards in the
> Western Hemisphere.
>
> Palabras como *tomate* y *cacahuate* entraron en la
> lengua española con la presencia de los españoles
> en el Hemisferio Occidental.

cada [KA-da] adjective   **each**

Cada alumno tiene que tocar un instrumento.
Each pupil has to play an instrument.

cada uno [KA-da-U-no] pronoun, masc.   **everyone**

Cada uno va a hacer su parte.
Everyone is going to do his part.

caer [ka-ER] verb   **to fall**

Yo caigo	Nosotros caemos
Tú caes	(Vosotros caeis)
Él, Ella, Usted cae	Ellos, Ellas, Ustedes caen

El vaso va a caer en el suelo.
The glass is going to fall on the ground.

caerse verb   **to fall (oneself)**

Yo me caigo	Nosotros nos caemos
Tú te caes	(Vosotros os caéis)
Él, Ella, Usted se cae	Ellos, Ellas, Ustedes se caen

El bebé se cae de la cama.
The baby falls from the bed.

el café [ka-FE] noun, masc.   **coffee**

A mis padres les gusta el café.
My parents like coffee.

---

la caída [ka-EE-da] noun, masc.   **fall**

La caída de la nieve es bonita.
The snowfall is pretty.

---

la caja [KA-ja] noun, fem.   **box**

¿Es una caja de dulces?
Is it a box of candy?

la caja para dinero [KA-ja-de-dee-NE-ro]   **money box**
noun, masc.

el cajero automático (ka-HEH-ro au-to-MA-ti-co)   **ATM**
noun, masc.

¿Dónde hay un cajero automático bien cerca?
Where is the nearest ATM machine?

el cajón [ka-JON] noun, masc.   **box; drawer**

Pongan los peines en el cajón.
Put the combs in the drawer.

---

la calabaza [ka-la-BA-sa] noun, fem.   **pumpkin**

En octubre todos hacen pastel de calabaza.
Everyone makes pumpkin pie in October.

---

el calcetín [kal-se-TEEN] noun, mas.   **sock**
los calcetines plu.

En invierno llevo calcetines gruesos.
I wear thick socks in winter.

---

el calendario [ka-len-DA-reeo] noun, masc.   **calendar**

El calendario indica los meses del año.
The calendar indicates the months of the year.

> José Martí, the Cuban hero and great writer who
> died in his country's revolutionary war, says in
> part in his "Versos sencillos" (Simple Verses):
> "I cultivate a white rose,
> In July as in January,
> For the sincere friend,
> Who extends to me his frank hand."
>
> José Martí, el héroe cubano y gran escritor que
> murió en la guerra revolucionaria de su país, dice
> en un fragmento de sus "Versos sencillos":
> "Cultivo una rosa blanca,
> en julio como en enero,
> para el amigo sincero
> que me da su mano franca."

caliente [ka-LYEN-te] adjective   **hot**
La sopa está caliente.
The soup is hot.

la calle [KA-lye, KA-ye] noun, fem.   **street**
Yo vivo en esa calle.
I live on that street.

calmado [kal-MA-do] adjective, masc.   **calm**
calmada [kal-MA-da] fem.

Ya no hace viento. El día está calmado.
It is not windy anymore. The day is calm.

la cama [KA-ma] noun, fem.   **bed**

El gato duerme en mi cama.
The cat is sleeping on my bed.

la cámara [KA-ma-ra] noun, fem.   **camera**

Él toma (saca) una foto con su cámara.
He takes a picture with his camera.

la videocámara [VI-deo-KA-mah-ra]   **video camera**
   noun, fem.

Trae la videocámara para grabar la reunión.
Bring the video camera so we can record the reunion.

el cambio [KAM-beeo] noun, masc.   **change**

No traigo cambio en la bolsa.
I don't have change in my pocket.

caminar [ka-mee-NAR] verb   **to walk**

Yo camino	Nosotros caminamos
Tú caminas	(Vosotros camináis)
Él, Ella, Usted camina	Ellos, Ellas, Ustedes caminan

Mis abuelos tienen que caminar todos los días.
My grandparents have to walk every day.

---

el camino [ka-MEE-no] noun, masc.   **highway, road**

El camión va por el camino.
The truck is going down the highway.

---

el camión [ka-MEEON] noun, masc.   **truck**

El camión es rojo.
The truck is red.

el camión de bomberos noun, masc.   **fire truck**

---

la camisa [ka-MEE-sa] noun, fem.   **shirt**

La camisa es de muchos colores.
The shirt is of many colors.

---

el campo [KAM-po] noun, masc.   **camp, field, country**

Hay muchas flores en el campo.
There are many flowers in the country.

el campo de recreo noun, masc.   **playground**

Ellos juegan al fútbol en el campo de recreo.
They are playing football in the playground.

---

la canasta [ka-NAS-ta] noun, fem.   **basket**
el canasto [ka-NAS-to] masc.

Hay fruta en la canasta.
There is fruit in the basket.

---

la canción [kan-SEEON] noun, fem.   **song**

Cante usted una canción en español, por favor.
Please sing a song in Spanish.

---

el canguro [kan-GU-ro] noun, masc.   **kangaroo**

Hay un canguro en el campo.
There is a kangaroo in the field.

---

cansado [kan-SA-do] adjective, masc.   **tired**
cansada [kan-SA-da] fem.

Rosa está muy cansada.
Rose is very tired.

---

cantar [kan-TAR] verb   **to sing**

Yo canto	Nosotros cantamos
Tú cantas	(Vosotros cantáis)
Él, Ella, Usted canta	Ellos, Ellas, Ustedes cantan

¿Sabes cantar?
Do you know how to sing?

---

la capital [ka-pee-TAL] noun, fem.   **capital**

La Ciudad de México es la capital de México.
Mexico City is the capital of Mexico.

---

capturar [kap-tu-RAR] verb   **to capture**

Yo capturo	Nosotros capturamos
Tú capturas	(Vosotros capturáis)
Él, Ella, Usted captura	Ellos, Ellas, Ustedes capturan

El policía captura al ladrón.
The policeman captures the thief.

---

la cara [KA-ra] noun, fem.   **face**

Trae la cara sucia.
His face is dirty.

---

la carne [KAR-ne] noun, fem.   **meat**

Juan come mucha carne.
John eats a lot of meat.

---

la carnicería [kar-nee-se-REE-a] noun, fem.   **butcher shop, meat market**

En la carnicería venden carne.
They sell meat in the meat market.

el carnicero [kar-nee-SE-ro] noun, masc.   **butcher**

El carnicero corta la carne.
The butcher cuts the meat.

---

caro [KA-ro] adjective, masc.   **expensive**
cara [KA-ra] fem.

Es caro comer en el restaurante.
It is expensive to eat in the restaurant.

---

la carretera [ka-rre-TE-ra] noun, fem.   **highway**

Los coches corren rápidamente en la carretera.
The cars go fast on the highway.

---

la carta [KAR-ta] noun, fem.   **letter**

Estoy enviando una carta.
I am mailing a letter.

el cartero [kar-TE-ro] noun, masc.   **mailman, postman**
El cartero siempre lleva el correo.
The mailman always carries the mail.

la casa [KA-sa] noun, fem.   **house, home**
En nuestra casa, mi papá es rey.
In our home, my father is king.

en casa de [en-KA-sa-de] idiomatic expression **at the home of**
En casa de mi tía, hacen una gran comida los domingos.
At my aunt's house there is a big meal on Sundays.

casarse [ka-SAR-se] verb   **to marry**

Yo me caso	Nosotros nos casamos
Tú te casas	(Vosotros os casáis)
Él, Ella, Usted se casa	Ellos, Ellas, Ustedes se casan

Mi hermano tiene treinta años pero no quiere casarse.
My brother is thirty years old but does not want to marry.

casco [KAS-koh] noun, masc.   **helmet**
Los ciclistas y los motociclistas usan cascos.
Bike and motorcycle riders use helmets.

casi [KA-see] adverb   **almost**
Casi tiene doce años.
He is almost twelve years old.

41

castigar [kas-tee-GAR] verb   **to punish**

Yo castigo	Nosotros castigamos
Tú castigas	(Vosotros castigáis)
Él, Ella, Usted castiga	Ellos, Ellas, Ustedes castigan

Cuando los alumnos son traviesos, la maestra los castiga.
When the children are naughty, the teacher punishes them.

---

el castillo [kas-TEE-lyo, kas-TEE-yo] noun, masc.   **castle**

La reina vive en el castillo.
The queen lives in the castle.

---

catorce [ka-TOR-se] adjective   **fourteen**

Hay catorce niñas y quince niños en la sala de clase.
There are fourteen girls and fifteen boys in the classroom.

---

la cebolla [se-BO-lya, se-BO-ya] noun, fem.   **onion**

A mí no me gusta la sopa de cebolla.
I don't like onion soup.

---

la cebra [SE-bra] noun, fem.   **zebra**

La cebra es un animal blanco de rayas negras.
The zebra is a white animal with black stripes.

---

cepillar [se-pee-LYAR, se-pi-YAR] verb   **to brush**

Yo cepillo	Nosotros cepillamos
Tú cepillas	(Vosotros cepilláis)
Él, Ella, Usted cepilla	Ellos, Ellas, Ustedes cepillan

El señor cepilla el saco.
The man brushes the jacket.

cepillarse verb   **to brush oneself**

Me cepillo el pelo.
I brush my hair.

el cepillo [se-PEE-lyo, se-PEE-yo] noun, masc.   **brush**
El cepillo está en el cajón.
The brush is in the drawer.

el cepillo de dientes noun, masc.   **toothbrush**
Mi cepillo de dientes es verde.
My toothbrush is green.

el cepillo de pelo noun, masc.   **hairbrush**
El cepillo de pelo está sobre la mesa.
The hairbrush is on the table.

---

cerca de [SER-ka-de] preposition   **near**
La silla está cerca de la mesa.
The chair is near the table.

---

la cereza [se-RE-sa] noun, fem.   **cherry**
Me gusta mucho el pastel de cereza.
I like cherry pie very much.

---

el cerillo [se-REE-lyo, se-REE-yo] noun, masc.   **match**
la cerilla [se-REE-lya, se-REE-ya] fem.
¿Tiene Ud. un cerillo?
Do you have a match?

---

el cero [SE-ro] noun, masc.   **zero**
Si no haces el trabajo, la maestra escribe un cero en tu papel.
If you don't do the work, the teacher writes a zero on your paper.

---

cerrar [se-RRAR] verb   **to close**

Yo cierro	Nosotros cerramos
Tú cierras	(Vosotros cerráis)
Él, Ella, Usted cierra	Ellos, Ellas, Ustedes cierran

Cierran las puertas de la escuela a las cuatro.
They close the school doors at four o'clock.

---

la chaqueta [cha-KE-ta] noun, fem.   **jacket**

Lleva una chaqueta porque hace frío.
He wears a jacket because it is cold.

---

el charol [cha-ROL] noun, masc.   **patent leather**

Los zapatos son de charol.
The shoes are of patent leather.

---

los chícharos [CHEE-char-ros] noun, masc.   **peas**

Mamá pone chícharos (guisantes) en el arroz.
Mother puts peas in the rice.

---

la chimenea [chee-me-NAY-a] noun, fem.   **fireplace, chimney**

Hay un fuego en la chimenea.
There is a fire in the fireplace.

---

ciego [SYE-go] adjective, masc.   **blind**
ciega [SYE-ga] fem.

Ese señor es ciego.
That man is blind.

---

el cielo [SYE-lo] noun, masc.   **sky**

Hay muchas nubes en el cielo.
There are many clouds in the sky.

el cielo raso [SYE-lo RA-SO] noun, masc.   **ceiling**
El cielo raso de mi cuarto es blanco.
The ceiling in my room is white.

---

la ciencia [SYEN-cea] noun, fem.   **science**
La lección trata de la ciencia.
The lesson is about science.

---

el chocolate [cho-ko-LA-te] noun, masc.   **chocolate**
¡Qué bueno está el chocolate!
The chocolate is good!

Centuries before the Spanish explorers arrived in Mexico and Central America, the Aztec and the Mayan Indians were already using the cacao seeds in their daily lives. Hernán Cortez, the conquerer of Mexico, included the cacao seeds among the riches he took back with him to Spain. From those seeds began the evolution of the chocolate we enjoy today, including the drink we call "cocoa."

Siglos antes de que llegaran los españoles a México y a Centroamérica, los indios aztecas y mayas ya usaban las semillas del cacao en sus vidas diarias. Cuando Hernán Cortez regresó a España después de la conquista de México, llevó con él semillas del cacao junto con otros tesoros. De esas semillas comenzó la evolución del chocolate que disfrutamos hoy día, incluyendo la bebida que llamamos "cocoa."

---

el chubasco [chu-BAS-ko] noun, masc.   **shower, storm**
En abril hay chubascos.
There are showers in April.

---

la chuleta [chu-LE-ta] noun, fem.   **chop**

Estas chuletas de puerco están deliciosas.
These pork chops are delicious.

la chuleta de ternera noun, fem.   **lamb chop**

Hay chuletas de ternera para la comida.
There are lamb chops for dinner.

---

cierto [SYER-to] adjective, masc.   **certain, sure**
cierta [SYER-ta] fem.

¿Viene a cierta hora?
Is he coming at a certain hour?

---

el cigarrillo [see-ga-REE-lyo, see-ga-REE-yo]   **cigarette**
  noun, masc.

No es bueno fumar cigarrillos.
It is not good to smoke cigarettes.

---

cinco [SEEN-ko] adjective   **five**

Hay cinco personas en mi familia.
There are five persons in my family.

> On May 5, 1862, the Mexican army defeats the French troops in Puebla, Mexico. It was a great victory for the Mexicans and a resounding blow to the foreign invaders. Its anniversary is celebrated each year on May 5 wherever Mexicans happen to be.
>
> El cinco de mayo de 1862, el ejército mexicano derrota a las tropas francesas en Puebla, México. Fue una gran victoria para los mexicanos y un golpe resonante para los invasores. El aniversario se celebra cada cinco de mayo dondequiera que se encuentran mexicanos.

cincuenta [seen-KUEN-ta] adjective   **fifty**

Hay cincuenta cosas en la tienda.
There are fifty things in the store.

---

la cinta [SEEN-ta] noun, fem.   **ribbon**

Margarita lleva una cinta color de rosa en el pelo.
Margaret is wearing a pink ribbon in her hair.

---

el cinto [SEEN-to] noun, masc.   **belt**

El vestido tiene un cinto negro.
The dress has a black belt.

---

el circo [SEER-ko] noun, masc.   **circus**

El circo es muy divertido.
The circus is very amusing.

---

el círculo [SEER-ku-lo] noun, masc.   **circle**

El círculo es redondo.
The circle is round.

---

la cita [SEE-ta] noun, fem.   **appointment**

*Mi hermana tiene una cita para ver al médico a las tres
de la tarde.*
My sister has an appointment to see the doctor at 3:00 P.M.

---

la ciudad [seeu-DAD] noun, fem.   **city**

Vivimos en una ciudad muy grande.
We live in a very large city.

> Mexico City was built by the Spanish *conquistadors* in the early 1500s in the same area where the native civilizations of Mexico had created Tenochtitlan, the Aztec Empire.
>
> La Ciudad de México fue construida por los conquistadors españoles temprano en los años 1500. La ciudad está en el mismo lugar donde las antiguas civilizaciones de México habían creado Tenochtitlán, el imperio azteca.

---

claro [KLA-ro] adjective, masc.   **clear**
clara [KLA-ra] fem.

El día está claro.
The day is clear.

---

la clase [KLA-se] noun, fem.   **class**

Me gusta esta clase.
I like this class.

---

el clavo [KLA-bo] noun, masc.   **nail**

La puerta necesita un clavo.
The door needs a nail.

---

la cobija [ko-BEE-ja] noun, fem.   **blanket**

La cobija está en la cama.
The blanket is on the bed.

---

el coche [KO-che] noun, masc.   **carriage, car**

La reina está en el coche.
The queen is in the carriage.

el coche del bebé noun, masc. **baby carriage**

La muñeca está en el coche del bebé.
The doll is in the baby carriage.

---

la cochera [ko-CHE-ra] noun, fem. **garage**

El auto está en la cochera.
The automobile is in the garage.

---

el cochino [ko-CHEE-no] noun, masc. **pig**

El cochino siempre tiene hambre.
The pig is always hungry.

---

la cocina [ko-SEE-na] noun, fem. **kitchen**

La cocina es muy pequeña.
The kitchen is very small.

---

cocinar [ko-see-NAR] verb **to cook**

Yo cocino   Nosotros cocinamos
Tú cocinas   (Vosotros cocináis)
Él, Ella, Usted cocina   Ellos, Ellas, Ustedes cocinan

¿Quién cocina todos los días?
Who cooks every day?

---

el cohete [ko-E-te] noun, masc. **rocket, firework**

El cohete viaja por el espacio.
The rocket travels through space.

---

la col [KOL] noun, fem. **cabbage**

Aquí sirven jamón y col.
They serve cabbage and ham here.

---

la cola [KO-la] noun, fem.   **tail**

La cola del perro es corta.
The dog's tail is short.

el color [ko-LOR] noun, masc.   **color**

¿Cuál es tu color favorito?
What is your favorite color?

el color café noun, masc.   **brown**

Sus ojos son color café.
Her eyes are brown.

el columpio [ko-LUM-peeo] noun, masc.   **swing**

Ella se divierte en el columpio.
She has fun on the swing.

el comedor [ko-me-DOR] noun, masc.   **dining room**

La familia come en el comedor.
The family eats in the dining room.

comenzar [ko-men-ZAR] verb   **to begin**

Yo comienzo	Nosotros comenzamos
Tú comienzas	(Vosotros comenzáis)
Él, Ella, Usted comienza	Ellos, Ellas, Ustedes comienzan

Todos los días comenzamos una lección nueva.
Every day we begin a new lesson.

la comida [ko-MEE-da] noun, fem.   **food, meal**

La comida está en la mesa.
The food is on the table.

como [KO-mo] conjunction; adverb   **as**

Ellos hacen como hacen los payasos.
They do as the clowns do.

¿Cómo? [KO-mo] interrogative   **How?**
¿Cómo está? [KO-mo-es-TA] adverb   **How are you?**
¿Cómo estás?

¿Cómo está usted, señor Fernández?
How are you, Mr. Fernández?

---

cómodo [KO-mo-do] adjective, masc.   **comfortable**
cómoda [KO-mo-da] fem.

El sillón es cómodo.
The chair is comfortable.

---

la compañía [kom-pa-NYEE-a] noun, fem.   **company**

Esos señores son de la compañía de galletas.
Those men are from the cookie company.

---

compartir [kom-par-TEER] verb   **to share**

Yo comparto   Nosotros compartimos
Tú compartes   (Vosotros compartís)
Él, Ella, Usted comparte   Ellos, Ellas, Ustedes comparten

Vamos a compartir el pastel.
Let's share the pie.

---

competir [kom-pe-TEER] verb   **to compete**

Yo compito   Nosotros competimos
Tú compites   (Vosotros competís)
Él, Ella, Usted compite   Ellos, Ellas, Ustedes compiten

El equipo de nuestra escuela va a competir para ganar el primer premio.
The team from our school is going to compete to win the first prize.

---

comportarse [kom-por-TAR-se] verb   **to behave**

Yo me comporto	Nosotros nos comportamos
Tú te comportas	(Vosotros os comportáis)
Él, Ella, Usted	Ellos, Ellas, Ustedes
se comporta	se comportan

Todo el mundo se comporta bien cuando la maestra está aquí.
Everyone behaves well when the teacher is here.

---

comprar [kom-PRAR] verb   **to buy**

Yo compro	Nosotros compramos
Tú compras	(Vosotros compráis)
Él, Ella, Usted compra	Ellos, Ellas, Ustedes compran

Se compra pan en la panadería.
One buys bread at the bakery.

---

la computadora [kom-pu-ta-DO-ra] noun, fem.   **computer**

¿Tiene una computadora?
Do you have a computer?

---

con [KON] preposition   **with**

Yo paseo en bicicleta con mi prima.
I go bicycle riding with my cousin.

---

la concha [KON-cha] noun, fem.   **shell**

Vamos a la playa a buscar conchas.
Let's go to the beach to look for shells.

el concurso [kon-KUR-so] noun, masc.   **contest**

El concurso es el sábado de las ocho a las doce.
The contest is Saturday from eight to twelve.

conducir [kon-du-SEER] verb   **to drive**

Yo conduzco   Nosotros conducimos
Tú conduces   (Vosotros conducís)
Él, Ella, Usted conduce   Ellos, Ellas, Ustedes conducen

Mi padre conduce un autobús.
My father drives a bus.

conducir un avión verb   **to fly a plane**

El piloto conduce el avión sobre el océano.
The pilot flies the plane over the ocean.

el conductor [kon-duk-TOR] noun, masc.   **driver**

El conductor del camión tiene mucho cuidado.
The truck driver is very careful.

el conejo [ko-NE-jo] noun, masc.   **rabbit**

El conejo tiene los ojos color rosa.
The rabbit has pink eyes.

la conexión [co-nex-SYON] noun, fem.   **connection**
conectarse al internet verb   **to connect online**

Conéctate al internet y puedes comprar cualquier cosa.
Get online and you can buy anything.

conocer [ko-no-SER] verb   **to know, to be acquainted**

Yo conozco   Nosotros conocemos
Tú conoces   (Vosotros conocéis)
Él, Ella, Usted conoce   Ellos, Ellas, Ustedes conocen

Nosotros conocemos la ciudad de Madrid.
We know the city of Madrid.

conocer a alguien verb **to know someone**

Yo conozco a Carmen.
I know Carmen.

el consejero [kon-se-JE-ro] noun, masc. **counselor**
la consejera [kon-se-JE-ra] noun, fem.

Si tiene problema en la escuela, vaya a ver al consejero.
If you have a problem in school, go see the counselor.

la conserva [kon-SER-ba] noun, fem. **preserves, jam**

Nos gusta la conserva de fresa con pan.
We like strawberry jam on bread.

contar [kon-TAR] verb **to count, to tell**

Yo cuento	Nosotros contamos
Tú cuentas	(Vosotros contáis)
Él, Ella, Usted cuenta	Ellos, Ellas, Ustedes cuentan

Los niños pueden contar hasta cien.
The children can count to one hundred.

La madre cuenta cuentos a sus hijos.
The mother tells stories to her children.

contento [kon-TEN-to] adjective, masc. **happy**
contenta [kon-TEN-ta] fem.

Los alumnos están contentos porque van al parque.
The pupils are happy because they are going to the park.

continuar [kon-tee-NUAR] verb **to continue**

Yo continúo	Nosotros continuamos
Tú continúas	(Vosotros continuáis)
Él, Ella, Usted continúa	Ellos, Ellas, Ustedes continúan

El cuento continúa en la página siguiente.
The story continues on the next page.

---

la copiadora [ko-peea-DO-ra] noun, fem.   **copier**

Esta copiadora hace cien copias en un minuto.
This copier makes a hundred copies in one minute.

---

copiar [ko-PEEAR] verb   **to copy**

Yo copio	Nosotros copiamos
Tú copias	(Vosotros copiáis)
Él, Ella, Usted copia	Ellos, Ellas, Ustedes copian

Hay que copiar el trabajo de la pizarra.
We have to copy the work from the board.

---

el corazón [ko-ra-SON] noun, masc.   **heart**

José tiene un corazón fuerte.
Joe has a strong heart.

---

el cordón [kor-DON] noun, masc.   **string**

El cordón del papalote es largo.
The kite's string is long.

---

correcto [ko-RREK-to] adjective, masc.   **correct, right**
correcta [ko-RREK-ta] fem.

Las oraciones están correctas.
The sentences are correct.

---

corregir [ko-rre-JEER] verb   **to correct**

Yo corrijo	Nosotros corregimos
Tú corriges	(Vosotros corregís)
Él, Ella, Usted corrige	Ellos, Ellas, Ustedes corrigen

Los maestros corrigen el trabajo de la clase.
The teachers correct the class work.

---

el correo [ko-RRE-o] noun, masc.   **post office, mail**

Enrique va al correo a echar las cartas.
Henry goes to the post office to mail the letters.

el correo electrónico [ko-RRE-o e-lek-TRO-ni-co]
  noun, masc.   **e-mail**

¿Puede el paciente comunicarse con el doctor por correo electrónico?
Can the patient contact the doctor by e-mail?

---

correr [ko-RRER] verb   **to run**

Yo corro	Nosotros corremos
Tú corres	(Vosotros corréis)
Él, Ella, Usted corre	Ellos, Ellas, Ustedes corren

Los muchachos corren en el campo de recreo.
The boys run in the playground.

---

cortar [kor-TAR] verb   **to cut**

Yo corto	Nosotros cortamos
Tú cortas	(Vosotros cortáis)
Él, Ella, Usted corta	Ellos, Ellas, Ustedes cortan

El señor corta la hierba.
The man cuts the grass.

---

cortés [kor-TES] adjective   **courteous, polite**

Alberto es muy cortés con los maestros.
Albert is very polite with teachers.

---

la cortina [kor-TEE-na] noun, fem.   **curtain**

Las cortinas de mi dormitorio son blancas.
The curtains in my bedroom are white.

coser [ko-SER] verb   **to sew**

Yo coso	Nosotros cosemos
Tú coses	(Vosotros coséis)
Él, Ella, Usted cose	Ellos, Ellas, Ustedes cosen

Mi tía cose mis pantalones.
My aunt is sewing my pants.

---

el costal [kos-TAL] noun, masc.   **sack** (bag)

Vamos a comprar un costal de fruta.
Let's buy a sack of fruit.

---

costar [kos-TAR] verb   **to cost**

cuesta	It costs . . .
cuestan	They cost . . .

La ropa cuesta mucho.
Clothes cost a lot.

---

crecer [kre-SER] verb   **to grow**

Yo crezco	Nosotros crecemos
Tú creces	(Vosotros crecéis)
Él, Ella, Usted crece	Ellos, Ellas, Ustedes crecen

Algunos niños crecen muy rápido.
Some children grow very fast.

---

creer [kre-ER] verb   **to believe**

Yo creo	Nosotros creemos
Tú crees	(Vosotros creéis)
Él, Ella, Usted cree	Ellos, Ellas, Ustedes creen

Yo no creo esa historia.
I don't believe that story.

---

la criada [kree-A-da] noun, fem.   **maid**

La criada plancha la ropa.
The maid irons the clothes.

---

cruzar [kru-ZAR] verb   **to cross**

Yo cruzo   Nosotros cruzamos
Tú cruzas   (Vosotros cruzáis)
Él, Ella, Usted cruza   Ellos, Ellas, Ustedes cruzan

Juan y Enrique cruzan la calle con cuidado.
John and Henry cross the street carefully.

---

el cuaderno [kua-DER-no] noun, masc.   **notebook**

Cada alumno tiene un cuaderno.
Each pupil has a notebook.

---

el cuadro [KUA-dro] noun, masc.   **picture, painting**

Hay cuatro gatos en el cuadro.
There are four cats in the picture.

---

cualquier [kual-KYER] adjective, masc.   **any**
cualquiera fem.

Vengan cualquier día de la semana.
Come over any day of the week.

---

cuando [KUAN-do] adverb   **when**

Cuando mis primos están en casa, jugamos al béisbol.
When my cousins are home, we play baseball.

---

cuarenta [kua-REN-ta] adjective   **forty**

Hay cuarenta ventanas en este edificio.
There are forty windows in this building.

---

cuarto [KUAR-to] adjective, masc.   **fourth**
cuarta [KUAR-ta] fem.

Juan se come la cuarta parte del pastel.
John eats a fourth of the pie.

---

el cuarto [KUAR-to] noun, masc.   **room, quart, quarter**

Mi cuarto es pequeño.
My room is small.

el cuarto de baño noun, masc.   **bathroom**

Me lavo y me peino en el cuarto de baño.
I wash up and comb my hair in the bathroom.

---

la cubeta; el cubo [ku-BE-ta] noun, fem.   **pail**

Lleva agua en la cubeta.
He is carrying water in the pail.

---

cubierto [ku-BYER-to] adjective, masc.   **covered**
cubierta [ku-BYER-ta] fem.

El jardín está cubierto de flores.
The garden is covered with flowers.

---

cubrir [ku-BREER] verb   **to cover**

Yo cubro	Nosotros cubrimos
Tú cubres	(Vosotros cubrís)
Él, Ella, Usted cubre	Ellos, Ellas, Ustedes cubren

Las mujeres se cubren la cabeza cuando llueve.
The women cover their heads when it rains.

---

la cuchara [ku-CHA-ra] noun, fem.   **spoon**

No tengo cuchara.
I don't have a spoon.

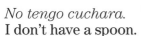

---

el cuchillo [ku-CHEE-lyo, cu-CHEE-yo] noun, masc.   **knife**

El cuchillo está sobre la mesa.
The knife is on the table.

---

el cuello [KUE-lyo, KUE-yo] noun, masc.   **neck (of a person), collar**

La señora lleva una joya magnífica en el cuello.
The lady is wearing a magnificent jewel on her neck.

La camisa tiene un cuello blanco.
The shirt has a white collar.

---

la cuenta [KUEN-ta] noun, fem.   **bill, check**
Papá paga la cuenta.
Dad pays the bill.

---

el cuento [KUEN-to] noun, masc.   **tale, story**
¿Quieren oír un cuento?
Do you want to hear a story?

el cuento de hadas noun, masc.   **fairy tale**
"Cenicienta" es un cuento de hadas.
"Cinderella" is a fairy tale.

---

la cuerda [KUER-da] noun, fem.   **rope**
Vamos a brincar la cuerda.
Let's jump rope.

---

el cuero [KUE-ro] noun, masc.   **leather**
Para Navidad, quiero una chaqueta de cuero.
For Christmas, I want a leather jacket.

¡Cuidado! [kuee-DA-do] interjection   **Be careful!**
¡Cuidado! Hay mucho tráfico ahora.
Be careful! There's a lot of traffic now.

---

cuidar [kuee-DAR] verb   **to look after, to take care of**

Yo cuido	Nosotros cuidamos
Tú cuidas	(Vosotros cuidáis)
Él, Ella, Usted cuida	Ellos, Ellas, Ustedes cuidan

Cuando mis padres salen a pasear, yo tengo que cuidar al bebé.
When my parents go out, I have to take care of the baby.

---

el cumpleaños [kum-ple-A-nyos] noun, masc.   **birthday**

Mi cumpleaños es el dieciocho de diciembre.
My birthday is December eighteenth.

> In Hispanic countries, wishing someone a "Happy
> Saint's Day" is as common as "Happy Birthday."
>
> En los países hispanos, desearle a alguien un
> "¡Feliz día de tu santo!" es tan común como
> desearle a la persona un "¡Feliz cumpleaños!"

la cuna [KU-na] noun, fem.   **cradle**

El bebé está en la cuna.
The baby is in the cradle.

curioso [ku-REEO-so] adjective, masc.   **curious**
curiosa [ku-REEO-sa] fem.

*Alejandro es una persona curiosa. Siempre hace
preguntas.*
Alex is a curious person. He always asks questions.

D

da lo mismo [da-lo-MEES-mo]   **it does not make**
   idiomatic expression   **any difference**

Da lo mismo. Me gustan los dos programas de televisión.
It doesn't make any difference. I like both television
programs.

dar [DAR] verb   **to give**

Yo doy	Nosotros damos
Tú das	(Vosotros dais)
Él, Ella, Usted da	Ellos, Ellas, Ustedes dan

Nos dan libros para leer en la biblioteca.
They give us books to read in the library.

de [DE] preposition **from, out of**

Él llama de su casa.
He calls from his house.

---

de [DE] preposition **of (showing ownership)**
(del, de la, de las, de los)

Es la bicicleta de mi vecino.
It is my neighbor's bicycle.

---

débil [DE-beel] adjective **weak**

Hoy el muchacho está débil.
The boy is weak today.

---

de buena conducta [de-bue-na-kon-DUK-ta] **well-behaved**
prepositional phrase

Son estudiantes de buena conducta.
They are well-behaved students.

---

decir [de-SEER] verb **to say**

Yo digo	Nosotros decimos
Tú dices	(Vosotros decís)
Él, Ella, Usted dice	Ellos, Ellas, Ustedes dicen

Nunca dicen "gracias."
They never say "Thank you."

---

decorar [de-ko-RAR] verb **to decorate**

Yo decoro	Nosotros decoramos
Tú decoras	(Vosotros decoráis)
Él, Ella, Usted decora	Ellos, Ellas, Ustedes decoran

Nosotros decoramos la casa para Navidad.
We decorate the house for Christmas.

---

el dedo [DE-do] noun, masc. **finger**

Ella indica con el dedo.
She points with her finger.

el dedo del pie noun, masc.   **toe**

Me duele el dedo del pie.
My toe hurts.

dejar [de-JAR] verb   **to leave something**

Yo dejo	Nosotros dejamos
Tú dejas	(Vosotros dejáis)
Él, Ella, Usted deja	Ellos, Ellas, Ustedes dejan

El muchacho deja el periódico en frente de la casa.
The boy leaves the newspaper in front of the house.

dejar de verb   **to stop (doing something)**

Yo dejo de comer.
I stop eating.

de la mañana [de-la-ma-NYA-na]   **in the morning**
    prepositional phrase

Son las seis de la mañana.
It is six o'clock in the morning.

el delantal [de-lan-TAL] noun, masc.   **apron**

El cocinero lleva delantal.
The cook is wearing an apron.

delicioso [de-lee-SEEO-so] adjective, masc.   **delicious**
deliciosa [de-lee-SEEO-sa] fem.

Este almuerzo está delicioso.
This lunch is delicious.

demasiado [de-ma-SEEA-do] adjective, masc.   **too many**
demasiados [de-ma-SEEA-dos] plural

Hay demasiados platos en el armario.
There are too many plates in the cupboard.

demasiado adverb   **too much**

El juguete cuesta demasiado.
The toy costs too much.

de nada [de-NA-da] idiomatic expression   **You're welcome**
Gracias por el regalo. De nada.
Thanks for the gift. You're welcome.

---

el dentista [den-TEES-ta] noun, masc.   **dentist**

El dentista cuida los dientes de mi hijo.
The dentist takes care of my son's teeth.

---

de pie [de-PYE] adverb   **standing**
Ella está de pie.
She is standing.

---

el deporte [de-POR-te] noun, masc.   **sport, sports**
La gustan mucho los deportes.
He likes sports very much.

> Soccer (known as "fútbol" in all Hispanic countries) is
> the major sport of every Latin American country and
> Spain. There is no international competition in which
> Hispanic countries are not represented. For them,
> soccer is a way of life.
>
> El mayor deporte en Latinoamérica y España es el fútbol,
> conocido en EUA como "soccer." No hay campeonato
> internacional en el cual no participen los países hispanos.
> Para ellos, el fútbol es parte del diario vivir.

---

de repente [de-re-PEN-te] adverb   **suddenly**
De repente, el niño grita.
Suddenly, the child screams.

---

derramar [de-rra-MAR] verb   **to spill**

Yo derramo   Nosotros derramamos
Tú derramas   (Vosotros derramáis)
Él, Ella, Usted derrama   Ellos, Ellas, Ustedes derraman

El perro siempre derrama el plato del gato.
The dog always spills the cat's plate.

---

el desayuno [de-sa-YU-no] noun, masc.   **breakfast**

El desayuno en casa es a las siete.
Breakfast at home is at seven.

---

descansar [des-kan-SAR] verb   **to rest**

Yo descanso   Nosotros descansamos
Tú descansas   (Vosotros descansáis)
Él, Ella, Usted descansa   Ellos, Ellas, Ustedes descansan

¡María nunca descansa!
Mary never rests!

---

descender [de-sen-DER] verb   **to go down, descend**

Yo desciendo   Nosotros descendemos
Tú desciendes   (Vosotros descendéis)
Él, Ella, Usted desciende   Ellos, Ellas, Ustedes descienden

El avión va a descender; pronto llegamos.
The plane is descending; we will arrive soon.

---

desde luego [des-de-LUE-go] idiomatic expression   **of course**

Vas a la fiesta, ¿verdad?
Desde luego.
You're going to the party, aren't you?
Of course.

---

desear [de-se-AR] verb   **to want**

Yo deseo	Nosotros deseamos
Tú deseas	(Vosotros deseáis)
Él, Ella, Usted desea	Ellos, Ellas, Ustedes desean

¿Qué desean comer?
What would you like to eat?

---

el deseo [de-SE-o] noun, masc.   **wish**

Tengo un deseo muy especial.
I have a very special wish.

---

el desfile [des-FEE-le] noun, masc.   **parade**

Mañana hay un desfile.
Tomorrow there is a parade.

---

el desierto [de-SYER-to] noun, masc.   **desert**

Hay mucha arena en el desierto.
There is a lot of sand in the desert.

---

despacio [des-PA-seeo] adverb   **slowly**

Gloria camina despacio.
Gloria walks slowly.

---

el despertador [des-per-ta-DOR] noun, masc.   **alarm clock**

El despertador suena a las seis.
The alarm clock rings at six.

---

después [des-PUES] adverb   **afterwards, after**

Después de la cena, vamos al cine.
After dinner, we are going to the movies.

---

detener [de-te-NER] verb   **to stop**

Yo detengo	Nosotros detenemos
Tú detienes	(Vosotros detenéis)
Él, Ella, Usted detiene	Ellos, Ellas, Ustedes detienen

El director detiene a los muchachos.
The principal stops the boys.

---

detestar [de-tes-TAR] verb   **detest**

Yo detesto   Nosotros detestamos
Tú detestas   (Vosotros detestáis)
Él, Ella, Usted detesta   Ellos, Ellas, Ustedes detestan

Todos detestan los zancudos.
Everyone detests mosquitoes.

---

detrás [de-TRAS] adverb   **behind**

Yo me siento detrás de Juan.
I sit behind John.

---

devolver [de-bol-BER] verb   **to give back, to return**

Yo devuelvo   Nosotros devolvemos
Tú devuelves   (Vosotros devolvéis)
Él, Ella, Usted devuelve   Ellos, Ellas, Ustedes devuelven

Los alumnos devuelven los libros.
The students give back the books.

---

el día [DEE-a] noun, masc.   **day**

Ellos celebran el Día de Año Nuevo.
They celebrate New Year's Day.

---

dibujar [dee-bu-JAR] verb   **to draw**

Yo dibujo   Nosotros dibujamos
Tú dibujas   (Vosotros dibujáis)
Él, Ella, Usted dibuja   Ellos, Ellas, Ustedes dibujan

Ellos dibujan en la pizarra.
They draw on the blackboard.

---

el diccionario [deek-seeo-NA-reeo] noun, masc.   **dictionary**

Buscamos las palabras en el diccionario.
We look for the words in the dictionary.

---

diecinueve [dye-see-NUE-be] adjective   **nineteen**

Hay diecinueve huevos en el refrigerador.
There are nineteen eggs in the refrigerator.

---

dieciocho [dye-see-O-cho] adjective   **eighteen**

Ocho y diez son dieciocho.
Eight and ten are eighteen.

---

dieciséis [dye-see-SAYS] adjective   **sixteen**

Hay dieciséis dulces en la caja.
There are sixteen candies in the box.

---

diecisiete [dye-see-SYE-te] adjective   **seventeen**

Yo tengo diecisiete primos.
I have seventeen cousins.

---

el diente [DYEN-te] noun, masc.   **tooth**

Le duele el diente.
He has a toothache.

los dientes [DYEN-tes] noun, masc.   **teeth**

Tiene dientes bonitos.
She has pretty teeth.

---

diez [DYES] adjective   **ten**

Nosotros tenemos diez libros.
We have ten books.

---

diferente [dee-fe-REN-te] adjective   **different**

Es una historia diferente.
It is a different story.

---

difícil [dee-FEE-seel] adjective   **difficult**

Si estudias, no es difícil.
If you study, it is not difficult.

---

la difusión [dee-fu-SEEON] noun, fem.   **broadcast**

La difusión de Navidad en las Américas es el 20 de diciembre.
The broadcast "Christmas in the Americas" is on December 20th.

---

digital [di-hee-TAL] adjective   **digital**

Aquí está el teléfono, la cámara, el DVD y todo lo que es digital.
Here is the phone, the camera, the DVD and everything that is digital.

---

el dinero [dee-NE-ro] noun, masc.   **money**

El muchacho tiene su dinero listo.
The boy has his money ready.

---

la dirección [dee-rek-SEEON] noun, masc.   **address**

¿Cuál es la dirección de la casa?
What is the address of the house?

---

dirigir [dee-ree-JEER] verb   **to direct**

Yo dirijo   Nosotros dirigimos
Tú diriges   (Vosotros dirigís)
Él, Ella, Usted dirige   Ellos, Ellas, Ustedes dirigen

El señor Almeida dirige a los músicos.
Mr. Almeida directs the musicians.

---

el disco compacto (CD) [DEES-ko kom-PAK-to]   **compact disc**
  noun, masc.   **(CD)**

Me gusta el CD de Guillermo.
I like William's CD.

---

disgustado [dees-gus-TA-do] adjective, masc.   **displeased**
disgustada [dees-gus-TA-da] fem.

La señora está disgustada con el perro.
The lady is displeased with the dog.

---

dispénseme usted [dees-PEN-se-me]   **excuse me**
dispénsenme ustedes plural idiomatic expression

Dispénseme, por favor. Tengo que salir.
Excuse me, please. I have to leave.

---

divertido [dee-ber-TEE-do] adjective, masc.   **amusing**
divertida [dee-ber-TEE-da] fem.

Es un juego muy divertido.
It is an amusing game.

---

divertirse [dee-ber-TEER-se] verb   **to have a good time**

Yo me divierto   Nosotros nos divertimos
Tú te diviertes   (Vosotros os divertís)
Él, Ella, Usted se divierte   Ellos, Ellas, Ustedes se divierten

Ellos siempre se divierten en la playa.
They always have a good time at the beach.

---

doblar [do-BLAR] verb   **to turn**

Yo doblo   Nosotros doblamos
Tú doblas   (Vosotros dobláis)
Él, Ella, Usted dobla   Ellos, Ellas, Ustedes doblan

El coche dobla a la izquierda.
The car turns left.

---

doce [DO-se] adjective   **twelve**

Mi hermana tiene doce discos.
My sister has twelve CDs.

---

la docena [do-SE-na] noun, fem.   **dozen**

María compra una docena de naranjas.
Mary buys a dozen oranges.

---

el doctor [dok-TOR] noun, masc.   **doctor**

El doctor está en el hospital.
The doctor is at the hospital.

---

el dólar [DO-lar] noun, masc.   **dollar**

Cuesta un dólar.
It costs a dollar.

---

doler(le) [do-LER] verb, idiomatic expression   **to hurt**

Me duele	Nos duele
Te duele	(Os duele)
Le duele	Les duele

Me duele la cabeza.
My head hurts.

Algo duele.
Something hurts.

---

el dolor [do-LOR] noun, masc.   **ache, pain**
el dolor de estómago [do-LOR-de-es-TO-ma-go]   **stomachache**
   noun, masc.

Él tiene dolor de estómago.
He has a stomachache.

---

el dominó [do-mee-NO] noun, masc.   **dominoes**

Vamos a jugar al dominó.
Let's play dominoes.

---

dónde [DON-de] adverb   **where**

¿Dónde está mi libro de inglés?
Where is my English book?

---

dormir [dor-MEER] verb   **to sleep**

Yo duermo   Nosotros dormimos
Tú duermes   (Vosotros dormís)
Él, Ella, Usted duerme   Ellos, Ellas, Ustedes duermen

El bebé duerme.
The baby is sleeping.

---

el dormitorio [dor-MEE-to-reeo] noun, masc.   **bedroom**

Hay camas gemelas en mi dormitorio.
There are twin beds in my bedroom.

---

dos [DOS] adjective   **two**
dos veces expression   **twice**

Yo tengo dos hermanos.
I have two brothers.

---

la ducha [DOO-cha] noun, fem.   **the shower**

Mi papá prefiere tomar la ducha.
Dad prefers to take a shower.

---

dulce [DUL-se] adjective   **sweet**

El pastel está muy dulce.
The pie is very sweet.

el dulce [DUL-se] noun   **candy**

¿Quieres un dulce de chocolate?
Would you like a chocolate candy?

---

durante [du-RAN-te] preposition   **during**

Él va a México durante las vacaciones.
He is going to Mexico during vacation.

---

durar [doo-RAR] verb   **to last**

Yo duro   Nosotros duramos
Tú duras   (Vosotros duráis)
Él, Ella, Usted dura   Ellos, Ellas, Ustedes duran

Este jabón dura mucho tiempo.
This soap lasts a long time.

---

el durazno [du-RAZ-no] noun, masc.   **peach**
El durazno es delicioso.
The peach is delicious.

---

duro [DU-ro] adjective, masc.   **hard**
dura [DU-ra] fem.
La cama es dura.
The bed is hard.

---

el DVD [DEH-VEH-DEH] noun, masc.   **DVD**
¿Cuándo sale esta película en DVD?
When will this movie be out on DVD?

E

echar [eh-CHAR]   **to throw, to toss**
Juan echa la basura al hoyo.
Juan throws the garbage into the hole.

echar una carta (eh-CHAR OO-na KAR-ta)
  idiomatic expression   **to mail a letter**

Yo echo una carta	Nosotros echamos una carta
Tú echas una carta	(Vosotros echáis una carta)
Él, Ella, Usted	Ellos, Ellas, Ustedes echan
echa una carta	una carta

Jorge echó una carta a Julia.
George mailed Julia a letter.

---

la edad [e-DAD] noun, fem.   **age**
¿Cuál es la edad del señor?
What is the man's age?

---

el edificio [e-dee-FEE-seeo] noun, masc.   **building**

La oficina está en ese edificio.
The office is in that building.

---

el ejército [e-JER-see-to] noun, masc.   **army**

Guillermo está en el ejército de los Estados Unidos.
William is in the United States Army.

---

los ejotes [e-JO-tes] noun, masc.   **string beans**

Mamá sirve ejotes (habichuelas) con papas.
Mom serves string beans with potatoes.

él [EL] pronoun   **he**

Ella y él van a la iglesia cerca de la casa.
She and he go to the church near home.

---

el [EL] article   **the**

El sofá está en la sala.
The sofa is in the living room.

---

el que [EL-KE] idiomatic expression   **the one that, the one who**

Juan es el que no va.
John is the one who is not going.

---

el elefante [e-le-FAN-te] noun, masc.   **elephant**

El elefante vive en la selva.
The elephant lives in the jungle.

---

ellos [E-lyos, E-yos] pronoun, masc.   **they**
ellas [E-lyas, E-yas] fem.
Ellos brincan y bailan.
They jump and dance.

ellos mismos pronoun   **they themselves**
Ellos mismos hacen el trabajo.
They themselves do the work.

---

el emparedado [em-pa-re-DA-do] noun, masc.   **sandwich**
¿Le gustan los emparedados de queso?
Do you like cheese sandwiches?

---

empujar [em-pu-JAR] verb   **to push**

Yo empujo	Nosotros empujamos
Tú empujas	(Vosotros empujáis)
Él, Ella, Usted empuja	Ellos, Ellas, Ustedes empujan

El hombre trata de empujar el piano.
The man tries to push the piano.

---

encima de [en-SEE-ma-de] prepositional phrase   **on, on top of**
La pluma está encima del libro.
The pen is on the book.

---

encontrar [en-kon-TRAR] verb   **to find**

Yo encuentro	Nosotros encontramos
Tú encuentras	(Vosotros encontráis)
Él, Ella, Usted encuentra	Ellos, Ellas, Ustedes encuentran

No podemos encontrar los discos de Julio Iglesias.
We cannot find Julio Iglesias' CDs.

---

encontrarse [en-kon-TRAR-se] verb   **to meet**

Él va a encontrar a su amigo.
He is going to meet his friend.

---

se encuentra [se-en-KUEN-tra] idiomatic expression   **is located**

La iglesia se encuentra en esa ciudad.
The church is located in that city.

---

enero [e-NE-ro] noun, masc.   **January**

Hace mucho frío en enero.
It is very cold in January.

---

la enfermera [en-fer-ME-ra] noun, fem.   **nurse**

La enfermera ayuda al médico.
The nurse helps the doctor.

---

enfermo [en-FER-mo] adjective, masc.   **ill, sick**
enferma [en-FER-ma] fem.

Él nunca está enfermo.
He is never ill.

---

en forma de [en-FOR-ma-de]   **in the form of,**
    prepositional phrase   **in the shape of**

Tiene una alcancía en forma de un puerco.
She has a bank in the form of a pig.

---

enfrente de [en-FREN-te-de] adverbial phrase   **in front of**

La iglesia está enfrente de la escuela.
The church is in front of the school.

---

en medio de [en-ME-deeo-de]   **in the middle of**
    prepositional phrase

Ella baila en medio de un grupo.
She dances in the middle of a group.

---

enojado [e-no-JA-do] adjective, masc.   **angry**
enojada [e-no-JA-da] fem.

Mi padre está enojado conmigo.
My father is angry at me.

---

la ensalada [en-sa-LA-da] noun, fem.   **salad**

La familia come ensalada de lechuga y tomate.
The family eats lettuce and tomato salad.

---

en seguida [en-se-GEE-da] adverb   **right away**

Lo hago en seguida.
I'll do it right away.

---

enseñar [en-se-NYAR] verb   **to teach**

Yo enseño	Nosotros enseñamos
Tú enseñas	(Vosotros enseñáis)
Él, Ella, Usted enseña	Ellos, Ellas, Ustedes enseñan

El profesor enseña a los alumnos.
The teacher teaches the pupils.

---

entender [en-ten-DER] verb   **to understand**

Yo entiendo   Nosotros entendemos
Tú entiendes   (Vosotros entendéis)
Él, Ella, Usted entiende   Ellos, Ellas, Ustedes entienden

En los Estados Unidos hay muchas personas que entienden español.
There are many persons in the United States who understand Spanish.

---

entero [en-TE-ro] adjective, masc.   **entire, whole**
entera [en-TE-ra] fem.

Se come el tomate entero.
He eats the whole tomato.

---

en todas partes [en-to-das-PAR-tes] adverb   **everywhere**

¿En todas partes hay Coca-Cola?
Is Coca-Cola everywhere?

---

entonces [en-TON-ses] adverb   **then**

Hasta entonces, no vamos a la playa.
Until then we will not go to the beach.

---

la entrada [en-TRA-da] noun, fem.   **entrance**

Tengan los boletos listos. Aquí está la entrada.
Have the tickets ready. Here is the entrance.

---

entrar [en-TRAR] verb   **to enter**

Yo entro   Nosotros entramos
Tú entras   (Vosotros entráis)
Él, Ella, Usted entra   Ellos, Ellas, Ustedes entran

A veces los muchachos entran tarde en la clase.
Sometimes the boys enter class late.

---

entre [EN-tre] preposition   **between**

La carne está entre dos pedazos de pan.
The meat is between two pieces of bread.

---

en voz alta [en-bos-AL-ta] adverb   **aloud, in a loud voice**

Leemos en vos alta algunas veces.
We read aloud sometimes.

---

el equipaje [e-kee-PA-je] noun, masc.   **baggage**

Ayúdeme con el equipaje.
Help me with the baggage.

---

el equipo [e-KEE-po] noun, masc.   **team**

El equipo de fútbol va a jugar en Chile.
The soccer team is going to play in Chile.

---

el error [e-RROR] noun, masc.   **error**

Hay un error en este papel.
There is an error in this paper.

---

la escalera [es-ka-LE-ra] noun, fem.   **staircase**

Bajo por la escalera.
I am going down the staircase.

---

el escáner [es-KA-ner] noun, masc.   **scanner**

Copiamos el texto con el escáner y lo guardamos en la computadora.
We copy the text with the scanner and keep it in the computer.

la escoba [es-KO-ba] noun, fem.   **broom**

Ella barre con una escoba.
She sweeps with a broom.

escoger [es-ko-JER] verb   **to pick, to choose**

Yo escojo	Nosotros escogemos
Tú escoges	(Vosotros escogéis)
Él, Ella, Usted escoge	Ellos, Ellas, Ustedes escogen

Los niños escogen a Raúl como jefe del grupo.
The children choose Raúl as leader of the group.

esconder [es-kon-DER] verb   **to hide**

Yo escondo	Nosotros escondemos
Tú escondes	(Vosotros escondéis)
Él, Ella, Usted esconde	Ellos, Ellas, Ustedes esconden

Ellos esconden las cartas.
They hide the cards.

escribir [es-kree-BEER] verb   **to write**

Yo escribo	Nosotros escribimos
Tú escribes	(Vosotros escribís)
Él, Ella, Usted escribe	Ellos, Ellas, Ustedes escriben

Juan le escribe una carta a María.
John writes Mary a letter.

el escritorio [es-kree-TO-reeo] noun, masc.   **desk**

El libro está en el escritorio.
The book is on the desk.

escuchar [es-ku-CHAR] verb   **to listen**

Yo escucho   Nosotros escuchamos
Tú escuchas   (Vosotros escucháis)
Él, Ella, Usted escucha   Ellos, Ellas, Ustedes escuchan

Los maestros siempre dicen que hay que escuchar.
The teachers always say that we must listen.

---

la escuela [es-KUE-la] noun, fem.   **school**

Estudiamos y nos divertimos en la escuela.
We study and have fun in school.

ése [E-se] pronoun, masc.   **that one**
ésa [E-sa] pronoun, fem.

Ése es de mi primo.
That one is my cousin's.

ese [E-se] adjective, masc.   **that**
esa [E-sa] fem.

Ese impermeable es nuevo.
That raincoat is new.

---

la espalda [es-PAL-da] noun, fem.   **back**

Me duele la espalda.
My back hurts.

---

espantoso [es-pan-TO-so] adjective, masc.   **frightening**
espantosa [es-pan-TO-sa] fem.

Ese es un cuento espantoso.
That is a frightening tale.

---

especialmente [es-pe-syal-MEN-te] adverb   **especially**

Me gusta la fruta, especialmente las naranjas.
I like fruit, especially oranges.

---

el espejo [es-PE-jo] noun, masc.   **mirror**

La muchacha se mira en el espejo.
The girl looks at herself in the mirror.

---

esperar [es-pe-RAR] verb   **to wait, to expect**

Yo espero   Nosotros esperamos
Tú esperas   (Vosotros esperáis)
Él, Ella, Usted espera   Ellos, Ellas, Ustedes esperan

Silvia espera a Carlos.
Sylvia waits for Charles.

---

las espinacas [es-pee-NA-kas] noun, fem.   **spinach**

Sirven carne con papas y espinacas.
They serve meat with potatoes and spinach.

---

la esposa [es-PO-sa] noun, fem.   **wife**

Carmen es la esposa del doctor Ortiz.
Carmen is Dr. Ortiz's wife.

---

el esposo [es-PO-so] noun, masc.   **husband**

El esposo de la señora Rodríguez es licenciado.
Mrs. Rodriguez's husband is a lawyer.

---

la estación [es-ta-SEEON] noun, fem.   **season**

Mi estación favorita es el verano.
My favorite season is summer.

la estación de tren noun, fem.   **train station**

Esperan a su tío en la estación de tren.
They wait for their uncle in the train station.

la estación de gasolina noun, fem.   **gas station**
la gasolinera [ga-so-lee-NE-ra]

Necesito gasolina. Voy a ir a la gasolinera.
I need gasoline. I'm going to the gas station.

---

estacionar [es-ta-seeo-NAR] verb   **to park**

Yo estaciono	Nosotros estacionamos
Tú estacionas	(Vosotros estacionáis)
Él, Ella, Usted estaciona	Ellos, Ellas, Ustedes estacionan

El chofer estaciona el coche.
The chaffeur parks the car.

---

el estado [es-TA-do] noun, masc.   **state**

Nosotros vivimos en el estado de Colorado.
We live in the state of Colorado.

---

estar [es-TAR] verb   **to be**

Yo estoy	Nosotros estamos
Tú estás	(Vosotros estáis)
Él, Ella, Usted está	Ellos, Ellas, Ustedes están

Estamos en la Argentina para las vacaciones.
We are in Argentina for vacation.

estar equivocado [es-TAR-e-kee-bo-KA-do] verb   **to be wrong**

Yo estoy equivocado.
I am wrong.

---

el este [ES-te] adjective; noun, masc.   **east**

Para ir de Texas a Nueva York, se viaja al este.
To go from Texas to New York, you travel east.

éste [ES-te] pronoun, masc.   **this one**
ésta [ES-ta] fem.

Éste es azul oscuro.
This one is dark blue.

---

este [ES-te] adjective, masc.   **this**
esta [ES-ta] fem.

Este auto es negro.
This auto is black.

---

estéreo [es-TEH-re-o] adjective, masc.   **stereo**

El sonido del tocadiscos es estéreo.
The sound of the CD player is stereo.

---

estirar [es-tee-RAR] verb   **to stretch**

Yo estiro	Nosotros estiramos
Tú estiras	(Vosotros estiráis)
Él, Ella, Usted estira	Ellos, Ellas, Ustedes estiran

Él estira las cintas de los zapatos.
He pulls the shoelaces.

---

esto [ES-to] pronoun   **this**

No entiendo esto.
I don't understand this.

---

estornudar [es-tor-nu-DAR] verb   **to sneeze**

Yo estornudo	Nosotros estornudamos
Tú estornudas	(Vosotros estornudáis)
Él, Ella, Usted estornuda	Ellos, Ellas, Ustedes estornudan

Cuando tengo resfriado, estornudo muchas veces.
When I have a cold, I sneeze many times.

> When someone sneezes, you will often hear another person say ¡*Salud!* It is a way of wishing someone good health.
>
> Cuando alguien estornuda entre personas que hablan español, se oye "¡Salud!" Es costumbre desear "Buena salud."

la estrella [es-TRE-lya, es-TRE-ya] noun, fem.   **star**

¡Ay! Mira las estrellas en el cielo.
Oh! Look at the stars in the sky.

el estudiante [es-tu-DEEAN-te] noun, masc.   **student**
la estudiante fem.

El estudiante lee su libro.
The student reads his book.

estudiar [es-tu-DEEAR] verb   **to study**

Yo estudio   Nosotros estudiamos
Tú estudias   (Vosotros estudiáis)
Él, Ella, Usted estudia   Ellos, Ellas, Ustedes estudian

A veces estudiamos en la biblioteca.
Sometimes we study in the library.

la estufa [es-TU-fa] noun, fem.   **stove**

La carne está en la estufa.
The meat is on the stove.

estúpido [es-TU-pee-do] adjective, masc.   **stupid**
estúpida [es-TU-pee-da] fem.

¡No! Yo no soy estúpido.
No! I'm not stupid.

el examen [ek-SA-men] noun, masc.   **test, examination**

Los estudiantes tienen examen de ciencia.
The students have a science exam.

excelente [ek-se-LEN-te] adjective   **excellent**

La niña prepara una comida excelente.
The girl prepares an excellent meal.

---

explicar [es-plee-KAR] verb   **to explain**

Yo explico	Nosotros explicamos
Tú explicas	(Vosotros explicáis)
Él, Ella, Usted explica	Ellos, Ellas, Ustedes explican

La profesora explica la lección.
The teacher explains the lesson.

---

extraño [es-TRA-nyo] adjective, masc.   **strange**
extraña [es-TRA-nya] fem.

Es una persona muy extraña.
He is a very strange person.

---

el extranjero [es-tran-JE-ro] noun, masc.   **foreigner,**
                                           stranger

Aquí mi tío es un extranjero.
My uncle is a stranger here.

---

extraordinario [es-tra-or-dee-NA-reeo]   **extraordinary**
    adjective, masc.
extraordinaria [es-tra-or-dee-NA-reea] fem.

Es una película extraordinaria.
It is an extraordinary movie.

F

la fábrica [FA-bree-ka] noun, fem.   **factory**

Hay muchas máquinas en esa fábrica.
There are many machines in that factory.

---

fácil [FA-seel] adjective   **easy**
Cuando estudio, la lección es fácil.
The lesson is easy when I study.

---

la falda [FAL-da] noun, fem.   **skirt**
Lleva una falda roja.
She is wearing a red skirt.

---

falso [FAL-so] adjective, masc.   **false, fake**
falsa [FAL-sa] fem.
La joya es falsa.
The jewel is fake.

---

la familia [fa-MEE-leea] noun, fem.   **family**
En la familia de los García hay dos niños y dos niñas.
In the García family there are two boys and two girls.

---

famoso [fa-MO-so] adjective, masc.   **famous**
famosa [fa-MO-sa] fem.
Los museos de Madrid son famosos.
The Madrid museums are famous.

---

la farmacia [far-MA-seea] noun, fem.   **pharmacy**
Vamos a la farmacia por la medicina.
We go to the pharmacy for the medicine.

---

favorito [fa-bo-REE-to] adjective, masc.   **favorite**
favorita [fa-bo-REE-ta] fem.
Mi color favorito es el amarillo.
My favorite color is yellow.

---

el fax [faax] noun, masc.   **fax**
Esta impresora viene con copiadora y fax integrados.
This printer comes with an integrated copier and fax
machine.

---

febrero [fe-BRE-ro] noun, masc.   **February**

El cumpleaños de Jorge Washington es el veintidós de febrero.
George Washington's birthday is February twenty-second.

feliz [fe-LEES] adjective   **happy**
felices [fe-LEE-ses] plural

Los niños son felices porque no hay clases en el verano.
The children are happy because there are no classes in summer.

¡Feliz cumpleaños! [fe-LEES-kum-ple-A-nyos]   **Happy Birthday!**
  idiomatic expression

la feria [FE-reea] noun, fem.   **fair**

Siempre hay cosas interesantes en la feria.
There are always many interesting things at the fair.

feroz [fe-ROS] adjective   **ferocious, fierce**

El tigre es un animal feroz.
The tiger is a fierce animal.

el ferrocarril [fe-rro-ka-RREEL] noun, masc.   **railroad**

¿Dónde está el ferrocarril?
Where is the railroad?

la fiebre [FYE-bre] noun, fem.   **fever**

Tiene una fiebre alta.
He has a high fever.

la fiesta [FYES-ta] noun, fem.   **party**

Vamos a tener una fiesta en la playa.
We are going to have a party on the beach.

fijar [fee-JAR] verb   **to set, to affix**

Yo fijo   Nosotros fijamos
Tú fijas   (Vosotros fijáis)
Él, Ella, Usted fija   Ellos, Ellas, Ustedes fijan

Papá tiene que fijar la lámpara en esa mesa.
Dad has to set the lamp on that table.

---

la fila [FEE-la] noun, fem.   **row**

Ella se sienta en la primera fila.
She sits in the first row.

---

el fin [FEEN] noun, masc.   **end**

Éste es el fin de la historia.
This is the end of the story.

---

la flor [FLOR] noun, fem.   **flower**

Hay muchas flores en el jardín.
There are many flowers in the garden.

---

el fonógrafo [fo-NO-gra-fo] noun, masc.   **phonograph**

Yo uso el fonógrafo de mis padres para tocar discos.
I use my parents' phonograph to play records.

---

la fotografía [fo-to-gra-FEE-a] noun, fem.   **photograph**

Hay una fotografía de mi hermano en la sala.
There is a photograph of my brother in the living room.

---

francés [fran-SES] adjective   **French**

Nos gusta mucho el pan francés.
We like French bread a lot.

89

frecuentemente [fre-kuen-te-MEN-te] adverb   **frequently**

Frecuentemente, paseamos en coche.
We take a car ride frequently.

---

la fresa [FRE-sa] noun, fem.   **strawberry**

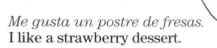

Me gusta un postre de fresas.
I like a strawberry dessert.

---

fresco [FRES-ko] adjective, masc.   **fresh**
fresca [FRES-ka] fem.

Hay legumbres frescas en la tienda.
There are fresh vegetables in the store.

---

los frijoles [free-JO-les] noun, masc.   **beans**

Nos gustan mucho los frijoles.
We like beans a lot.

---

frío [FREE-o] adjective, masc.   **cold**
fría [FREE-a] fem.

El café está frío.
The coffee is cold.

---

el fuego [FUE-go] noun, masc.   **fire**

Hay fuego en la chimenea.
There is fire in the fireplace.

---

fuerte [FUER-te] adjective   **strong**

Gustavo es muy fuerte.
Gus is very strong.

fuerte [FUER-te] adverb   **loud, loudly**

El policía habla fuerte.
The policeman speaks loudly.

fumar [fu-MAR] verb   **to smoke**

Yo fumo   Nosotros fumamos
Tú fumas   (Vosotros fumáis)
Él, Ella, Usted fuma   Ellos, Ellas, Ustedes fuman

Nosotros no fumamos.
We do not smoke.

el fútbol [FOOT-ball] noun, masc.   **soccer**

En el fútbol se usan la cabeza y los pies.
In soccer you use your head and your feet.

el futuro [fu-TU-ro] noun, masc.   **future**

¿En el futuro, van a vivir en la luna?
In the future are they going to live on the moon?

G

la galleta [ga-LYE-ta, ga-YE-ta] noun, fem.   **cracker, cookie**

Voy a tomar sopa y galletas.
I am going to have soup and crackers.

la galletita [ga-lye-TEE-ta, ga-ye-TEE-ta] noun, fem.   **cookie**
la galletica [ga-lye-TEE-ka, ga-ye-TEE-ka]

Nos gustan mucho las galletitas de chocolate.
We like chocolate cookies a lot.

la gallina [ga-LYEE-na, ga-YEE-na] noun, fem.   **chicken**

La gallina pone los huevos.
The chicken lays eggs.

91

el gallo [GA-yo] noun, masc.   rooster

Este gallo es rojo y amarillo.
This rooster is red and yellow.

el ganador [ga-na-DOR] noun, masc.   winner
la ganadora [ga-na-DO-ra] noun, fem.
Pelé fue un ganador extraordinario en fútbol.
Pele was an extraordinary winner in soccer.

ganar [ga-NAR] verb   to earn, to win

Yo gano   Nosotros ganamos
Tú ganas   (Vosotros ganáis)
Él, Ella, Usted gana   Ellos, Ellas, Ustedes ganan

Nuestro equipo siempre gana.
Our team always wins.

la garganta [gar-GAN-ta] noun, fem.   throat
Le duele la garganta.
His throat hurts him.

el gas [GAS] noun, masc.   gas
La señora cocina en una estufa de gas.
The lady cooks on a gas stove.

la gasolina [ga-so-LEE-na] noun, fem.   gasoline
El coche necesita gasolina.
The car needs gasoline.

el gatito [ga-TEE-to] noun, masc.   kitten
Rafael es mi gatito consentido.
Ralph is my pet kitten.

92

el gato [GA-to] noun, masc.   **cat**

El gato pelea con el perro.
The cat fights with the dog.

---

generoso [je-ne-RO-so] adjective, masc.   **kind, generous**
generosa [je-ne-RO-sa] fem.

Mi abuelita es muy generosa.
My grandmother is very generous.

---

la gente [JEN-te] noun, fem.   **people**

La gente quiere ver al presidente.
The people want to see the president.

---

la geografía [je-o-gra-FEE-a] noun, fem.   **geography**

En la clase de geografía estudiamos los mapas de los países diferentes.
In geography class we study maps of different countries.

---

el gigante [jee-GAN-te] noun, masc.   **giant**

En el cuento el gigante se come a la gente.
In the story the giant eats people.

---

el golpe [GOL-pe] noun, masc.   **blow, knock**

El señor le da un golpe al ladrón.
The man gives the thief a blow.

---

gordo [GOR-do] adjective, masc.   **fat**
gorda [GOR-da] fem.

¡Qué hombre tan gordo!
What a fat man!

---

la grabadora [gra-ba-DO-ra] noun, fem.   **recorder**

Enrique usa su grabadora de DVD.
Henry uses his DVD recorder.

¡Gracias! [GRA-seeas] interjection   **Thanks! Thank you!**

Gracias por el regalo.
Thank you for the gift.

---

gracioso [gra-SEEO-so] adjective, masc.   **cute, amusing**
graciosa [gra-SEEO-sa] fem.

El niño es gracioso.
The boy is cute.

---

gran [GRAN] adjective   **great**

El cuatro de julio hay una gran fiesta.
There is a great celebration on the fourth of July.

---

grande [GRAN-de] adjective   **large, big**

El elefante es muy grande.
The elephant is very big.

---

la granja [GRAN-ja] noun, fem.   **farm**

Hay muchos animales en la granja.
There are many animals on the farm.

el burro	donkey	**la gallina**	chicken
el caballo	horse	**el gallo**	rooster
la cabra	goat	**el pavo**	turkey
el cerdo (el puerco)	pig	**la oveja**	sheep
el conejo	rabbit	**la vaca**	cow

---

gratis [GRA-tees] adverb   **free (no charge)**

Si compramos una hamburguesa, nos dan otra gratis.
If we buy a hamburger, they will give us another one free.

---

gris [GREES] adjective   **gray**

El traje es gris.
The suit is gray.

---

gritar [gree-TAR] verb   **scream**

Yo grito	Nosotros gritamos
Tú gritas	(Vosotros gritáis)
Él, Ella, Usted grita	Ellos, Ellas, Ustedes gritan

El muchacho grita cuando quiere algo.
The boy shouts when he wants something.

---

grueso [GRUE-so] adjective, masc.   **thick**
gruesa [GRUE-sa] fem.

El cuaderno de Jorge es grueso.
George's notebook is thick.

---

el grupo [GROO-poh] noun, masc.   **group**

El grupo de amigos se reúne hoy.
The group of friends meets today.

---

los guantes [GUAN-tes] noun, masc.   **gloves**

Llevamos guantes cuando hace frío.
We wear gloves when it is cold.

---

guapo [GUA-po] adjective, masc.   **handsome, good looking**
guapa [GUA-pa] fem.

Mi papá es muy guapo.
My father is very good looking.

---

guardar [guar-DAR] verb   **to keep, to save**

Yo guardo	Nosotros guardamos
Tú guardas	(Vosotros guardáis)
Él, Ella, Usted guarda	Ellos, Ellas, Ustedes guardan

Nosotros guardamos el dinero en el banco.
We keep our money in the bank.

---

la guerra [GE-rra] noun, fem.   **war**

En una guerra mueren muchas personas.
Many people die in a war.

---

el gusano [gu-SA-no] noun, masc.   **worm**

Hay gusanos en la basura.
There are worms in the trash.

---

gustar(le) [gus-TAR] verb   **to like**

me gusta	nos gusta
(me gustan)	(nos gustan)
te gusta	(os gusta)
(te gustan)	(os gustan)
le gusta	les gusta
(le gustan)	(les gustan)

A ellos les gusta caminar en el jardín.
They like to walk in the garden.

H

hablar [a-BLAR] verb   **to speak**

Yo hablo	Nosotros hablamos
Tú hablas	(Vosotros habláis)
Él, Ella, Usted habla	Ellos, Ellas, Ustedes hablan

Los estudiantes hablan inglés y español.
The students speak English and Spanish.

---

hace [A-se] idiomatic expression   **it (the weather) is ...**

Hace frío en el invierno.
It is cold in winter.

Hace sol. [A-se-SOL] idiomatic expression   **It is sunny.**

---

hacer [a-SER] verb   **to do, to make**

Yo hago   Nosotros hacemos
Tú haces   (Vosotros hacéis)
Él, Ella, Usted hace   Ellos, Ellas, Ustedes hacen

Ella quiere hacer un vestido.
She wants to make a dress.

hacer un paseo al campo verb   **to have a picnic**

En junio hacen un paseo al campo.
In June they have a picnic.

hacer un viaje verb   **to take a trip**

Queremos hacer un viaje a San Juan, Puerto Rico.
We want to take a trip to San Juan, Puerto Rico.

---

hacia [A-seea] adverb   **toward**

El avión viaja hacia el mar.
The plane is traveling toward the sea.

---

el hada [A-da] noun, fem.   **fairy**

El hada del cuento tiene el pelo rubio.
The fairy in the story has blond hair.

---

hasta [AS-ta] adverb   **until**

Vamos a nadar desde las dos hasta las tres.
We are going to swim from two until three.

---

hay [AEE] idiomatic expression   **there is, there are**

¿Qué hay de nuevo?
What is new?

Hay una flor en el jardín.
There is a flower in the garden.

hay que idiomatic expression   **you have to, you must**

Hay que leer el periódico.
You must read the newspaper.

---

el helado [e-LA-do] noun, masc.   **ice cream**

¿Te gusta el helado?
Do you like ice cream?

el helado (de chocolate) noun, masc.   **ice cream**
                                                  (chocolate)

Mi postre favorito es el helado de chocolate.
My favorite dessert is chocolate ice cream.

---

el helicóptero [e-lee-KOP-te-ro] noun, masc.   **helicopter**

Vamos en helicóptero al aeropuerto.
We are going to the airport by helicopter.

---

el heno [E-no] noun, masc.   **hay**

El heno es para los caballos.
Hay is for horses.

---

la hermana [er-MA-na] noun, fem.   **sister**

Anita es la hermana de Roberto.
Anita is Robert's sister.

---

el hermano [er-MA-no] noun, masc.   **brother**

Mi hermano es amigo de Enrique.
My brother is Henry's friend.

---

el hielo [YE-lo] noun, masc.   **ice**

Ellos patinan en el hielo.
They skate on the ice.

---

la hierba [YER-ba] noun, fem.   **grass**

Hay mucha hierba en frente de la casa.
There is a lot of grass in front of the house.

---

el hierro [YE-rro] noun, masc.   **iron**

El hierro es un metal.
Iron is a metal.

---

la hija [EE-ja] noun, fem.   **daughter**

La señora Sánchez tiene cuatro hijas.
Mrs. Sánchez has four daughters.

> Frequently, you will hear a Hispanic mother call her child or grandchild "hijito" or "hijita." Adding "ito/ita" to nouns is a common practice. It is a form of endearment, but it can also refer to small size: for example, (cat) gato-gatito, (hat) sombrero-sombrerito. Words with these endings are known as "diminutives."
>
> Con frecuencia se escucha a una madre hispana hablándole a su hijo o hija como "hijito" o "hijita." Agregar "el ito/ita" a los nombres expresa cariño. También se usa para indicar tamaño pequeño, por ejemplo, gato-gatito, sombrero-sombrerito. A estas palabras se les llaman "diminutivos."

---

el hijo [EE-jo] noun, masc.   **son**

El hijo de la señora Treviño juega al golf.
Mrs. Treviño's son plays golf.

---

la historia [ees-TO-reea] noun, fem.   **story**

La historia de California es muy interesante.
California's story is very interesting.

---

la hoja [O-ja] noun, fem.   **leaf**

En otoño las hojas caen de los árboles.
In the fall the leaves fall from the trees.

la hoja de papel noun, fem.   **sheet of paper**

Saquen una hoja de papel.
Take out a sheet of paper.

¡Hola! [O-la] interjection   **Hello! Hi!**

Hola, Conchita. ¿Cómo estás?
Hi, Conchita. How are you?

---

el hombre [OM-bre] noun, masc.   **man**

Mi padrino es un hombre muy alto.
My godfather is a very tall man.

el hombre de nieve noun, masc.   **snowman**

Vamos a hacer un hombre de nieve.
Let's make a snowman.

---

el hombro [OM-bro] noun, masc.   **shoulder**

Lleva un saco en el hombro.
He is carrying a coat (jacket) on his shoulder.

---

hondo [ON-do] adjective, masc.   **deep**
honda [ON-da] fem.

Es un lago muy hondo.
It is a very deep lake.

---

la hora [O-ra] noun, fem.   **time, hour**

¿Qué hora es?
What time is it?

la hora del almuerzo noun, fem.   **lunchtime**

¿Es la hora del almuerzo? Tengo hambre.
Is it lunchtime? I'm hungry.

---

la hormiga [or-MEE-ga] noun, fem.   **ant**

Esa hormiga es grande y roja.
That ant is big and red.

hoy [OEE] adverb, noun   **today**
Hoy es el cinco de septiembre.
Today is September fifth.

el huevo [UE-bo] noun, masc.   **egg**
Todo el mundo come huevos.
Everybody eats eggs.

húmedo [U-me-do] adjective, masc.   **humid, damp, moist**
húmeda [U-me-da] fem.
La toalla está húmeda.
The towel is damp.

el humo [U-mo] noun, masc.   **smoke**
¿De dónde viene el humo?
Where is the smoke coming from?

I

la idea [ee-DE-a] noun, fem.   **idea**
Es una buena idea. Vamos al cine.
It's a good idea. Let's go to the movies.

la iglesia [ee-GLE-seea] noun, fem.   **church**

Los domingos ellos van a la iglesia.
Sundays they go to church.

> On the night of September 15, 1810, Father Miguel
> Hidalgo y Costilla launches the revolution toward
> Mexico's independence from Spain. He moves his
> people into action by ringing the church bells in
> Dolores and by giving the cry for revolt of "Long Live
> México! Long Live the Revolution!" Mexico wins its
> independence in 1821, and Father Hidalgo is recognized
> as the "Father of Independence." The official holiday is
> September 16.
>
> En la noche del 15 de septiembre de 1810, el Padre
> Miguel Hidalgo y Costilla pone la revolución en marcha
> para la independencia de México. Al sonar las campanas
> de su iglesia en Dolores, lanza el famoso grito de "¡Viva
> México!" "¡Viva la revolución!" En 1821 México gana su
> independencia de España y el Padre Hidalgo se
> reconoce como el "Padre de la Independencia de
> México." El aniversario oficial de la independencia es el
> 16 de septiembre.

igual [ee-GUAL] adjective   **equal**

Dos y dos es igual a cuatro.
Two and two is equal to four.

impar [eem-PAR] adjective   **odd (number)**

Es un número impar.
It is an odd number.

el impermeable [eem-per-me-A-ble] noun, masc.   **raincoat**

Su impermeable es amarillo.
His raincoat is yellow.

importante [eem-por-TAN-te] adjective   **important**

Una persona importante viene a visitar la ciudad.
An important person is coming to visit the city.

---

imposible [eem-po-SEE-ble] adjective   **impossible**

Es imposible cruzar la calle a pie.
It's impossible to cross the street on foot.

---

la impresora [eem-pre-SO-ra] noun, fem.   **printer**

Esta impresora imprime diez hojas por minuto.
This printer prints ten pages per minute.

---

indicar [een-dee-KAR] verb   **to show, point**

Yo indico	Nosotros indicamos
Tú indicas	(Vosotros indicáis)
Él, Ella, Usted indica	Ellos, Ellas, Ustedes indican

El termómetro indica la temperatura.
The thermometer indicates the temperature.

---

infeliz [een-fe-LEES] adjective   **unhappy**

La historia tiene un fin infeliz.
The story has an unhappy ending.

---

el ingeniero [een-je-NYE-ro] noun, masc.   **engineer**

El ingeniero y los trabajadores construyen un puente.
The engineer and the workers construct a bridge.

---

inglés [een-GLES] noun, adjective, masc.   **English**
inglesa [een-GLE-sa] fem.

Nuestro profesor es inglés.
Our teacher is English.

---

inmediatamente [een-me-deea-ta-MEN-te]   **immediately**
    adverb

Vamos inmediatamente al hospital.
Let's go to the hospital immediately.

---

el insecto [een-SEK-to] noun, masc.   **insect**

Ese insecto vive en los árboles.
That insect lives in trees.

---

inteligente [een-te-lee-JEN-te] adjective   **intelligent**

Mi mamá es muy inteligente.
My mother is very intelligent.

---

interesante [een-te-re-SAN-te] adjective   **interesting**

Esa película es muy interesante.
That movie is very interesting.

---

el invierno [een-VYER-no] noun, masc.   **winter**

Hace frío en el invierno.
It is cold in winter.

---

invitar [een-vee-TAR] verb   **to invite**

    Yo invito   Nosotros invitamos
    Tú invitas   (Vosotros invitáis)
    Él, Ella, Usted invita   Ellos, Ellas, Ustedes invitan

Ellos invitan a sus amigos a la fiesta.
They invite their friends to the party.

---

ir [EER] verb   **to go**

    Yo voy   Nosotros vamos
    Tú vas   (Vosotros vais)
    Él, Ella, Usted va   Ellos, Ellas, Ustedes van

Vamos al hospital.
Let's go to the hospital.

Voy a la casa de mi vecino.
I am going to my neighbor's house.

ir a trabajar   **to go to work**

Nadie quiere ir a trabajar hoy.
No one wants to go to work today.

ir de compras   **to go shopping**

Las mujeres siempre quieren ir de compras.
Women always want to go shopping.

---

la isla [EES-la] noun, fem.   **island**

¡Qué isla tan hermosa!
What a beautiful island!

> Puerto Rico is an island southeast of Florida, between the Caribbean Sea and the Atlantic Ocean. It is Spanish by its linguistic and cultural heritage but Anglicized by its territorial association to the United States. In 1493 Columbus claims the island for Spain, and in 1889 Spain surrenders the island to the United States.
>
> Puerto Rico es una isla al sudeste de Florida entre el Mar Caribe y el Océano Pacífico. Es española por su herencia lingüística y cultural, pero anglicanizada por su asociación territorial con Estados Unidos. En 1493 Cristóbal Colón reclama la isla para España y en 1889 España cede la isla a Estados Unidos.

izquierdo [ees-KYER-do] adjective, masc.   **left**
izquierda [ees-KYER-da] fem.

Le duele el brazo izquierdo.
His left arm hurts.

a la izquierda idiomatic expression   **to the left**

J

jalar (ha-LAR) verb   **to pull**

Yo jalo	Nosotros jalamos
Tú jalas	(Vosotros jaláis)
Él, Ella, Usted jala	Ellos, Ellas, Ustedes jalan

Jala el cordón para sonar la campana.
Pull the cord to ring the bell.

---

el jamón [ja-MON] noun, masc.   **ham**

Yo quiero un sandwich de jamón, por favor.
I would like a ham sandwich, please.

---

el jardín [jar-DEEN] noun, masc.   **garden**

Hay muchas flores en el jardín.
There are many flowers in the garden.

---

el jefe [JE-fe] noun, masc.   **leader**

El jefe del grupo es mi primo Guillermo.
The leader of the group is my cousin William.

---

la joya [JO-ya] noun, fem.   **jewel**

Ese anillo tiene una joya preciosa.
That ring has a precious jewel.

la joyería [jo-ye-REE-a] noun, fem.   **jewelry shop**

Hay joyas preciosas en la joyería.
There are precious jewels in the jewelry shop.

---

el juego [JUE-go] noun, masc.   **game**

¿Conoces el juego de la gallina ciega?
Do you know the game of blindman's buff?

---

el juego de mesa [JUE-go-de-me-sa] noun, masc.   **setting (table)**

El juego de mesa está completo.
The table setting is complete.

---

jugar [ju-GAR] verb   **to play (game)**

Yo juego	Nosotros jugamos
Tú juegas	(Vosotros jugáis)
Él, Ella, Usted juega	Ellos, Ellas, Ustedes juegan

Yo juego con mi hermanito.
I play with my little brother.

jugar al ajedrez verb   **to play chess**

Los muchachos juegan al ajedrez.
The boys are playing chess.

jugar a la baraja verb   **to play cards**
jugar a los naipes

Mi papá y sus amigos juegan baraja.
My dad and his friends play cards.

jugar a las damas chinas verb   **to play Chinese checkers**

Vamos a jugar a las damas chinas.
Let's play Chinese checkers.

jugar a las escondidas verb   **to play hide-and-seek**
(jugar al escondido)

¿Quién quiere jugar a las escondidas?
Who wants to play hide-and-seek?

jugar a la gallina ciega verb   **to play blindman's buff**

Ellos juegan a la gallina ciega.
They are playing blindman's buff.

---

el jugo [JU-go] noun, masc.   **juice**

¿Qué clase de jugo quiere usted?
What kind of juice do you want?

el jugo de naranja noun, masc.   **orange juice**

Yo quiero un vaso grande de jugo de naranja.
I want a large glass of orange juice.

---

el juguete [ju-GE-te] noun, masc.   **toy**

Es el juguete favorito del niño.
That's the little boy's favorite toy.

---

julio [JU-leeo] noun, masc.   **July**

Hace mucho calor en julio.
It's very hot in July.

---

junio [JU-neeo] noun, masc.   **June**

En junio no hay clases.
There are no classes in June.

---

juntos [JUN-tos] adverb   **together**

Ellos trabajan juntos en la tienda.
They work together at the store.

K

el kilómetro [kee-LO-me-tro] noun, masc.   **kilometer**

La casa de mi tío está a cinco kilómetros de Guadalajara.
My uncle's house is five kilometers from Guadalajara.

L

la [LA] article, fem.   **the**

Es la rueda de la valija.
It is the wheel of the suitcase.

la [LA] pronoun, fem.   **it**

Siempre la comemos.
We always eat it.

el labio [LA-beeo] noun, masc.   **lip**

Los labios son rojos.
Lips are red.

el ladrón [la-DRON] noun, masc.   **burglar**

El ladrón entra por la ventana.
The burglar comes in through the window.

el lago [LA-go] noun, masc.   **lake**

Ellos nadan en el lago.
They swim in the lake.

la lámpara [LAM-pa-ra] noun, fem.   **lamp**

Esta lámpara no da suficiente luz.
This lamp does not give enough light.

la lana [LA-na] noun, fem.   **wool**

Las ovejas nos dan lana.
Sheep give us wool.

---

el lápiz [LA-pees] noun, masc.   **pencil**

Aquí está mi lápiz.
Here is my pencil.

el lápiz de color noun, masc.   **crayon, color pencil**

El alumno usa un lápiz de color.
The pupil uses a crayon.

---

lavar [la-BAR] verb   **to wash**

Yo lavo	Nosotros lavamos
Tú lavas	(Vosotros laváis)
Él, Ella, Usted lava	Ellos, Ellas, Ustedes lavan

La máquina lava la ropa.
The machine washes the clothes.

lavarse verb   **to wash oneself**

Yo me lavo	Nosotros nos lavamos
Tú te lavas	(Vosotros os laváis)
Él, Ella, Usted se lava	Ellos, Ellas, Ustedes se lavan

Nos lavamos la cara y las manos todos los días.
We wash our face and hands every day.

---

la lección [lek-SEEON] noun, fem.   **lesson**

¿Quién sabe la lección de hoy?
Who knows today's lesson?

---

la leche [LE-che] noun, fem.   **milk**

Nos gusta mucho la leche.
We like milk a lot.

---

la lechuga [le-CHU-ga] noun, fem.   **lettuce**
Es una ensalada de lechuga y tomate.
It is a lettuce and tomato salad.

---

lejos [LE-jos] adjective   **far**
La iglesia no está lejos de aquí.
The church is not far from here.

lejos de idiomatic expression   **far from**

---

la lengua [LEN-gua] noun, fem.   **tongue, language**
Se usa la lengua para hablar.
You use your tongue to speak.

---

el león [le-ON] noun, masc.   **lion**

El león es el rey de la selva.
The lion is king of the jungle.

---

el leopardo [le-o-PAR-do] noun, masc.   **leopard**
El leopardo tiene una piel muy bonita.
The leopard has pretty fur.

---

levantar [le-ban-TAR] verb   **to raise**

Yo levanto	Nosotros levantamos
Tú levantas	(Vosotros levantáis)
Él, Ella, Usted levanta	Ellos, Ellas, Ustedes levantan

El alumno levanta la mano cuando quiere preguntar algo.
The student raises his hand when he wants to ask something.

levantarse verb   **to get up**

Yo me levanto   Nosotros nos levantamos
Tú te levantas   (Vosotros os levantáis)
Él, Ella, Usted se levanta   Ellos, Ellas, Ustedes se levantan

¡No se levanten de los asientos!
Don't get up from your seats!

---

la librería [lee-bre-REE-a] noun, masc.   **bookstore**

Vamos a la librería para comprar un diccionario.
Let's go to the bookstore to buy a dictionary.

---

el libro [LEE-bro] noun, masc.   **book**

Los estudiantes tienen varios libros.
The students have several books.

> The novel *Don Quijote de la Mancha* by the Spaniard Miguel de Cervantes Saavedra is recognized worldwide among the masterpieces in literature. The hero is Don Quijote, who imagines himself a knight in armor. He believes his mission is to fight and end injustice. Finally, we realize that his mission is an ideal and his dream is only a dream.
>
> La novela *Don Quijote de la Mancha*, del español Miguel de Cervantes Saavedra, es reconocida mundialmente entre las obras maestras de la literatura. El héroe Don Quijote sueña con ser caballero andante y se imagina que su misión es luchar y acabar con la injusticia. Finalmente, nos damos cuenta que su misión es un ideal y su sueño solamente un sueño.

el limón [lee-MON] noun, masc.   **lemon**

¿Te gusta el pastel de limón?
Do you like lemon pie?

---

el limpiador de calles [leem-peea-DOR-de-KA-lyes (KA-yes)]
noun, masc.   **street cleaner**

El limpiador de calles siempre está ocupado.
The street cleaner is always busy.

---

limpiar [leem-PEEAR] verb   **to clean**

Yo limpio	Nosotros limpiamos
Tú limpias	(Vosotros limpiáis)
Él, Ella, Usted limpia	Ellos, Ellas, Ustedes limpian

¿Quién limpia la casa hoy?
Who is cleaning the house today?

---

limpio [LEEM-peeo] adjective, masc.   **clean**
limpia [LEEM-peea] fem.

La casa de mis amigos siempre está limpia.
My friend's house is always clean.

---

llamar [lya-MAR, ya-MAR] verb   **to call**

Yo llamo	Nosotros llamamos
Tú llamas	(Vosotros llamáis)
Él, Ella, Usted llama	Ellos, Ellas, Ustedes llaman

Llaman por teléfono.
Someone's calling on the telephone.

llamarse [lya-MAR-se, ya-MAR-se] verb   **to call oneself, as in**
                                       "What's your name?"

Me llamo Elena Jiménez.
My name is Elena Jiménez.

---

la llave [LYA-be, YA-be] noun, fem.   **key**

¿Dónde está la llave de la casa?
Where is the house key?

---

llenar [lye-NAR, ye-NAR] verb   **to fill**

Yo lleno	Nosotros llenamos
Tú llenas	(Vosotros llenáis)
Él, Ella, Usted llena	Ellos, Ellas, Ustedes llenan

La señora llena la canasta de fruta.
The lady fills the basket with fruit.

---

lleno [LYE-no, YE-no] adjective, masc.   **full**
llena [LYE-na, YE-na] fem.

La caja está llena de ropa.
The box is full of clothes.

---

llevar [lye-BAR, ye-BAR] verb   **to take, to wear**

Yo llevo	Nosotros llevamos
Tú llevas	(Vosotros lleváis)
Él, Ella, Usted lleva	Ellos, Ellas, Ustedes llevan

Los niños llevan pantalones negros.
The boys are wearing black pants.

---

llorar [lyo-RAR, yo-RAR] verb   **to cry**

Yo lloro	Nosotros lloramos
Tú lloras	(Vosotros lloráis)
Él, Ella, Usted llora	Ellos, Ellas, Ustedes lloran

El bebé llora cuando quiere algo.
The baby cries when he wants something.

llueve [YUE-be] verb   **to rain**

¿Llueve aquí en abril?
Does it rain here in April?

la lluvia [YU-bia] noun, fem.   **rain**
Esta lluvia es pesada.
This rain is heavy.

lo [LO] pronoun, masc.   **it**
los [LOS] plural   **them**
Juan lo pone en la mesa.
Juan puts it on the table.

el lobo [LO-bo] noun, masc.   **wolf**
En el cuento de "Caperucita," el lobo se viste como la abuela.
In the story of "Riding Hood," the wolf dresses like the grandmother.

loco [LO-ko] adjective, masc.   **crazy, mad**
loca [LO-ka] fem.
Se vuelve loco cuando piensa en pasteles.
He goes crazy when he thinks of pies.

el lodo [LO-do] noun, masc.   **mud**
A veces el equipo de fútbol juega en el lodo.
Sometimes the football team plays in the mud.

lograr [lo-GRAR] verb   **to succeed, to be successful**

Yo logro	Nosotros logramos
Tú logras	(Vosotros lográis)
Él, Ella, Usted logra	Ellos, Ellas, Ustedes logran

Si practicas todos los días vas a lograr éxito.
If you practice every day, you are going to be successful.

---

el loro [LO-ro] noun, masc.   **parrot**

El loro es un pájaro interesante.
The parrot is an interesting bird.

---

el lugar [lu-GAR] noun, masc.   **place**

¿Cuál es mi lugar?
Which is my place?

---

la luna [LU-na] noun, fem.   **moon**

Esta noche hay luna llena.
There is a full moon tonight.

---

el lunes [LU-nes] noun, masc.   **Monday**

El lunes comenzamos las clases.
Monday we start classes.

M

la madre [MA-dre] noun, fem.   **mother**

La madre sirve la comida.
The mother serves the meal.

---

magnífico [mag-NEE-fee-ko] adjective, masc.   **magnificent,**
magnífica [mag-NEE-fee-ka] fem.   **great**

¡Qué magnífica idea!
What a great idea!

---

el maíz [ma-EES] noun, masc.   **corn**

Me gusta el maíz amarillo.
I like yellow corn.

---

la maleta [ma-LE-ta] noun, fem.   **suitcase**

La maleta roja es mía.
The red suitcase is mine.

---

malo [MA-lo] adjective, masc.   **bad**
mala [MA-la] fem.

Ésa es una mala palabra.
That is a bad word.

---

la mamá [ma-MA] noun, fem.   **mother, mom**

La mamá cuida a sus hijos.
The mother takes care of her children.

mamacita [ma-ma-SEE-ta] noun, fem.   **mommy**

Mamacita, ¿dónde están mis zapatos?
Mommy, where are my shoes?

---

mandar [man-DAR] verb   **to send**

Yo mando	Nosotros mandamos
Tú mandas	(Vosotros mandáis)
Él, Ella, Usted manda	Ellos, Ellas, Ustedes mandan

Voy a mandar este paquete por correo.
I am going to send this package by mail.

117

la manija [ma-NEE-hah] noun, fem.   **doorknob**

Usa la manija y empuja la puerta.
Use the doorknob and push the door.

---

la mano [MA-no] noun, fem.   **hand**

Si tienen preguntas, levanten la mano.
If there are questions, raise your hand.

la mano derecha [MA-no-de-RE-cha]   **right hand**
la mano izquierda [MA-no-is-KYER-da]   **left hand**

Mi hermano escribe con la mano izquierda.
My brother writes with his left hand.

---

la mantequilla [man-te-KEE-lya, man-te-KEE-ya]   **butter**
   noun, fem.

El niño come pan y mantequilla.
The boy is eating bread and butter.

---

la manzana [man-SA-na] noun, fem.   **apple**

Las manzanas están en la cesta.
The apples are in the basket.

---

el mapa [MA-pa] noun, masc.   **map**

Busca esa ciudad en el mapa.
Look for that city on the map.

---

la máquina [MA-kee-na] noun, fem.   **machine**

La máquina de lavar no anda muy bien.
The washing machine is not working well.

118

el mar [MAR] noun, masc.   **sea**

Me gusta mirar el mar.
I like to look at the sea.

---

maravilloso [ma-ra-bee-LYO-so, ma-ra-bee-YO-so]   **marvelous**
  adjective, masc.
maravillosa [ma-ra-bee-LYO-sa, ma-ra-bee-YO-sa] fem.
Es un juguete maravilloso.
It is a marvelous toy.

---

el mármol [MAR-mol] noun, masc.   **marble**
El hotel tiene pisos de mármol.
The hotel has marble floors.

---

el martillo [mar-TEE-lyo, mar-TEE-yo] noun, masc.   **hammer**

El trabajador usa el martillo.
The worker uses the hammer.

---

marzo [MAR-so] noun   **March**
En marzo hace mucho viento.
It is very windy in March.

---

más [MAS] adjective; adverb   **more**
Él quiere más papas en su plato.
He wants more potatoes on his plate.

119

más tarde idiomatic expression   **later**

Más tarde jugamos en el parque.
Later we will play in the park.

---

matar [ma-TAR] verb   **to kill**

Yo mato   Nosotros matamos
Tú matas   (Vosotros matáis)
Él, Ella, Usted mata   Ellos, Ellas, Ustedes matan

Yo no quiero matar al ratón; mátalo tú.
I don't want to kill the mouse; you kill it.

---

el mecánico [me-KA-nee-ko] noun, masc.   **mechanic**

Yo tengo un tío que es mecánico.
I have an uncle who is a mechanic.

---

el mecanógrafo [me-ka-NO-gra-fo] noun, masc.   **typist**
la mecanógrafa [me-ka-NO-gra-fa] fem.

Mi amiga es mecanógrafa en esa oficina.
My friend is a typist in that office.

---

la media [ME-deea] noun, fem.   **stocking**

Las medias son rojas; los zapatos negros.
The stockings are red; the shoes, black.

---

la medicina [me-di-SI-na] noun, fem.   **medicine**

Es hora de tomar la medicina.
It is time to take the medicine.

---

el médico [ME-dee-ko] noun, masc.   **doctor**

El médico está en el hospital ahora.
The doctor is at the hospital now.

120

medio [ME-deeo] adjective, masc.   **half**
media [ME-deea] fem.

Se come media sandía.
He eats half a watermelon.

mediodía   **noon**
media hora   **half an hour**
medianoche   **midnight**

En media hora llegamos a San Francisco.
In half an hour we will be in San Francisco.

---

menos [ME-nos] adverb   **less, minus**

Veinte menos nueve es once.
Twenty minus nine is eleven.

---

la mentira [men-TEE-ra] noun, fem.   **falsehood, lie**

Es una mentira; no es la verdad.
It is a lie; it is not the truth.

---

el menú [me-NU] noun, masc.   **menu**

Escoja su comida del menú.
Choose your meal from the menu.

---

el mercado [mer-KA-do] noun, masc.   **market**

La señora compra legumbres frescas en el mercado.
The lady buys fresh vegetables at the market.

---

la merienda [me-RYEN-da] noun, fem.   **afternoon coffee, afternoon snack**

Hay sandwiches y pan dulce para la merienda.
There are sandwiches and sweet rolls for the afternoon coffee.

> Typical of the Hispanic countries, *la merienda* is a light meal (snack) taken in the afternoon. It is not a substitute for dinner.
>
> Típica en los países hispanos, la merienda es un bocado que se sirve por la tarde. No es una comida completa y no es una sustitución de la cena.

el mes [MES] noun, masc.   **month**

En junio, julio y agosto hace calor en España y frío en Sudamérica Latina.
In June, July, and August, it is hot in Spain and cold in South America.

la mesa [ME-sa] noun, fem.   **table**

No pongan los libros en la mesa.
Don't put books on the table.

la mesera [me-SE-ra] noun, fem.   **waitress**
el mesero [me-SE-ro] masc.   **waiter**

Las meseras llevan uniforme blanco en este restaurante.
The waitresses wear white uniforms in this restaurant.

meter [me-TER] verb   **to put in**

   Yo meto   Nosotros metemos
   Tú metes   (Vosotros metéis)
   Él, Ella, Usted mete   Ellos, Ellas, Ustedes meten

El técnico mete el DVD en la computadora.
The technician puts the DVD into the computer.

---

el metro [ME-tro] noun, masc.   **subway**

El metro nos lleva a la estación en diez minutos.
The subway will take us to the station in ten minutes.

---

mi [MEE] adjective   **my**
mis [MEES] plural

Mi cuaderno es azul.
My notebook is blue.

---

el miembro [MYEM-bro] noun, masc.   **member**

Mi hermano es miembro de un club de béisbol.
My brother is a member of a baseball club.

---

el miércoles [MYER-ko-les] noun, masc.   **Wednesday**

El miércoles vamos a un nuevo restaurante.
Wednesday we are going to a new restaurant.

---

mil [MEEL] adjective   **thousand**

Hay mil palabras en este diccionario.
There are a thousand words in this dictionary.

---

la milla [MEE-lya, ME-ya] noun, fem.   **mile**

Él puede correr una milla.
He can run a mile.

---

el millón [mee-LYON, mee-YON] noun, masc.   **million**

Todo el mundo quiere tener un millón de dólares.
Everybody wants to have a million dollars.

---

mimado [mee-MA-do] adjective, masc.   **spoiled**
mimada [mee-MA-da] fem.

Mi hermanito es un niño mimado.
My little brother is a spoiled child.

---

el minuto [mee-NU-to] noun, masc.   **minute**

Es un minuto después de las dos.
It is a minute past two o'clock.

---

mirar [mee-RAR] verb   **to look at, to watch**

Yo miro   Nosotros miramos
Tú miras   (Vosotros miráis)
Él, Ella, Usted mira   Ellos, Ellas, Ustedes miran

¡Mira las estrellas!
Look at the stars!

---

mismo [MEES-mo] pronoun, masc.   **myself**
misma [MEES-ma] fem.

Yo mismo puedo hacerlo.
I can do it myself.

---

mojado [mo-JA-do] adjective, masc.   **wet**
mojada [mo-JA-da] fem.

La blusa está mojada.
The blouse is wet.

---

el mono [MO-no] noun, masc.   **monkey**

El mono está en la jaula.
The monkey is in the cage.

124

la montaña [mon-TA-nya] noun, fem.　　　　**mountain**

Hay nieve en la montaña.

There is snow on the mountain.

el monte [MON-te] noun, masc.　　　　　**woods, hill**

Los animales corren en el monte.

The animals are running in the woods.

la mosca [MOS-ka] noun, fem.　　　　　　　　**fly**

Las moscas molestan mucho.

Flies are very annoying.

el mosquito [mos-KEE-to] noun, masc.　　**bug, mosquito**

El mosquito es chiquito pero pica.

The bug is small, but it stings.

mostrar [mos-TRAR] verb　　　　　　　　**to show**

Yo muestro	Nosotros mostramos
Tú muestras	(Vosotros mostráis)
Él, Ella, Usted muestra	Ellos, Ellas, Ustedes muestran

Muéstrame tu libro nuevo.

Show me your new book.

mover [mo-BER] verb　　　　　　　　　　**to move**

Yo muevo	Nosotros movemos
Tú mueves	(Vosotros movéis)
Él, Ella, Usted mueve	Ellos, Ellas, Ustedes mueven

Los estudiantes mueven los libros del escritorio a la mesa.

The students move the books from the desk to the table.

el mozo [MO-SO] noun, masc.　　　　　　**server, waiter**

El mozo toma la orden.
The waiter takes the order.

---

mucho [MU-cho] adjective, masc.　　　**much, a lot, many**
mucha [MU-cha] fem.

Hay mucha gente en el cine.
There are many people in the movies.

---

mucho [MU-cho] adverb　　　　　　　　**much, a lot**

Ella come mucho.
She eats a lot.

---

la mujer [mu-JER] noun, fem.　　　　　　**woman**

Esa mujer no es la madre de Jorge.
That woman is not George's mother.

---

el mundo [MUN-do] noun, masc.　　　　　**world**

Todos quieren hacer un viaje alrededor del mundo.
Everyone wants to take a trip around the world.

---

la muñeca [mu-NYE-ka] noun, fem.　　　　　　**doll**

La muñeca está en la silla.
The doll is on the chair.

---

el museo [mu-SE-o] noun, masc.　　　　　**museum**

En el museo hay pinturas famosas.
There are famous paintings in the museum.

la música [MU-see-ka] noun, fem.   **music**

Me gusta mucho la música moderna.
I like modern music a lot.

> *Mariachi* refers to a type of Mexican music and the group that plays it, characteristic of the State of Jalisco. *El Mariachi Vargas de Tecalitlán* is the most famous group, recognized worldwide for its music.
>
> La música de "Mariachi" se refiere al tipo de música mexicana, característica del estado de Jalisco, y al grupo que toca esa música. *El Mariachi Vargas de Tecalitlán* es el más famoso grupo, reconocido mundialmente por su música.

muy [MUEE] adverb   **very**

El maestro es muy bueno.
The teacher is very good.

muy bien idiomatic expression   **very well**

Ellas hablan español muy bien.
They speak Spanish very well.

N

nacer [na-SEHR] verb   **to be born**

Yo nazco	Nosotros nacemos
Tú naces	(Vosotros nacéis)
Él, Ella, Usted nace	Ellos, Ellas, Ustedes nacen

Los ratones no tienen pelo cuando nacen.
Mice are hairless when they are born.

nacido [na-SEE-do] adjective, masc.   **born**
nacida, fem.

Nacido en EUA, él es estadounidense.
Born in the USA, he is a U.S. citizen.

la nación [na-SEEON] noun, fem.   **nation**
El Perú es una nación.
Peru is a nation.

> When the Spaniards conquered the indigenous nations of Latin America, they believed in the superiority of Spanish culture. As a result, they subdued the Native Americans, forbade any religion save for Catholicism, and imposed the Spanish language. Centuries had to pass before indigenous cultures would be respected.
>
> Cuando conquistaron a las naciones indígenas de Latinoamérica, los españoles creían poseer una cultura superior. Como resultado, subyugaron a los indios, prohibieron toda religión que no fuese la católica e impusieron el idioma español. Siglos pasaron antes de que las culturas indígenas fueran respetadas.

nada [NA-da] pronoun   **nothing**
No es nada.
It is nothing.

nadar [na-DAR] verb   **to swim**
  Yo nado   Nosotros nadamos
  Tú nadas   (Vosotros nadáis)
  Él, Ella, Usted nada   Ellos, Ellas, Ustedes nadan

128

Durante el verano nado todos los días.
I swim every day during the summer.

---

la Navidad [na-vee-DAD] noun, fem.   **Christmas**

Para la Navidad hay una gran fiesta con toda la familia.
For Christmas there is a grand party with all the family.

> Every December 25, Christmas celebrates the
> birth of Jesus.
>
> Cada 25 de Diciembre la Navidad celebra el
> nacimiento de Jesús.

---

necesitar [ne-se-see-TAR] verb   **to need**

Yo necesito	Nosotros necesitamos
Tú necesitas	(Vosotros necesitáis)
Él, Ella, Usted necesita	Ellos, Ellas, Ustedes necesitan

Hoy necesitamos hacer muchas cosas.
Today we need to do many things.

---

negro [NE-gro] adjective, masc.   **black**
negra [NE-gra] fem.

Quiero comprar el saco negro.
I want to buy the black coat.

---

nevar [ne-BAR] verb   **to snow**
nieva [NYE-ba]   **It snows. It is snowing.**

En Colorado muchas veces nieva en marzo.
It often snows in Colorado in March.

---

el nido [NEE-do] noun, masc.   **nest**

Hay un nido en ese árbol.
There is a nest in that tree.

la nieta [NYE-ta] noun, fem.   **granddaughter**
La señora tiene una nieta.
The lady has one granddaughter.

el nieto [NYE-to] noun, masc.   **grandson**
Juan es el primer nieto de mi madre.
John is my mother's first grandson.

la nieve [NYE-be] noun, fem.   **snow**

Me gusta jugar en la nieve.
I like to play in the snow.

la niña [NEE-nya] noun, fem.   **girl**
La niña tiene diez años.
The girl is ten years old.

el niño [NEE-nyo] noun, masc.   **boy**
El niño lleva una camisa azul.
The boy is wearing a blue shirt.

los niños noun, masc.   **children**
Los niños juegan al béisbol.
The children play baseball.

¿No? [NO] interjection   **Aren't you?**
¿Vas al cine, ¿no?
You are going to the movies, aren't you?

¿no cree usted?   **Don't you think so?**
¿no estás de acuerdo?   **Don't you agree?**

---

no fumar [no-foo-MAR] idiomatic expression   **no smoking**

---

no hay entrada [no-aee-en-TRA-da]   **no admission**
  idiomatic expression   **do not enter**
no entrar
no se permite entrar

---

la noche [NO-che] noun, fem.   **night**

Hay muchas estrellas por la noche.
There are many stars at night.

---

el nombre [NOM-bre] noun, masc.   **name**
¿Cuál es el nombre de la medicina?
What is the name of the medicine?

---

el norte [NOR-te] noun, adjective, masc.   **north**

Ellos viven en el norte de los Estados Unidos.
They live in the north of the United States.

---

la nota musical [no-ta-mu-see-KAL] noun, fem.   **musical note**

¿Con qué nota musical comienza esta canción?
With what note does this song start?

> Pablo Casals, a Spanish musician, was among the great cello players in the world during the twentieth century. He was not only a virtuoso on the cello, but also an accomplished player of the violin, the piano, and the flute.
>
> Pablo Casals, músico español, se destaca entre los mayores virtuosos del violoncelo en el siglo XX. No solamente era especialista del violoncelo sino también era excelente con el violín, el piano y la flauta.

---

noventa [no-BEN-ta] adjective   **ninety**

Esta escuela tiene noventa maestros.
This school has ninety teachers.

---

noviembre [no-BYEM-bre] noun, masc.   **November**

El cumpleaños de Patricia es el catorce de noviembre.
Patricia's birthday is November 14.

---

la nube [NU-be] noun, fem.   **cloud**

El sol está detrás de las nubes.
The sun is behind the clouds.

---

nublado [nu-BLA-do] adjective, masc.   **cloudy**
nublada [nu-BLA-da] fem.

Está muy nublado. Va a llover.
It's very cloudy. It's going to rain.

---

nuestro [NUES-tro] adjective; pronoun   **our, ours**

Ese libro es nuestro.
That book is ours.

Ése es nuestro libro.
That is our book.

---

nueve [NUE-be] adjective   **nine**

La casa de mi tía tiene nueve cuartos.
My aunt's house has nine rooms.

---

nuevo [NUE-bo] adjective, masc.   **new**
nueva [NUE-ba] fem.

Yo tengo una bicicleta nueva.
I have a new bicycle.

---

el número [NU-me-ro] noun, masc.   **number**

El número 10 gana el premio.
Number 10 wins the prize.

---

nunca [NUN-ka] adverb   **never**

Él nunca quiere jugar al tenis.
He never wants to play tennis.

O

obedecer [o-be-de-SER] verb   **to obey**

Yo obedezco   Nosotros obedecemos
Tú obedeces   (Vosotros obedecéis)
Él, Ella, Usted obedece   Ellos, Ellas, Ustedes obedecen

Nosotros obedecemos a nuestros padres.
We obey our parents.

---

obscuro, oscuro [obs-KU-ro] adjective, masc.   **dark**
obscura, oscura [obs-KU-ra] fem.
El traje es azul obscuro.
The suit is dark blue.

---

obtener [ob-te-NER] verb   **to get, to obtain**
   (*See* tener)

Ellos quieren obtener agua para el coche.
They want to get water for the car.

---

el océano [o-SE-a-no] noun, masc.   **ocean**

El buque viaja en el océano.
The ship travels on the ocean.

---

ocho [o-cho] adjective   **eight**

Yo tengo ocho monedas.
I have eight coins.

---

octubre [ok-TU-bre] noun, masc.   **October**

*En los Estados Unidos, los niños celebran el 31 de
octubre.*
In the United States, children celebrate October 31.

---

ocupado [o-ku-PA-do] adjective, masc.   **occupied, busy**
ocupada [o-ku-PA-da] fem.

Mi mamá siempre está muy ocupada.
My mother is always very busy.

---

odiar [o-DEEAR] verb   **to hate**

Yo odio	Nosotros odiamos
Tú odias	(Vosotros odiáis)
Él, Ella, Usted odia	Ellos, Ellas, Ustedes odian

Los alumnos odian esos ejercicios.
Pupils hate those exercises.

el oeste [o-ES-te] adjective; noun, masc.   **west**

En el oeste de Texas hay nieve en invierno.
There is snow in west Texas in winter.

la oficina [o-fee-SEE-na] noun, fem.   **office**

Él trabaja en una oficina.
He works in an office.

oír [o-EER] verb   **to hear**

Yo oigo   Nosotros oímos
Tú oyes   (Vosotros oís)
Él, Ella, Usted oye   Ellos, Ellas, Ustedes oyen

Yo oigo un ruido extraño.
I hear a strange noise.

el ojo [O-jo] noun, masc.   **eye**

Ella trae un ojo rojo.
She has a red eye.

¡OK! [o-KE] interjection   **OK!**

¡OK! Vamos a comer ahora.
OK! Let's eat now.

la ola [O-la] noun, fem.   **wave (water)**

Él pasea en una ola.
He is riding a wave.

oler [o-LER] verb   **to smell**

Yo huelo   Nosotros olemos
Tú hueles   (Vosotros oléis)
Él, Ella, Usted huele   Ellos, Ellas, Ustedes huelen

La niña huele las flores.
The little girl is smelling the flowers.

olvidar [ol-bee-DAR] verb   **to forget**

Yo olvido	Nosotros olvidamos
Tú olvidas	(Vosotros olvidáis)
Él, Ella, Usted olvida	Ellos, Ellas, Ustedes olvidan

No olviden ustedes sus libros.
Don't forget your books.

once [ON-se] adjective   **eleven**

El hombre trae once billetes en su cartera.
The man has eleven bills in his wallet.

la onda [ON-da] noun, fem.   **wave**

Es un radio de onda corta.
It's a short wave radio.

la oración [o-ra-SEEON] noun, fem.   **prayer**

Todos dicen oraciones en la iglesia.
They all say prayers in church.

ordenar [or-de-NAR] verb   **to order**

Yo ordeno	Nosotros ordenamos
Tú ordenas	(Vosotros ordenáis)
Él, Ella, Usted ordena	Ellos, Ellas, Ustedes ordenan

Vamos a ordenar lo mismo.
Let's order the same.

la oreja [o-RE-ja] noun, fem.   **ear**

La oreja derecha le duele.
His right ear hurts.

la orilla [o-REE-lya, o-REE-ya] noun, fem.   **shore, edge**

Les gusta sentarse en la orilla del lago.
They like to sit on the edge of the lake.

el oro [o-ro] noun, masc.   **gold**

El oro vale mucho.
Gold is worth a lot.

> Some say that the proverb, "All that glitters is not gold" was invented by the English; others believe it was the Spaniards.
>
> Algunos dicen que el proverbio "Todo lo que brilla, no es oro" fue inventado por los españoles; otros dicen que fueron los ingleses.

el oso [o-so] noun, masc.   **bear**

Es un oso negro.
It is a black bear.

el otoño [o-TO-nyo] noun, masc.   **autumn**

En el otoño los árboles se ponen de rojo, amarillo y muchos otros colores.
In autumn the trees turn red, yellow, and many other colors.

el otro [o-tro] pronoun   **other**

El lápiz azul es mío. El otro es de Juana.
The blue pencil is mine. The other is Jane's.

otro [o-tro] adjective; pronoun, masc.   **another, other**
otra [o-tra] fem.

¿Quieres otro libro?
Do you want another book?

otra vez [O-tra-BES] adverb   **again, once more**

Vamos a jugar a la gallina ciega otra vez.
Let's play blindman's buff again.

---

la oveja [O-BE-ja] noun, fem.   **sheep**

Las ovejas son mansas.
Sheep are gentle.

P

el padre [PA-dre] noun, masc.   **father**
los padres plural   **parents**

Los padres vienen a la escuela para ver un programa especial.
The parents are coming to school to see a special program.

---

pagar [pa-GAR] verb   **to pay**

Yo pago	Nosotros pagamos
Tú pagas	(Vosotros pagáis)
Él, Ella, Usted paga	Ellos, Ellas, Ustedes pagan

Mi papá paga la cuenta.
My father pays the bill.

---

la página [PA-jee-na] noun, fem.   **page**

Miren la página veinte.
Look at page twenty.

---

el país [pa-EES] noun, masc.   **country**

Nuestro país es hermoso.
Our country is beautiful.

---

el pájaro [PA-ja-ro] noun, masc.   **bird**

El pájaro tiene un nido en el árbol.
The bird has a nest in the tree.

---

la palabra [pa-LA-bra] noun, fem.   **word**

¿Qué quiere decir la palabra "impermeable?"
What does the word "raincoat" mean?

la palabra clave [pa-LA-bra KLA-ve] noun, fem.   **keyword**

Busca en Univision, palabra clave: Primero Noticias.
Search for Univision, keyword: *Primero Noticias* (First News).

---

el palacio [pa-LA-seeo] noun, masc.   **palace**

La reina vive en un gran palacio.
The queen lives in a big palace.

---

la paleta (de dulce) [pa-LE-ta] noun, fem.   **lollypop**

Yo quiero una paleta de uva.
I want a grape lollypop.

---

el palo [PA-lo] noun, masc.   **stick**
el palito [pa-LEE-to]   **the little stick**

El niño juega con un palo.
The boy plays with a stick.

---

el pan [PAN] noun, masc.   **bread**

Me gusta mucho el pan.
I like bread very much.

el pan tostado noun, masc.   **toast**

Hay pan tostado para el desayuno.
There is toast for breakfast.

---

la panadería [pa-na-de-REE-a] noun, fem.   **bakery**

Se compra pan en la panadería.
You can buy bread in the bakery.

---

el panadero [pa-na-DE-ro] noun, masc.   **baker**

El panadero hace el pan.
The baker bakes the bread.

---

la pantalla [pan-TA-ya] noun, fem.   **screen**

Tengo una pantalla de computadora de quince pulgadas.
I have a 15-inch computer screen.

---

los pantalones [pan-ta-LO-nes] noun, masc.   **pants, trousers**

Él lleva pantalones largos.
He is wearing long pants.

---

el pañuelo [pa-NYUE-lo] noun, masc.   **handkerchief**

Es un pañuelo fino.
It is a fine handkerchief.

---

la papa [PA-pa] noun, fem.   **potato**

¿Quieres papa con mantequilla?
Would you like a potato with butter?

---

el papá [pa-PA] noun, masc.   **dad, father**

Papá, ¿dónde está mamá?
Dad, where is Mom?

el papacito [pa-pa-SEE-to] noun, masc.   **daddy**

el papel [pa-PEL] noun, masc.   **paper**

Ellos escriben en el papel.
They write on the paper.

---

el par [PAR] noun, masc.   **pair**

Necesito un par de zapatos blancos.
I need a pair of white shoes.

---

para [PA-ra] preposition   **for**

Este regalo es para ti.
This gift is for you.

---

el paracaídas [pa-ra-ka-EE-das] noun, masc.   **parachute**

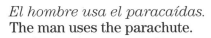

El hombre usa el paracaídas.
The man uses the parachute.

---

el paraguas [pa-RA-guas] noun, masc.   **umbrella**

Comienza a llover. Abre el paraguas.
It is starting to rain. Open the umbrella.

parar [pa-RAR] verb   **to stop**

Yo paro	Nosotros paramos
Tú paras	(Vosotros paráis)
Él, Ella, Usted para	Ellos, Ellas, Ustedes paran

¡Cuidado! Yo no quiero parar el tráfico.
Careful! I don't want to stop the traffic.

---

parecido [pa-re-SEE-do] adjective   **alike**

El padre y el hijo son parecidos.
Father and son are alike.

---

la pared [pa-RED] noun, fem.   **wall**

Esta pared es alta y muy fuerte.
This wall is high and very strong.

---

el pariente [pa-RYEN-te] noun, masc.   **relative**

¿Ves a esa muchacha bonita? Es mi pariente.
Do you see that pretty girl? She's my relative.

---

parpadear [par-pa-DEAR] verb   **to blink**

Yo parpadeo	Nosotros parpadeamos
Tú parpadeas	(Vosotros parpadeáis)
Él, Ella, Usted parpadea	Ellos, Ellas, Ustedes parpadean

Quiero parpadear porque tengo algo en el ojo.
I want to blink, because I have something in my eye.

---

el parque [PAR-ke] noun, masc.   **park**

Hay árboles y flores en el parque.
There are trees and flowers in the park.

---

el pasajero [pa-sa-JE-ro] noun, masc.   **passenger**

Quiero boletos para diez pasajeros.
I want tickets for ten passengers.

---

pasar [pa-SAR] verb   **pass**

Yo paso	Nosotros pasamos
Tú pasas	(Vosotros pasáis)
Él, Ella, Usted pasa	Ellos, Ellas, Ustedes pasan

El autobús pasa por Miami y San Agustín.
The bus passes through Miami and St. Augustine.

---

pasar [pa-SAR] verb   **to spend time**

Esos chicos pasan horas afuera.
Those boys spend hours outside.

---

pasear [pa-se-AR] verb   **to take a walk**

Yo paseo	Nosotros paseamos
Tú paseas	(Vosotros paseáis)
Él, Ella, Usted pasea	Ellos, Ellas, Ustedes pasean

Los domingos ellos pasean en el parque.
On Sunday, they take a walk in the park.

pasear en coche verb   **to take a ride**

---

el paseo [pa-SE-o] noun, masc.   **walk, ride**

Ellos dan un paseo.
They take a walk.

---

el paso [PA-so] noun, masc.   **step**

El bebé toma un paso.
The baby takes a step.

---

la pasta dental [PAS-ta den-TAL] noun, fem.   **toothpaste**

Todos deben usar la pasta dental todos los días.
Everyone should use toothpaste every day.

---

el pastel [pas-TEL] noun, masc. **pie**

El panadero prepara un pastel.
The baker is preparing a pie.

el pastel de manzana noun, masc. **apple pie**

Le gusta mucho el pastel de manzana.
He likes apple pie very much.

---

la pata [PA-ta] noun, fem. **foot (of an animal or object), paw**

El león tiene cuatro patas.
The lion has four paws.

---

el patín [pa-TEEN] noun, masc. **skate**

Roberto tiene patines nuevos.
Robert has new skates.

---

patinar [pa-tee-NAR] verb **to skate**

Yo patino   Nosotros patinamos
Tú patinas   (Vosotros patináis)
Él, Ella, Usted patina   Ellos, Ellas, Ustedes patinan

Vamos a patinar.
Let's go skating.

---

el payaso [pa-YA-so] noun, masc.   **clown**

El payaso es cómico.
The clown is funny.

---

el pececito [pe-se-SEE-to] noun, masc.   **little fish**

Yo tengo un pececito.
I have a little fish.

---

el pedazo [pe-DA-so] noun, masc.   **piece**

¿Quieres un pedazo de sandía?
Do you want a piece of watermelon?

---

pedir [pe-DEER] verb   **to request, to ask for**

Yo pido	Nosotros pedimos
Tú pides	(Vosotros pedís)
Él, Ella, Usted pide	Ellos, Ellas, Ustedes piden

El muchacho pide un dulce.
The boy asks for a piece of candy.

---

pedir prestado [pe-DEER-pres-TA-do] verb   **to borrow**

Él no tiene dinero, pero no quiere pedir prestado.
He doesn't have any money, but he doesn't want to borrow.

---

pegar [pe-GAR] verb   **to paste, to glue, to hit**

Yo pego	Nosotros pegamos
Tú pegas	(Vosotros pegáis)
Él, Ella, Usted pega	Ellos, Ellas, Ustedes pegan

Vamos a pegar los animales en el cuadro.
Let's paste the animals in the picture.

peinarse [pey-NAR-se] verb   **to comb oneself**

Yo me peino   Nosotros nos peinamos
Tú te peinas   (Vosotros os peináis)
Él, Ella, Usted se peina   Ellos, Ellas, Ustedes se peinan

Si nos peinamos bien, nos vemos mejor.
If we comb ourselves well, we look better.

---

el peine [PEY-ne] noun, masc.   **comb**

Use el peine blanco para el pelo.
Use the white comb for your hair.

---

pelear [pe-le-AR] verb   **to fight**

Yo peleo   Nosotros peleamos
Tú peleas   (Vosotros peleáis)
Él, Ella, Usted pelea   Ellos, Ellas, Ustedes pelean

Se prohibe pelear en la escuela y en muchos otros lugares.
Fighting is forbidden in school and in many other places.

---

la película [pe-LEE-ku-la] noun, fem.   **movie, film**

Vamos a ver una película muy interesante.
We are going to see a very interesting movie.

---

el pelo [PE-lo] noun, masc.   **hair**

La muñeca tiene el pelo negro.
The doll's hair is black.

---

la pelota [pe-LO-ta] noun, fem.   **ball**

Los muchachos juegan con la pelota.
The boys play with the ball.

pensar [pen-SAR] verb   **to think**
   Yo pienso   Nosotros pensamos
   Tú piensas   (Vosotros pensáis)
   Él, Ella, Usted piensa   Ellos, Ellas, Ustedes piensan

¿Qué piensa Ud. de este libro?
What do you think of this book?

---

pequeño [pe-KE-nyo] adjective, masc.   **small, little**
pequeña [pe-KE-nya] fem.

El coche es pequeño.
The car is small.

---

la pera [PE-ra] noun, fem.   **pear**

La pera es mi fruta favorita.
Pears are my favorite fruit.

---

perder [per-DER] verb   **to lose**
   Yo pierdo   Nosotros perdemos
   Tú pierdes   (Vosotros perdéis)
   Él, Ella, Usted pierde   Ellos, Ellas, Ustedes pierden

No quiero perder este lápiz.
I don't want to lose this pencil.

---

perdóneme [per-DO-ne-me] idiomatic expression **excuse me,
                                                      pardon me**

Perdóneme. ¿Puede Ud. repetirlo?
Excuse me. Can you repeat it?

---

perezoso [pe-re-SO-so] adjective, masc.   **lazy**
perezosa [pe-re-SO-sa] fem.

Mi hermano es muy perezoso.
My brother is very lazy.

---

el perico [pe-REE-ko] noun, masc. **parrot, parakeet**

¿De qué color es el perico?
What color is the parrot?

el periódico [pe-REEO-dee-ko] noun, masc. **newspaper**

El señor lee el periódico.
The man reads the newspaper.

el permiso [per-MEE-so] noun, masc. **permission, permit**

Él tiene permiso para ir.
He has permission to go.

permitír [per-mee-TEER] verb **to permit, to allow**

Yo permito	Nosotros permitimos
Tú permites	(Vosotros permitís)
Él, Ella, Usted permite	Ellos, Ellas, Ustedes permiten

Yo no permito que ningún desconocido me toque.
I don't allow any stranger to touch me.

pero [PE–ro] conjunction **but**

Yo sé nadar, pero él no sabe.
I know how to swim, but he doesn't.

el perro [PE-rro] noun, masc. **dog**
el perrito [pe-RREE-to] **little dog**

Mi perro se llama "Samuel."
My dog's name is Sam.

el pescado [pes-KA-do] noun, masc.   **fish**
Hay pescado para la cena.
There is fish for dinner.

---

el pez [PES] noun, masc.   **fish (live)**
El pez está en el acuario.
The fish is in the aquarium.

---

el piano [PEEA-no] noun, masc.   **piano**
Mi hermana toca el piano.
My sister plays the piano.

---

picar [pee-KAR] verb   **to bite, sting (mosquitoes)**
Eso pica.
That stings.

Ellos pican.
They sting.

Los zancudos pican mucho.
Mosquitoes bite a lot.

---

pícaro [PEE-ka-ro] adjective, masc.   **naughty**
Tengo un amigo muy pícaro.
I have a naughty friend.

---

el pico [PEE-ko] noun, masc.   **beak**
El pollo come con el pico.
The chick eats with its beak.

---

el pie [PYE] noun, masc.   **foot**
los pies [PYES] plural   **feet**
Me duele el pie.
My foot hurts.

---

la piedra [PYE-dra] noun, fem.   **stone, rock**

Hay muchas piedras en el patio de recreo.
There are many stones in the playground.

---

la piel [PYEL] noun, fem.   **skin, fur**
La piel del animal es suave.
The animal's fur is soft.

---

la pierna [PYER-na] noun, fem.   **leg**
Él tiene una pierna quebrada.
He has a broken leg.

---

el or **la pijama** [pee-JA-ma] noun, masc. or fem.   **pajamas**
Nos ponemos el pijama para dormir.
We put on our pajamas to go to bed.

---

el piloto [pee-LO-to] noun, masc.   **pilot**

El piloto conduce el avión.
The pilot flies the plane.

---

pintar [peen-TAR] verb   **to paint**

Yo pinto	Nosotros pintamos
Tú pintas	(Vosotros pintáis)
Él, Ella, Usted pinta	Ellos, Ellas, Ustedes pintan

Los hombres pintan la casa.
The men are painting the house.

la piscina [pee-SEE-na] noun, fem.   **pool**

Vamos a nadar en la piscina.
Let's go swimming in the pool.

la pizarra [pee-SA-rra] noun, fem.   **chalkboard**
el pizarrón [pi-sa-RON] masc.

La maestra escribe en la pizarra.
The teacher writes on the chalkboard.

el placer [pla-SER] noun, masc.   **pleasure**

Es un placer ir a la playa.
It is a pleasure to go to the beach.

la plancha [PLAN-cha] noun, fem.   **iron**

Es una plancha de vapor.
It is a steam iron.

planchar [plan-CHAR] verb   **to iron**

Yo plancho	Nosotros planchamos
Tú planchas	(Vosotros plancháis)
Él, Ella, Usted plancha	Ellos, Ellas, Ustedes planchan

Josefina plancha mis camisas.
Josephine irons my shirts.

el planeta [pla-NE-ta] noun, masc.   **planet**

Hay muchos planetas.
There are many planets.

la planta [PLAN-ta] noun, fem.   **plant**
La planta necesita agua.
The plant needs water.

la planta baja [plan-ta-BA-ja] noun, fem.   **first floor**
Las oficinas están en la planta baja.
The offices are on the first floor.

la plata [PLA-ta] noun, fem.   **silver**
Yo tengo un anillo de plata.
I have a silver ring.

el plátano [PLA-ta-no] noun, masc.   **banana**
Me gusta el cereal con plátano.
I like cereal with bananas.

el plato [PLA-to] noun, masc.   **dish**
¿Quién lava los platos en tu casa?
Who washes the dishes in your home?

el platito [pla-TEE-to] noun, masc.   **saucer**
Elena trae un platito para la taza.
Helen brings a saucer for the cup.

la playa [PLA-ya] noun, fem.   **beach**

El domingo vamos a la playa.
Sunday we are going to the beach.

pobre [PO-bre] adjective   **poor**

La gente pobre no tiene dinero.
Poor people don't have any money.

---

poco [PO-ko] adverb   **a little bit**

¿Hablas español? Un poco.
Do you speak Spanish? A little.

---

poder [po-DER] verb   **to be able to, can**

Yo puedo	Nosotros podemos
Tú puedes	(Vosotros podéis)
Él, Ella, Usted puede	Ellos, Ellas, Ustedes pueden

Mi papá dice que no puedo ir.
My dad says I can't go.

---

el policía [po-lee-SEE-a] noun, masc.   **policeman**

El policía ayuda a los niños.
The policeman helps the children.

---

poner [po-NER] verb   **to put, place, set (the table)**

Yo pongo	Nosotros ponemos
Tú pones	(Vosotros ponéis)
Él, Ella, Usted pone	Ellos, Ellas, Ustedes ponen

El hijo pone la mesa.
The son sets the table.

ponerse [po-NER-se] verb   **to set (sun), to put on clothes**

El sol se pone en el oeste.
The sun sets in the west.

Ellos se ponen la ropa.
They put on their clothes.

¡Presta atención! [PRES-ta-a-ten-SEEON]   **Pay attention!**
  idiomatic expression

Por favor, presta atención.
Please, pay attention.

---

por [POR] preposition   **through, by, for**

El niño mira por la ventana.
The child looks through the window.

por auto preposition   **by car**

Vamos a viajar por auto.
We are going to travel by car.

por avión preposition   **by airplane, airmail**

La carta va por avión.
The letter is going airmail.

por correo preposition   **by mail**

La respuesta viene por correo.
The answer will come through the mail.

por favor interjection   **please**

¡Por favor! Lávate las manos.
Please! Wash your hands.

---

porque [POR-ke] adverb   **because**

Él no va porque no tiene permiso.
He is not going because he doesn't have permission.

---

por qué [POR-KE] adverb   **why**

¿Por qué no puedes ir? Porque no tengo permiso.
Why can't you go? Because I don't have permission.

---

el portafolio [por-ta-FO-leeo] noun, masc.   **briefcase**

Mi vecino lleva su portafolio.
My neighbor takes his briefcase.

---

el postre [POS-tre] noun, masc.   **dessert**

El postre es pastel de cereza.
The dessert is cherry pie.

el precio [PRE-seeo] noun, masc.   **price**

¡Muy caro! No puedo pagar este precio.
Too expensive! I can't pay this price.

precioso [pre-SEEO-so] adjective, masc.   **darling**
preciosa [pre-SEEO-sa] fem.

La hija de Lorena es preciosa.
Lorena's little girl is darling.

preferir [pre-fe-REER] verb   **to prefer**

Yo prefiero   Nosotros preferimos
Tú prefieres   (Vosotros preferís)
Él, Ella, Usted prefiere Ellos, Ellas, Ustedes prefieren

Yo prefiero jugo de naranja.
I prefer orange juice.

la pregunta [pre-GUN-ta] noun, fem.   **question**

Juan tiene una pregunta.
John has a question.

preparado [pre-pa-RA-do] adjective, masc.   **ready**
preparada [pre-pa-RA-da] fem.

Margarita está preparada.
Margarite is ready.

155

preparar [pre-pa-RAR] verb   **to prepare**

Yo preparo   Nosotros preparamos
Tú preparas   (Vosotros preparáis)
Él, Ella, Usted prepara   Ellos, Ellas, Ustedes preparan

María prepara la comida.
Mary prepares dinner.

---

presente [pre-SEN-te] adjective   **present, here**

Patricia no está presente.
Patricia is not present.

---

el presidente [pre-see-DEN-te] noun, masc.   **president**

El presidente de los Estados Unidos visita a la América del Sur.
The President of the United States is visiting South America.

---

prestar [pres-TAR] verb   **to lend**

Yo presto   Nosotros prestamos
Tú prestas   (Vosotros prestáis)
Él, Ella, Usted presta   Ellos, Ellas, Ustedes prestan

Yo le presto papel a Gloria.
I lend Gloria paper.

---

la primavera [pree-ma-BE-ra] noun, fem.   **spring**

Hay muchas flores en la primavera.
There are many flowers in the spring.

---

primero [pree-ME-ro] adjective, masc.   **first**
primera [pree-ME-ra] fem.

¿Quién es primero?
Who is first?

---

primo [PREE-mo] noun, masc.   **cousin**
prima [PREE-ma] fem.

Mi primo se llama Jorge.
My cousin's name is George.

---

la princesa [preen-SE-sa] noun, fem.   **princess**

La princesa es la hija del rey.
The princess is the king's daughter.

---

el príncipe [PREEN-see-pe] noun, masc.   **prince**

El príncipe es el hijo de la reina.
The prince is the queen's son.

---

el programa [pro-GRA-ma] noun, masc.   **program**

Este programa está diseñado para la Macintosh.
This program is designed for the Macintosh.

---

prometer [pro-me-TER] verb   **to promise**

Yo prometo	Nosotros prometemos
Tú prometes	(Vosotros prometéis)
Él, Ella, Usted promete	Ellos, Ellas, Ustedes prometen

Yo prometo ser bueno.
I promise to be good.

---

pronto [PRON-to] adverb   **quickly, soon**

Los estudiantes acaban su trabajo pronto.
The students finish their work quickly.

---

la propina [pro-PEE-na] noun, fem.   **tip**

El mesero espera una propina.
The server expects a tip.

---

propio [PRO-peeo] adjective, masc.   **one's own**
propia [PRO-peea] fem.

Todos usan su propio papel.
Everyone uses his (her) own paper.

---

próximo [PROK-see-mo] adjective, masc.   **next**
próxima [PROK-see-ma] fem.

La semana próxima hay un día de fiesta.
Next week there is a holiday.

---

la prueba [PRUE-ba] noun, fem.   **test**

La prueba en aritmética es mañana.
The arithmetic test is tomorrow.

---

el pueblo [PUE-blo] noun, masc.   **town**

La familia García vive en un pueblo de Texas.
The García family lives in a Texas town.

---

pues [PUES] adverb; conjunction   **well, since**

Pues, vamos.
Well, let's go.

Q

qué [KE] Interrogative pronoun   **which, what**

¿Qué quieres?
What do you want?

¿Qué clase de ...?   **What kind of ...**
¿Qué tipo de ...?   **What type of ...**

¿Qué clase de dulces quiere usted?
What kind of candy do you want?

¡Qué lástima! [ke-LAS-tee-ma]   **too bad**

¡Qué lástima! No vamos a nadar.
Too bad! We're not going swimming.

---

quedarse [ke-DAR-se] verb   **to stay**

Mis hermanos no quieren quedarse con mi tía.
My brothers don't want to stay with my aunt.

---

quejarse [ke-JAR-se] verb   **to complain**

Yo me quejo	Nosotros nos quejamos
Tú te quejas	(Vosotros os quejáis)
Él, Ella, Usted se queja	Ellos, Ellas, Ustedes se quejan

No me gusta la gente que se queja mucho.
I don't like people who complain a lot.

---

quemar [ke-MAR] verb   **to burn**

Yo quemo	Nosotros quemamos
Tú quemas	(Vosotros quemáis)
Él, Ella, Usted quema	Ellos, Ellas, Ustedes queman

¡Cuidado! El cerillo puede quemar.
Careful! The match can burn.

---

querer [ke-RER] verb   **to want**

Yo quiero	Nosotros queremos
Tú quieres	(Vosotros queréis)
Él, Ella, Usted quiere	Ellos, Ellas, Ustedes quieren

Ellos quieren comer ahora.
They want to eat now.

---

querido [ke-REE-do] adjective, masc.   **loved, dear**
querida [ke-REE-da] fem.

La maestra es querida por todos los niños.
The teacher is loved by all the children.

---

el queso [KE-SO] noun, masc.   **cheese**

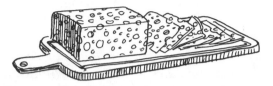

Me gusta el queso.
I like cheese.

---

quién [KYEN] interrogative pronoun   **who**
¿Quién quiere jugar?
Who wants to play?

---

quieto [KYE-to] adjective, masc.   **quiet**
quieta [KYE-ta] fem.
Todo está muy quieto.
Everything is very quiet.

---

quitar [kee-TAR] verb   **to remove, take off**

Yo quito	Nosotros quitamos
Tú quitas	(Vosotros quitáis)
Él, Ella, Usted quita	Ellos, Ellas, Ustedes quitan

Ella quita la botella de la mesa.
She removes the bottle from the table.

---

quizá [kee-SA] adverb   **perhaps, maybe**
quizás [kee-SAS]
¿Vas al cine esta noche? Quizá.
Are you going to the movies tonight? Maybe.

R

el radio [RA-deeo] noun, masc.   **radio**

Es un radio de onda corta.
It is a short wave radio.

la radio   **radio program**

---

la rama [RA-ma] noun, fem.   **branch**

Esa rama no tiene hojas.
That branch doesn't have any leaves.

---

el ramo de flores [RA-mo-de-FLO-res] noun, masc.   **bouquet**

Los niños le dan un ramo de flores a la maestra.
The children give the teacher a bouquet.

---

la rana [RA-na] noun, fem.   **frog**

La rana salta al agua.
The frog jumps into the water.

---

rápido [RA-pee-do] adjective, masc.   **rapid, fast**
rápida [RA-pee-da] fem.

Esa máquina es muy rápida.
The machine is very fast.

---

raro [RRA-ro] adjective   **odd, strange**
rara [RRA-ra] fem.

¡Qué raro! Hace sol y llueve.
How odd! It is sunny and raining.

---

el rascacielos [ras-ka-SYE-los] noun, masc.   **skyscraper**

Ese edificio es el rascacielos más alto de la ciudad.
That building is the highest skyscraper in the city.

---

la rata [RA-ta] noun, fem.   **rat**

La rata es un animal feo.
The rat is an ugly animal.

---

el ratón [ra-TON] noun, masc.   **mouse**

El ratón se esconde allí.
The mouse hides there.

---

recordar [re-cor-DAR] verb   **to remember**

Yo recuerdo   Nosotros recordamos
Tú recuerdas   (Vosotros recordáis)
Él, Ella, Usted recuerda   Ellos, Ellas, Ustedes recuerdan

¿Recuerdas las vacaciones en la playa? Sí, mucho.
Do you remember the vacations on the beach? Yes, very
much.

---

la red [rred] noun, fem.   **Internet, the Net**

*Vamos a buscar en la red a ver si ya tienen los
resultados del campeonato.*
Let's search the Net to see if they already have the
championship results.

---

el refresco [re-FRES-ko] noun, masc.   **refreshment,
soft drink**

Quiero un refresco. Tengo mucha sed.
I want a soft drink. I'm very thirsty.

el regalo [re-GA-lo] noun, masc. **gift, present**

Yo tengo un regalo de cumpleaños para mi amigo Raúl.
I have a birthday gift for my friend Raúl.

---

regañar [re-ga-NYAR] verb **to scold**

Yo regaño	Nosotros regañamos
Tú regañas	(Vosotros regañáis)
Él, Ella, Usted regaña	Ellos, Ellas, Ustedes regañan

Si no ponemos atención, el maestro nos regaña.
If we don't pay attention, the teacher scolds us.

---

regresar [re-gre-SAR] verb **to return**

Yo regreso	Nosotros regresamos
Tú regresas	(Vosotros regresáis)
Él, Ella, Usted regresa	Ellos, Ellas, Ustedes regresan

El señor regresa a casa muy tarde.
The man returns home very late.

---

reír [re-EER] verb **to laugh**

Yo río	Nosotros reímos
Tú ríes	(Vosotros reís)
Él, Ella, Usted ríe	Ellos, Ellas, Ustedes ríen

Todos ríen cuando él habla.
Everyone laughs when he talks.

---

el relámpago [re-LAM-pa-go] noun, masc. **lightning**

A veces hay muchos relámpagos cuando llueve.
Sometimes there is a lot of lightning when it rains.

---

el reloj [re-LO] noun, masc.   **clock, watch**

Mi reloj no anda.
My watch is not working.

---

responder [res-pon-DER] verb   **to answer, respond**

Yo respondo   Nosotros respondemos
Tú respondes   (Vosotros respondéis)
Él, Ella, Usted responde   Ellos, Ellas, Ustedes responden

Ellos responden cuando la profesora hace una pregunta.
They answer when the teacher asks a question.

---

la respuesta [res-PUES-ta] noun, fem.   **answer, response**

Una pregunta necesita una respuesta.
A question needs an answer.

---

el restaurante [res-ta-u-RAN-te] noun, masc.   **restaurant**

Ellos comen en un restaurante.
They eat in a restaurant.

---

el retrato [re-TRA-to] noun, masc.   **picture**

Es un retrato del presidente.
It is a picture of the president.

164

rico [REE-ko] adjective, masc.   **rich**
rica [REE-ka] fem.

Mi tío tiene mucho dinero. Es rico.
My uncle has a lot of money. He is rich.

---

la riña [REE-nya] noun, fem.   **quarrel**

No me gusta oír una riña.
I don't like to hear a quarrel.

---

el río [REE-o] noun, masc.   **river**

Ese río es largo y ancho.
That river is long and wide.

---

robar [ro-BAR] verb   **to rob, to steal**

Yo robo	Nosotros robamos
Tú robas	(Vosotros robáis)
Él, Ella, Usted roba	Ellos, Ellas, Ustedes roban

Si no tenemos dinero, no lo roban.
If we don't have money, they don't steal it.

---

la rodilla [ro-DEE-lya, ro-DEE-ya] noun, fem.   **knee**

Me duele mucho la rodilla.
My knee hurts a lot.

---

rojo [RO-jo] adjective, masc.   **red**
roja [RO-ja] fem.

Yo quiero un coche rojo.
I want a red car.

---

el rollo [RO-lyo, RO-yo] noun, masc.   **roll**

El señor trae un rollo de billetes.
The man has a roll of bills.

---

romper [rom-PER] verb   **to tear, break**

Yo rompo   Nosotros rompemos
Tú rompes   (Vosotros rompéis)
Él, Ella, Usted rompe   Ellos, Ellas, Ustedes rompen

¿Por qué rompen los platos?
Why are they breaking the plates?

la ropa [RO-pa] noun, fem.   **clothes**

La ropa se vende en las tiendas.
Clothes are sold in stores.

el ropero [ro-PE-ro] noun, masc.   **(clothes) closet**
El abrigo está en el ropero.
The coat is in the closet.

rubio [RU-beeo] adjective, masc.   **blond**
rubia [RU-beea] fem.
Mi amigo tiene el pelo rubio.
My friend has blond hair.

la rueda [RUE-da] noun, fem.   **wheel**
El coche pierde una rueda.
The car is losing a wheel.

ruido [RUEE-do] noun, masc.   **noise**
Todos hacen mucho ruido en el juego.
Everyone makes a lot of noise at the game.

S

sábado [SA-ba-do] noun, masc.   **Saturday**
El sábado vamos al cine.
We're going to the movies Saturday.

---

saber [sa-BER] verb   **to know, to know how to**

Yo sé	Nosotros sabemos
Tú sabes	(Vosotros sabéis)
Él, Ella, Usted sabe	Ellos, Ellas, Ustedes saben

Yo sé nadar.
I know how to swim.

---

sabio [SA-beeo] adjective, masc.   **wise**
sabia [SA-beea] fem.
Mi abuelo es muy sabio.
My grandfather is very wise.

---

el saco [SA-ko] noun, masc.   **jacket**
Él lleva saco y corbata.
He is wearing a jacket and tie.

---

sacudir [sa-ku-DEER] verb   **to dust, shake**

Yo sacudo	Nosotros sacudimos
Tú sacudes	(Vosotros sacudís)
Él, Ella, Usted sacude	Ellos, Ellas, Ustedes sacuden

La niña sacude los muebles.
The girl dusts the furniture.

---

la sal [SAL] noun, fem.   **salt**
Yo uso sal y pimienta.
I use salt and pepper.

167

la sala [SA-la] noun, fem.   **living room**

Las visitas se sientan en la sala.
The visitors sit in the living room.

---

salir [sa-LEER] verb   **to go out**

Yo salgo   Nosotros salimos
Tú sales   (Vosotros salís)
Él, Ella, Usted sale   Ellos, Ellas, Ustedes salen

Yo salgo a recoger el periódico.
I go out to pick up the newspaper.

salir de compras verb   **to go shopping**

Las señoras salen de compras.
The ladies are going shopping.

---

saltamontes [sal-ta-MON-tes] noun, masc.   **grasshopper**

El muchacho agarra un saltamontes.
The boy catches a grasshopper.

---

saltar [sal-TAR] verb   **to jump**

Yo salto   Nosotros saltamos
Tú saltas   (Vosotros saltáis)
Él, Ella, Usted salta   Ellos, Ellas, Ustedes saltan

Los niños saltan de gusto.
The children jump for joy.

---

la salud [sa-LUD] noun, fem.   **health**

Los huevos y la leche son buenos para la salud.
Eggs and milk are good for your health.

---

salvaje [sal-BA-je] adjective   **savage**

En la selva hay animales salvajes.
There are savage animals in the jungle.

la sandía [san-DEE-a] noun, fem.   **watermelon**

Me gusta la sandía bien fría en el verano.
I like very cold watermelon in summer.

el sandwich [san-UEECH] noun, masc.   **sandwich**

Yo quiero un sandwich de pollo.
I want a chicken sandwich.

la sangre [SAN-gre] noun, fem.   **blood**

La sangre es roja.
Blood is red.

el sastre [SAS-tre] noun, masc.   **tailor**

El sastre hace ropa.
The tailor makes clothes.

seco [SE-ko] adjective, masc.   **dry**
seca [SE-ka] fem.

El río está seco.
The river is dry.

la secretaria [se-kre-TA-reea] noun, fem.   **secretary**
el secretario [se-kre-TA-reeo] masc.

Elena es la secretaria del club.
Helen is the secretary of the club.

el secreto [se-KRE-to] noun, masc.   **secret**
No lo diga. Es un secreto.
Don't tell. It is a secret.

---

seguir [se-GEER] verb   **to follow**
Yo sigo   Nosotros seguimos
Tú sigues   (Vosotros seguís)
Él, Ella, Usted sigue   Ellos, Ellas, Ustedes siguen
Nosotros seguimos la ruta a Santa Fe.
We are following the route to Santa Fe.

---

según [se-GUN] adverb   **according**
Según el maestro, no podemos salir a las tres.
According to the teacher, we cannot leave at three.

---

segundo [se-GUN-do] adjective, masc.   **second**
segunda [se-GUN-da] fem.
Es la segunda vez que va a México.
It is the second time that he is going to Mexico.

---

seis [SAYS] adjective   **six**
Mi hermanito tiene seis años.
My little brother is six years old.

---

el sello [SE-lyo, SE-yo] noun, masc.   **stamp, seal**
La tarjeta lleva un sello.
The card has a stamp.

---

la semana [se-MA-na] noun, fem.   **week**
Cinco días a la semana vamos a la escuela.
We go to school five days a week.

---

señalar [se-nya-LAR] verb   **to point, to signal**
Yo señalo   Nosotros señalamos
Tú señalas   (Vosotros señaláis)
Él, Ella, Usted señala   Ellos, Ellas, Ustedes señalan

170

El policía señala que el auto se pare.
The policeman signals the car to stop.

---

el señor [se-NYOR] noun, masc.   **the man**
El señor es guapo.
The man is handsome.

---

la señora [se-NYO-ra] noun, fem.   **lady**
La señora entra en la tienda.
The lady enters the store.

---

la señorita [se-nyo-REE-ta] noun, fem.   **young lady, miss**
La señorita tiene un vestido nuevo.
The young lady has a new dress.

---

sentado [sen-TA-do] adjective, masc.   **seated**
sentada [sen-TA-da] fem.
Toda la gente está sentada.
Everyone is seated.

---

sentarse [sen-TAR-se] verb   **to sit down**

Yo me siento	Nosotros nos sentamos
Tú te sientas	(Vosotros os sentáis)
Él, Ella, Usted se sienta	Ellos, Ellas, Ustedes se sientan

Ellos se sientan en el parque.
They are sitting in the park.

---

sentir [sen-TEER] verb   **to feel; to regret**

Yo siento	Nosotros sentimos
Tú sientes	(Vosotros sentís)
Él, Ella, Usted siente	Ellos, Ellas, Ustedes sienten

Ellos sienten que tú no los quieres.
They feel you don't like them.

sentir ganas de [sen-TEER-GA-nas-de]   **to feel like**
   verb, idiomatic expression

Siento ganas de salir.
I feel like going out.

---

septiembre [sep-TYEM-bre] noun, masc.   **September**

Las clases comienzan en septiembre.
Classes begin in September.

---

ser [SER] verb   **to be (permanently)**

Yo soy	Nosotros somos
Tú eres	(Vosotros sois)
Él, Ella, Usted es	Ellos, Ellas, Ustedes son

Él es médico y ella es abogada.
He's a doctor and she's a lawyer.

---

serio [SE-reeo] adjective, masc.   **serious**
seria [SE-reea] fem.

El policía es muy serio.
The policeman is very serious.

---

servir [ser-BEER] verb   **to serve**

Yo sirvo	Nosotros servimos
Tú sirves	(Vosotros servís)
Él, Ella, Usted sirve	Ellos, Ellas, Ustedes sirven

Ella sirve chocolate y galletitas.
She serves chocolate and cookies.

---

sesenta [se-SEN-ta] adjective   **sixty**

Hay sesenta libros en la sala.
There are sixty books in the living room.

setenta [se-TEN-ta] adjective   **seventy**

Mi abuelo tiene setenta años.
My grandfather is seventy years old.

sí [SEE] adverb   **yes**

Sí, me voy.
Yes, I'm going.

si [SEE] conjunction   **if**

Si tú vas, yo voy.
If you go, I go.

siempre [SYEM-pre] adverb   **always**

Siempre nos gusta jugar al béisbol.
We always like to play baseball.

siete [SYE-te] adjective   **seven**

Sabes el cuento de "Blancanieves y los siete enanos?"
Do you know the story of "Snow White and the Seven Dwarfs?"

silbar [seel-BAR] verb   **to whistle**

Yo silbo	Nosotros silbamos
Tú silbas	(Vosotros silbáis)
Él, Ella, Usted silba	Ellos, Ellas, Ustedes silban

Los muchachos silban en el campo de recreo.
The boys whistle on the playground.

silencioso [see-len-SEEO-so] adjective, masc.   **silent**
silenciosa [see-len-SEEO-sa] fem.

Vamos a jugar un juego silencioso.
Let's play a silent game.

la silla [SEE-ya] noun, fem.   chair
Esta mesa tiene seis sillas.
This table has six chairs.

---

el sillón [see-YON] noun, masc.   armchair
Puede sentarse en el sillón.
You may sit in the armchair.

---

simpático [seem-PA-ti-co] adjective, masc.   pleasant
simpática [seem-PA-ti-ca] fem.
Marisa es muy simpática.
Marisa is very pleasant.

---

sirvienta [seer-BYEN-ta] noun, fem.   maid
Buscamos sirvienta para limpiar una casa.
We are looking for a maid to clean a house.

---

el sitio de recreo [SEE-teeo-de-rec-RE-o]   playground
  noun, masc.
Vamos afuera al sitio de recreo.
Let's go outside to the playground.

---

sin [SEEN] preposition   without
Quiero un sandwich sin cebolla.
I want a sandwich without onions.

---

el sobre [SO-bre] noun, masc.   envelope
La carta está en el sobre.
The letter is in the envelope.

---

la sobrina [SO-BREE-na] noun, fem.   niece
Mis padres tienen ocho sobrinas.
My parents have eight nieces.

el sobrino [SO-BREE-no] noun, masc.   **nephew**

Mi primo es el sobrino de mi papá.
My cousin is my father's nephew.

¡Socorro! [so-KO-rro] Interjection   **Help!**

¡Socorro! ¡El coche se quema!
Help! The car is burning!

> Socorro is the Spanish cry for help, though you can also use *auxilio*. Socorro is also a woman's name; it is derived from the name of the Lady of Perpetual Help.
>
> "¡Socorro!" Es un llamado pidiendo ayuda. Es igual de importante como "auxilio". "Socorro" es nombre de mujer y se deriva de Nuestra Señora del Perpetuo Socorro.

el sofá [SO-FA] noun, masc.   **sofa, couch**

Nuestro sofá está en la sala.
Our sofa is in the living room.

el soldado [sol-DA-do] noun, masc.   **soldier**

El soldado marcha todos los días.
The soldier marches every day.

solo [SO-lo] adjective, masc.   **alone**
sola [SO-la] fem.

La niña camina sola a la escuela.
The girl walks to school alone.

sólo, solamente [SO-lo, so-la-MEN-te] adverb   **only**

Solamente una vez tomamos el examen.
We take the examination only once.

el sombrero [som-BRE-ro] noun, masc.   **hat**

Yo tengo un sombrero de vaquero.
I have a cowboy hat.

sonar [SO-NAR] verb   **to ring**

Yo sueno	Nosotros sonamos
Tú suenas	(Vosotros sonáis)
Él, Ella, Usted suena	Ellos, Ellas, Ustedes suenan

El teléfono suena.
The telephone is ringing.

sonreír [son-re-EER] verb   **to smile**

Yo sonrío	Nosotros sonreímos
Tú sonríes	(Vosotros sonreís)
Él, Ella, Usted sonríe	Ellos, Ellas, Ustedes sonríen

Cuando estamos contentos, sonreímos.
We smile when we're happy.

soñar [SO-NYAR] verb   **to dream**

Yo sueño	Nosotros soñamos
Tú sueñas	(Vosotros soñáis)
Él, Ella, Usted sueña	Ellos, Ellas, Ustedes sueñan

Cuando dormimos, casi todos soñamos.
When we sleep, nearly all of us dream.

la sopa [SO-pa] noun, fem.   **soup**

¿Te gusta la sopa de pollo?
Do you like chicken soup?

la sopera [so-PE-ra] noun, fem.   **bowl**
el sopero [so-PE-ro] masc.

La sopera está en la mesa.
The bowl is on the table.

---

sordo [SOR-do] adjective, masc.   **deaf**
sorda [SOR-da] fem.

El señor no oye. Es sordo.
The man doesn't hear. He's deaf.

---

sorprendente [sor-pren-DEN-te] adjective   **surprising**

Es sorprendente recibir algo de ella.
It is surprising to receive something from her.

---

la sorpresa [sor-PRE-sa] noun, fem.   **surprise**

¿Cuál es la sorpresa?
What is the surprise?

---

el sótano [SO-ta-no] noun, masc.   **basement**

Guardamos algunos muebles en el sótano.
We keep some furniture in the basement.

---

su [SU] adjective   **his, her, its**
sus [SUS] plural   **their**

Son sus libros.
They're his books.

---

suave [SUA-be] adjective   **soft, gentle**

Este jabón es suave.
This soap is gentle.

---

el sube y baja [su-bay-ee-BA-ja] noun, masc.   **see-saw**

¡Vamos a pasear (montar) en el sube y baja!
Let's ride on the see-saw!

---

subir [su-BEER] verb   **to climb, to go up**

Yo subo   Nosotros subimos
Tú subes   (Vosotros subís)
Él, Ella, Usted sube   Ellos, Ellas, Ustedes suben

El avión sube.
The plane is going up.

---

sucio [su-seeo] adjective, masc.   **dirty**
sucia [su-seea] fem.

Lávate las manos. Están sucias.
Wash your hands. They're dirty.

---

el suelo [SUE-lo] noun, masc.   **floor**

El perro se acuesta en el suelo.
The dog lies down on the floor.

---

el sueño [SUE-nyo] noun, masc.   **dream, sleep**

Es un problema, pero no debes perder el sueño por eso.
It is a problem, but you should not lose sleep over it.

---

la suerte [SUER-te] noun, fem.   **luck**

Buena suerte en el viaje.
Good luck on the trip.

---

el suéter [SUE-ter] noun, masc.   **sweater**

Tengo un suéter de lana.
I have a wool sweater.

---

el supermercado [soo-per-mer-KA-do]   **supermarket**
    noun, masc.

El supermercado está lleno de alimentos.
The supermarket is full of food.

---

el sur [SUR] adverb; adjective; noun, masc. **south**

México está al sur de los Estados Unidos.
Mexico is south of the United States.

T

el tamaño [ta-MA-nyo] noun, masc. **size**

¿De qué tamaño es el saco?
What size is the coat?

el tambor [tam-BOR] noun, masc. **drum**

Mi hermano sabe tocar el tambor.
My brother knows how to play the drums.

tanto [TAN-to] adjective, masc. **as much, so much**
tanta [TAN-ta] fem.

¡Yo tengo tanto tiempo como tú!
I have as much time as you do!

tantos [TAN-tos] adjective, masc. **as many, so many**
tantas [TAN-tas] fem.

Yo no tengo tantos juguetes como tú.
I don't have as many toys as you do.

la tarde [TAR-de] noun, fem. **afternoon, early evening, P.M.**

El programa en la televisión es a las seis de la tarde.
The program is at six o'clock in the evening.

la tarea [ta-REH-a] noun, fem.   **homework**

¿Ya tienes la tarea de mañana?
Do you already have tomorrow's homework?

---

la tarjeta [tar-JE-ta] noun, fem.   **card**

Hay que escribir el nombre y la dirección en la tarjeta.
You have to write the name and address on the card.

la tarjeta postal noun, fem.   **postcard**

Estas tarjetas postales son bonitas.
These postcards are pretty.

---

la taza [TA-sa] noun, fem.   **cup**

Mucha gente toma una taza de café por la tarde.
Many people have a cup of coffee in the afternoon.

---

el teatro [te-A-tro] noun, masc.   **theater**

Vamos al teatro con Jorge.
We're going to the theater with George.

---

el techo [TE-cho] noun, masc.   **roof**

Tienes que pintar el techo.
You have to paint the roof.

---

el teclado [tek-LA-do] noun, masc.   **keyboard**

Sin teclado no puedes usar la computadora.
Without a keyboard you cannot use the computer.

el técnico [TEK-nee-ko] noun, masc.   **technician**
La computadora no funciona bien. Llamemos al técnico.
The computer is not working well. Let's call the technician.

la teja [te-JA] noun, masc.   **roof tile**
En países calurosos muchas casas tienen techos con tejas de greda.
In warm countries, many houses have clay tiles on their roofs.

tejer [te-JER] verb   **to knit**

Yo tejo	Nosotros tejemos
Tú tejes	(Vosotros tejéis)
Él, Ella, Usted teje	Ellos, Ellas, Ustedes tejen

Mi abuela teje un suéter para mí.
My grandmother is knitting a sweater for me.

el teléfono [te-LE-fo-no] noun, masc.   **telephone**
Use usted el teléfono para llamar a Enrique.
Use the telephone to call Henry.

el teléfono celular (el celular) [se-loo-LAR] noun **cell phone**
¿Me prestas tu celular? Necesito llamar a casa.
Will you lend me your cell phone? I have to call home.

la televisión [te-le-bi-SEEON] noun, fem.   **television, TV**
¿Qué hay bueno en la televisión esta noche?
What's good on TV tonight?

la televisión de alta definición [AL-ta de-fee-nee-see-ON]
   noun   **HDTV**
La televisión de alta definición provee excelentes imágenes.
HDTV provides excellent images.

la televisión por cable [por KA-ble] noun   **cable TV**
la televisión por satélite [por sah-TEH-lee-teh]
   noun   **satellite TV**

---

temprano [tem-PRA-no] adverb   **early**

El avión llega temprano.
The plane arrives early.

---

el tenedor [te-ne-DOR] noun, masc.   **fork**

Necesitamos un tenedor para la ensalada.
We need a fork for the salad.

---

tener [te-NER] verb   **to have**

Yo tengo	Nosotros tenemos
Tú tienes	(Vosotros tenéis)
Él, Ella, Usted tiene	Ellos, Ellas, Ustedes tienen

Juan tiene una bicicleta nueva.
Juan has a new bicycle.

tener dolor de cabeza   **to have a headache**
  idiomatic expression

La señora dice que tiene dolor de cabeza.
The lady says she has a headache.

tener éxito idiomatic expression   **to be successful**

Este equipo de béisbol siempre tiene éxito. Gana todos los juegos.
This baseball team always is successful. It wins every game.

tener el pie adolorido   **to have a sore foot**
  idiomatic expression

Jaime tiene el pie adolorido.
Jim has a sore foot.

tener miedo idiomatic expression   **to be afraid**

Ella tiene miedo de la oscuridad.
She is afraid of the dark.

tener que [te-NER-KE] idiomatic expression   **to have to**

Tengo que bañarme todos los días.
I have to bathe every day.

tener razón idiomatic expression   **to be right**

¡Los padres siempre tienen razón!
Parents are always right!

tener sed idiomatic expression   **to be thirsty**

Yo tengo mucha sed. Dame un vaso de agua.
I am very thirsty. Give me a glass of water.

tener sueño idiomatic expression   **to be sleepy**

Vamos a acostarnos. Tengo mucho sueño.
Let's go to bed. I am very sleepy.

tener suerte idiomatic expression   **to be lucky**

Ella tiene mucha suerte. Siempre gana premios.
She's very lucky. She always wins prizes.

---

terminar [ter-mee-NAR] verb   **to end, finish**

Yo termino   Nosotros terminamos
Tú terminas   (Vosotros termináis)
Él, Ella, Usted termina   Ellos, Ellas, Ustedes terminan

Si terminas pronto, salimos a jugar.
If you finish quickly, we will go out to play.

---

el terremoto [te-rre-MO-to] noun, masc.   **earthquake**

Los terremotos son peligrosos.
Earthquakes are dangerous.

---

terrible [te-RREE-ble] adjective   **terrible**

Pasamos un susto terrible.
We had a terrible scare.

---

la tía [TEE-a] noun, fem.   **aunt**

La tía Juanita es muy bonita.
Aunt Jane is very pretty.

---

el tiempo [TYEM-po] noun, masc.   **time, weather**

¿Qué tiempo hace hoy?
What kind of weather is it today?

la tienda [TYEN-da] noun, fem.   **store, shop**

En esa tienda no se venden flores.
That store doesn't sell flowers.

la tierra [TYE-rra] noun, fem.   **earth, soil, dirt**

La tierra es redonda.
The earth is round.

el tigre [TEE-gre] noun, masc.   **tiger**

El tigre tiene la piel muy bonita.
The tiger has beautiful fur.

las tijeras [tee-JE-ras] noun, fem.   **scissors**

Dame las tijeras para cortar la cinta.
Give me the scissors to cut the ribbon.

el timbre [TEEM-bre] noun, masc.   **bell**

El timbre suena. Ya no hay tiempo.
The bell is ringing. There's no more time.

el tío [TEE-o] noun, masc.   **uncle**

El tío Saúl es muy alto.
Uncle Saul is very tall.

el tiovivo [tio-VI-vo] noun, masc.   **merry-go-round**

Quiero pasear en el tiovivo.
I want to ride on the merry-go-round.

---

el tipo [TEE-po] noun, masc.   **type**

No me gusta ese tipo de cuaderno.
I don't like that type of notebook.

---

tirar [tee-RAR] verb   **to pull, to throw**

María tira la puerta.
Mary pulls the door.

---

la tiza [TEE-sa] noun, fem.   **chalk**

Usamos la tiza para escribir en la pizarra.
We use chalk to write on the board.

---

la toalla [to-A-lya, to-A-ya] noun, fem.   **towel**

Dame la toalla para secarme las manos.
Give me the towel so I can dry my hands.

---

el tocadiscos [to-ka-DEES-kos] noun, masc.   **CD player**

Vamos a escuchar música en el tocadiscos.
Let's listen to music on the CD player.

---

tocar [to-KAR] verb   **to play (instrument),**
                                      to touch, to knock

Yo toco   Nosotros tocamos
Tú tocas   (Vosotros tocáis)
Él, Ella, Usted toca   Ellos, Ellas, Ustedes tocan

Silvia toca el piano.
Sylvia plays the piano.

185

todo [TO-do] pronoun **everything**

Él quiere todo.
He wants everything.

---

todo [TO-do] adjective, masc. **all, entire**
toda [TO-da] fem.

Pepe se come toda la fruta.
Joey eats all the fruit.

---

tomar [to-MAR] verb **to take**

Yo tomo	Nosotros tomamos
Tú tomas	(Vosotros tomáis)
Él, Ella, Usted toma	Ellos, Ellas, Ustedes toman

¿A qué hora tomas la medicina?
What time do you take the medicine?

---

el tomate [to-MA-te] noun, masc. **tomato**

El tomate está maduro.
The tomato is ripe.

---

tonto [TON-to] adjective, masc. **foolish**
tonta [TON-ta] fem.

¡Es una idea tonta!
It is a foolish idea!

---

la tormenta [tor-MEN-ta] noun, fem. **storm**

No hay clases durante una tormenta.
There are no classes during a storm.

---

la torre [TO-rre] noun, fem.   **tower, steeple**

La torre de la iglesia es muy alta.
The church steeple is very high.

---

la torta [TOR-ta] noun, fem.   **cake, tart**

La torta de chocolate está muy rica.
The chocolate cake (tart) is very good.

---

la tortuga [tor-TU-ga] noun, fem.   **turtle**

La tortuga duerme en su concha.
The turtle sleeps in its shell.

---

trabajar [tra-ba-JAR] verb   **to work**

Yo trabajo	Nosotros trabajamos
Tú trabajas	(Vosotros trabajáis)
Él, Ella, Usted trabaja	Ellos, Ellas, Ustedes trabajan

Ellos trabajan en la fábrica.
They work in the factory.

---

el trabajo [tra-BA-jo] noun, masc.   **work**

¿Qué trabajo hace tu papá?
What work does your dad do?

---

traer [tra-ER] verb   **to bring**

Yo traigo	Nosotros traemos
Tú traes	(Vosotros traéis)
Él, Ella, Usted trae	Ellos, Ellas, Ustedes traen

¿Quién va a traer los sandwiches?
Who is going to bring the sandwiches?

---

el tráfico [TRA-fee-ko] noun, masc.   **traffic**

A las cinco hay mucho tráfico.
At five o'clock there's a lot of traffic.

---

el traje [TRA-je] noun, masc.   **suit**
el traje de baño   **bathing suit**

El señor lleva un traje de verano.
The man is wearing a summer suit.

---

el transatlántico [tran-sat-LAN-tee-ko]   **transatlantic ship**
noun, masc.

El transatlántico sale a las nueve de la mañana.
The transatlantic ship leaves at nine in the morning.

---

la transmisión [trans-mee-SEEON] noun, masc.   **broadcast**

¿A qué hora es la transmisión del programa sobre el tango?
What time is the broadcast on the tango?

---

tratar [tra-TAR] verb   **to try**

Yo trato	Nosotros tratamos
Tú tratas	(Vosotros tratáis)
Él, Ella, Usted trata	Ellos, Ellas, Ustedes tratan

Voy a tratar de brincar del árbol.
I am going to try to jump from the tree.

---

treinta [TRAYN-ta] adjective   **thirty**

El autobús tiene treinta asientos.
The bus has thirty seats.

---

el tren [TREN] noun, masc.   **train**

Mi tren eléctrico ya no anda.
My electric train doesn't run anymore.

---

el trigo [TREE-go] noun, masc.   **wheat**

Hay un campo de trigo cerca de la casa.
There is a field of wheat near the house.

---

el trineo [tree-NAY-o] noun, masc.   **sled**

Me divierto con mi trineo.
I have a good time with my sled.

triste [TREES-te] adjective   **sad**

El perro no quiere comer. Está muy triste.
The dog doesn't want to eat. He is very sad.

el trompo [TROM-po] noun, masc.   **top**

Este trompo es mi juguete favorito.
This top is my favorite toy.

el trueno [TRUE-no] noun, masc.   **thunder**

¿Oyes el trueno?
Do you hear the thunder?

U

último [UL-tee-mo] adjective, masc.   **last**
última [UL-tee-ma] fem.

Ésta es la última semana de vacaciones.
This is the last week of vacation.

el último [UL-tee-mo] pronoun   **the last one**

No hay muchos duraznos. El último está en el refrigerador.
There aren't many peaches. The last one is in the refrigerator.

un [UN] article, masc.   **a, an**
una [UN-a] fem.

Quiero una manzana.
I want an apple.

único [U-nee-ko] adjective, masc.   **only**
única [U-nee-ka] fem.

Es el único chico en la clase.
He is the only boy in class.

---

la uña [U-nya] noun, fem.   **nail (finger)**
la uña de los pies   **toenail**

¡Qué uñas tan largas!
What long nails!

---

usar [u-SAR] verb   **to use**

  Yo uso   Nosotros usamos
  Tú usas   (Vosotros usáis)
  Él, Ella, Usted usa   Ellos, Ellas, Ustedes usan

En nuestra clase de matemáticas usamos lápiz.
We use pencils in our math class.

---

usted [us-TED] pronoun   **you (formal)**
usted mismo pronoun   **you yourself**

Usted mismo tiene que hacer el trabajo.
You yourself have to do the work.

The two singular forms of "you" in Spanish are "tú" and "usted." The use of "usted" is correct in any situation, although it is more formal than "tú." Usually, a young person addresses an adult with "usted" to show respect. "Tú" is more familiar and is used among friends. "Ustedes" is the plural form of both.

El español tiene dos formas de dirigirse a una persona: "usted" y "tú". El uso de "usted" es correcto en cualquier situación, aunque se considera más formal que" tú". Comúnmente un joven se dirige a los adultos con "usted" por respeto. "Tú" se usa entre amigos y es más familiar. En el plural con regularidad se emplea "ustedes".

útil [U-teel] adjective　　　　　　　　　　　**useful**

Es útil saber dos lenguas.
It is useful to know two languages.

---

la uva [U-ba] noun, fem.　　　　　　　　　　**grape**

A mi hermano le gustan las uvas.
My brother likes grapes.

V

la vaca [VAH-ka] noun, fem.　　　　　　　　　**cow**

La vaca nos da leche.
The cow gives us milk.

---

las vacaciones [ba-ka-SEEO-nes] noun, fem.　　**vacation**
las vacaciones de verano noun, fem.　**summer vacation**

Ya vienen las vacaciones de verano.
Summer vacation is nearly here.

---

vaciar [ba-SEEAR] verb   **to pour out, empty**

Yo vacío   Nosotros vaciamos
Tú vacías   (Vosotros vaciáis)
Él, Ella, Usted vacía   Ellos, Ellas, Ustedes vacían

Voy a vaciar esta caja.
I am going to empty this box.

---

la vainilla [baee-NEE-lya, baee-NEE-ya] noun, fem.   **vanilla**

Mamá le pone vainilla al postre.
Mother puts vanilla in the dessert.

---

valiente [ba-LYEN-te] adjective   **brave, valiant**

El soldado es valiente.
The soldier is brave.

---

vamos a [BA-mo-sa] idiomatic expression   **let's**

Vamos a nadar.
Let's swim.

---

varios [BA-reeos] adjective, masc.   **several, various**
varias [BA-reeas] fem.

Hay varios juegos en el parque.
There are several games at the park.

---

el vaso [BA-so] noun, masc.   **glass (drinking)**

¿Quieres un vaso de jugo?
Do you want a glass of juice?

---

el vegetal [be-je-TAL] noun, masc.   **vegetable**

La lechuga y las papas son vegetales.
Lettuce and potatoes are vegetables.

---

el vehículo [be-EE-ku-lo] noun, masc.   **vehicle**

El coche es un vehículo.
The car is a vehicle.

veinte [BAYN-te] adjective   **twenty**

Mi hermano mayor tiene veinte años.
My oldest brother is twenty years old.

veloz [be-LOS] adjective   **fast**

En mi bicicleta soy muy veloz.
I'm very fast on my bike.

vender [ben-DER] verb   **to sell**

Yo vendo	Nosotros vendemos
Tú vendes	(Vosotros vendéis)
Él, Ella, Usted vende	Ellos, Ellas, Ustedes venden

Aquí no venden dulces.
They don't sell candy here.

venir [be-NEER] verb   **to come**

Yo vengo	Nosotros venimos
Tú vienes	(Vosotros venís)
Él, Ella, Usted viene	Ellos, Ellas, Ustedes vienen

¿Cuándo vienen ustedes a visitarnos?
When are you coming to visit us?

la ventana [ben-TA-na] noun, fem.   **window**

El sol entra por la ventana.
The sun is coming in through the window.

ver [BER] verb   **to see**

Yo veo	Nosotros vemos
Tú ves	(Vosotros veis)
Él, Ella, Usted ve	Ellos, Ellas, Ustedes ven

193

Yo no veo a nadie.
I don't see anyone.

ver otra vez verb   **to see again**

¿Quiere usted ver los retratos otra vez?
Do you want to see the pictures again?

---

el verano [be-RA-no] noun, masc.   **summer**

Nosotros nadamos mucho en el verano.
We swim a lot in summer.

---

verde [BER-de] adjective   **green**

La hierba es verde.
Grass is green.

---

verídico [be-REE-dee-ko] adjective, masc.   **true**
verídica [be-REE-dee-ka] fem.

No es un cuento. Es una historia verídica (verdadera).
It is not a tale. It is a true story.

---

el vestido [bes-TEE-do] noun, masc.   **dress, suit**

¡Qué bonito vestido!
What a pretty dress!

---

vestirse [bes-TEER-se] verb   **to dress oneself**

Yo me visto	Nosotros nos vestimos
Tú te vistes	(Vosotros os vestís)
Él, Ella, Usted se viste	Ellos, Ellas, Ustedes se visten

Ellos se visten para la fiesta.
They are dressing for the party.

---

viajar [beea-JAR] verb   **to travel**

Yo viajo	Nosotros viajamos
Tú viajas	(Vosotros viajáis)
Él, Ella, Usted viaja	Ellos, Ellas, Ustedes viajan

Vamos a viajar en coche a California.
We are going to travel by car to California.

el viajero [beea-JE-ro] noun, masc.   **traveler**
El viajero va de pueblo en pueblo.
The traveler is going from town to town.

la víbora [BEE-bo-ra] noun, fem.   **viper, snake**

Tengo miedo de las víboras.
I am afraid of snakes.

viernes [BYER-nes] noun, masc.   **Friday**
Los viernes vamos al juego de fútbol.
We go to the football game on Fridays.

la violeta [beeo-LE-ta] noun, fem.   **violet**
La violeta es una flor morada.
The violet is a purple flower.

el violín [beeo-LEEN] noun, masc.   **violin**
Yo sé tocar el violín.
I know how to play the violin.

el vino [BEE-no] noun, masc.   **wine**
El vino viene de la uva.
Wine comes from grapes.

visitar [bee-see-TAR] verb   **to visit**

Yo visito	Nosotros visitamos
Tú visitas	(Vosotros visitáis)
Él, Ella, Usted visita	Ellos, Ellas, Ustedes visitan

Yo quiero visitar a mis amigos en la Argentina.
I want to visit my friends in Argentina.

---

la vista [BEES-ta] noun, fem.   **view**

Es una vista hermosa.
It is a beautiful view.

---

vivir [bee-BEER] verb   **to live**

Yo vivo	Nosotros vivimos
Tú vives	(Vosotros vivís)
Él, Ella, Usted vive	Ellos, Ellas, Ustedes viven

Yo vivo en San Antonio, Texas. ¿Dónde vive usted?
I live in San Antonio, Texas. Where do you live?

---

volcar [bol-KAR] verb   **to turn over**

Yo vuelco	Nosotros volcamos
Tú vuelcas	(Vosotros volcáis)
Él, Ella, Usted vuelca	Ellos, Ellas, Ustedes vuelcan

Una vez nos volcamos en un accidente de coche.
Once we turned over in a car accident.

---

volver [bol-BER] verb   **to return, go back**

Yo vuelvo	Nosotros volvemos
Tú vuelves	(Vosotros volvéis)
Él, Ella, Usted vuelve	Ellos, Ellas, Ustedes vuelven

Nosotros volvemos a casa a las tres y media.
We return home at three thirty.

---

volver al revés verb   **to turn upside down,
to turn inside out**

No vuelvan el cuarto al revés.
Don't turn the room upside down.

la voz [BOS] noun, fem.   **voice**

El maestro tiene una voz fuerte.
The teacher has a strong voice.

la vuelta [BUEL-ta] noun, fem.   **turn**

El chófer da una vuelta a la derecha.
The chauffeur makes a right turn.

Y

y [EE] conjunction   **and**

Raúl y Roberto se divierten juntos.
Raul and Robert have fun together.

ya [YA] adverb   **already**

Ya tengo el dinero para el boleto.
I already have the money for the ticket.

yo [YO] pronoun   **I**

Yo voy contigo.
I'll go with you.

Z

la zanahoria [sa-na-o-reea] noun, fem.   **carrot**

¿Te gustan las zanahorias?
Do you like carrots?

el zapato [sa-PA-to] noun, masc.   **shoe**

Voy a comprar zapatos blancos.
I'm going to buy white shoes.

---

el zoológico [so-o-LO-jee-ko] noun, masc.   **zoo**

Vamos a pasar todo el día en el parque zoológico.
We're going to spend all day at the zoo.

el canguro	kangaroo	el mono	monkey
el elefante	elephant	el oso	bear
el leopardo	leopard	el tigre	tiger
el león	lion	la víbora	snake
el lobo	wolf	el zorro	fox

el zorro [so-rro] noun, masc.   **fox**
la zorra [so-rra] fem.

El zorro es un animal astuto.
The fox is a cunning animal.

Los Verbos Españoles
Spanish Verb Supplement

Verbos Regulares
Regular Verbs

Presente (Present)	Imperfecto (Imperfect)	Pretérito (Preterit)	Futuro (Future)
CANTAR (to sing)			
Yo canto	cantaba	canté	cantaré
Tú cantas	cantabas	cantaste	cantarás
Él, Ella,			
Usted canta	cantaba	cantó	cantará
Nosotros cantamos	cantábamos	cantamos	cantaremos
Vosotros cantáis	cantabais	cantasteis	cantaréis
Ellos, Ellas,			
Ustedes cantan	cantaban	cantaron	cantarán
COMER (to eat)			
Yo como	comía	comí	comeré
Tú comes	comías	comiste	comerás
Él, Ella,			
Usted come	comía	comió	comerá
Nosotros comemos	comíamos	comimos	comeremos
Vosotros coméis	comíais	comisteis	comeréis
Ellos, Ellas,			
Ustedes comen	comían	comieron	comerán

---

*There are two past tenses in Spanish. The imperfect tense is used to describe an action in the past. The preterite expresses an action completed in the past.

VIVIR (to live)

Yo vivo	vivía	viví	viviré
Tú vives	vivías	viviste	vivirás
Él, Ella,			
Usted vive	vivía	vivió	vivirá
Nosotros vivimos	vivíamos	vivimos	viviremos
Vosotros vivís	vivíais	vivisteis	viviréis
Ellos, Ellas,			
Ustedes viven	vivían	vivieron	vivirán

Verbos Irregulares
Irregular Verbs

HACER (to do, to make)

Yo hago	hacía	hice	haré
Tú haces	hacías	hiciste	harás
Él, Ella,			
Usted hace	hacía	hizo	hará
Nosotros hacemos	hacíamos	hicimos	haremos
Vosotros hacéis	hacíais	hicisteis	haréis
Ellos, Ellas,			
Ustedes hacen	hacían	hicieron	harán

SABER (to know)

Yo sé	sabía	supe	sabré
Tú sabes	sabías	supiste	sabrás
Él, Ella,			
Usted sabe	sabía	supo	sabrá
Nosotros sabemos	sabíamos	supimos	sabremos
Vosotros sabéis	sabíais	supisteis	sabréis
Ellos, Ellas			
Ustedes saben	sabían	supieron	sabrán

IR (to go)

Yo voy	iba	fui	iré
Tú vas	ibas	fuiste	irás
Él, Ella,			
Usted va	iba	fue	ira
Nosotros vamos	íbamos	fuimos	iremos
Vosotros vais	ibais	fuisteis	iréis
Ellos, Ellas,			
Ustedes van	iban	fueron	irán

TENER (to have)

Yo tengo	tenía	tuve	tendré
Tú tienes	tenías	tuviste	tendrás
Él, Ella,			
Usted tiene	tenía	tuvo	tendrá
Nosotros tenemos	teníamos	tuvimos	tendremos
Vosotros tenéis	teníais	tuvisteis	tendréis
Ellos, Ellas			
Ustedes tienen	tenían	tuvieron	tendrán

SER (to be)*

Yo soy	era	fui	seré
Tú eres	eras	fuiste	serás
Él, Ella,			
Usted es	era	fue	será
Nosotros somos	éramos	fuimos	seremos
Vosotros sois	erais	fuisteis	seréis
Ellos, Ellas,			
Ustedes son	eran	fueron	serán

---

*Ser is used to express a characteristic or quality that never changes. For example, Yo soy un niño. La tierra es redonda.

ESTAR (to be)**

Yo estoy	estaba	estuve	estaré
Tú estás	estabas	estuviste	estarás
Él, Ella,			
Usted está	estaba	estuvo	estará
Nosotros estamos	estábamos	estuvimos	estaremos
Vosotros estáis	estabais	estuvisteis	estaréis
Ellos, Ellas,			
Ustedes están	estaban	estuvieron	estarán

**Estar is used to express a characteristic or quality that may change. For example, Yo estoy en mi casa. Mi madre está contenta.

Inglés-Español

(English-Spanish)

Clave de Pronunciación del Inglés

(para Hispanohablantes)

Notas

1. Hay algunos sonidos en inglés que no existen en español.

2. En general, las vocales en inglés son muy cortas.

3. Cuando se indica que un sonido inglés suena algo como un sonido español, es una aproximación ... no es exacto.

CONSONANTES		
La ortografía inglesa	Símbolo fonémico	Suena algo como la palabra española
b	b	burro
c	k	casa
	s	cena
ch, tch	ch	charla
d	d	diente
f	f	frío
g	g	gana
	zh	—
h, wh	h	dirigir
j, dge	dj	—
k	k	casa
l	l	leche
m	m	madre
n	n	niño
ng	ng	—
p	p	padre
qu	kw	—
r	r	cantar
s	s	ciudad
sh, tion	sh	—
t	t	tía
v	v	vaya
w	w	—
wh	wh, h	—
x	ks, gs	—
y	y	desayuno
z, s	z	zoológico
th	th	— (como cero en castellano)
th (voiced)	th	—

VOCALES

La ortografía inglesa	Ejemplo en inglés	Símbolo fonémico	Suena algo como la palabra española
a e u	but	¢	— (sonido muy corto)
a	cat	a	— (sonido muy corto)
a o	cot	a̠ a	la
a ay	play	ei	seis (muy corto)
a ah	father	ah	—
ai	air	ehr	—
e	get	e	español
ee ea	feet	i	si
i	hit	i̠	— (sonido muy corto)
i uy	buy	a̠i	aire
o oa ow	boat	o̠h	boca
oo u ou	boot	u	lunes
oy	boy	o̠i	voy
au, ough, o, augh	order	a̠w	cortar
ur	curtain	u̠r	—
ow, ou, ough	how	o̠w	auto (muy corto)
u, oo	book	auh	—

A

a [ɐ] artículo   **un,** masc.
                                     una, fem.

There is a nest in the tree.
Hay un nido en el árbol.

to be able, can [KAN] verbo   **poder**

     I am able   We are able
     You are able   You are able
     He, She, It is able   They are able

I can carry this trunk.
Yo puedo cargar (llevar) este baúl.

above all [ɐ-bɐv AWL] expresión idiomática   **sobre todo**

I like fruit—above all—peaches.
Me gusta la fruta, sobre todo los duraznos.

absent [AB-sɐnt] adjetivo   **ausente**

Margaret is absent today.
Margarita está ausente hoy.

according to [ɐ-KAWR-ding tɐ] expresión idiomática   **según**

According to my cousin, it is going to snow next week.
Según mi prima, va a nevar la semana próxima.

to be acquainted with [ɐ-KWEIN-tɐd] verbo   **conocer**

     I am acquainted   We are acquainted
     You are acquainted   You are acquainted
     He, She, It is acquainted   They are acquainted

Are you acquainted with my friend?
¿Conoces a mi amiga?

actor [AK-tør] nombre, masc.
actress [AK-tres] fem.

el actor

The actor is handsome.
El actor es guapo.

---

to add [¢-DI-sh¢n] verbo

sumar

I add	We add
You add	You add
He, She, It adds	They add

We learn to add in school.
Aprendemos a sumar en la escuela.

---

address [¢-DRES] nombre

la dirección

What is his address?
¿Cuál es su dirección?

(no) admittance [noh ad-MIT-ns]
expresión idiomática

**prohibido entrar,
no hay entrada**

*The little girl stops when she sees the words: "No
admittance."*
La niña se detiene cuando ve las palabras: "Prohibido
entrar."

---

adventure [ad-VEN-ch¢r] nombre

la aventura

I like to read the adventures of Cinderella.
Me gusta leer las aventuras de la Cenicienta.

---

to be afraid [¢-FREID] expresión idiomática   **tener miedo**

Are you afraid of the lion?
¿Le tienes miedo al león?

after [AF-t¢r] preposición   **después**
October is the month after September.
Octubre es el mes después de septiembre.

afternoon [af-t¢r-NUN] nombre   **la tarde**

It is two o'clock in the afternoon.
Son las dos de la tarde.

again [¢-GEN] adverbio   **otra vez**
Sing the song again.
Cante la canción otra vez.

once again [w¢ns ¢-GEN] expresión idiomática   **una vez más**
Wash the spoon once again.
Lava la cuchara una vez más.

against [¢-GENST] preposición   **contra**
He is putting the map against the wall.
Pone el mapa contra la pared.

age [EIDJ] nombre   **la edad**
He's big for his age.
Es grande para su edad.

What's your age? (How old are you?) I'm seventeen.
¿Cuántos años tiene usted? Tengo diecisiete años.

---

to agree [ag-RI] verbo　　　　　　　　　　　**acordar**

I agree	We agree
You agree	You agree
He, She, It agrees	They agree

Don't you agree? [d<u>o</u>hnt yu ¢-GRI]　　　　**¿No? ¿Verdad?**
expresión idiomática

My aunt is beautiful, don't you agree?
Mi tía es bella ¿no?

agreed (all right, O.K.) interjección　　　**de acuerdo**

Shall we leave? Agreed!
¿Nos vamos? ¡De acuerdo!

---

to aid [EID] verbo　　　　　　　　　　　　　　**ayudar**

I aid	We aid
You aid	You aid
He, She, It aids	They aid

Charles helps his cousin carry the clothes.
Carlos auyda a su prima a llevar la ropa.

---

air [EHR] nombre　　　　　　　　　　　　　　**el aire**

This young man is ill. He needs air.
Este joven está enfermo. Necesita aire.

---

airplane [EHR-PLEIN] nombre　　　　　　　**el avión**

Two airplanes are flying over the city.
Dos aviones vuelan sobre la ciudad.

by airmail expresión idiomática　　　　　　**por avión**

by airplane adverbio　　　　　　　　　　　　**en avión**

I take a trip by airplane.
Yo hago un viaje en avión.

jet airplane nombre   **el avión (de propulsión) a chorro**

The jet airplane flies from Lima to New York.
El avión (de propulsión) a chorro vuela de Lima a Nueva York.

airplane pilot nombre   **el piloto de avión**

The airplane pilot flies the airplane.
El piloto (del avión) conduce el avión.

flight attendant nombre   **la aeromoza, la camarera de bordo**

My neighbor is a flight attendant.
Mi vecina es aeromoza.

---

airport [EHR-p<u>aw</u>rt] nombre   **el aeropuerto**

My uncle works at the airport.
Mi tío trabaja en el aeropuerto.

---

alarm clock [¢-LAHRM KL<u>A</u>K] nombre   **el despertador**

The alarm clock rings at seven o'clock.
El despertador suena a las siete.

---

alike [¢-L<u>AI</u>K] adjetivo   **igual, parecido,** masc.
parecida, fem.

The parakeets are alike.
Los pericos son iguales.

---

aloud [¢-L<u>OW</u>D] adverbio   **en voz alta**

I am reading the story aloud.
Leo el cuento en voz alta.

---

all [AWL] adjetivo   **todo,** masc.
                                          toda, fem.

I put all the vegetables in the refrigerator.
Pongo todas las legumbres en el refrigerador.

all over adverbio   **por donde quiera,**
                                     por todas partes

I look all over for my top.
Busco mi trompo por todas partes.

all right interjección   **bien**

Are you coming with me? All right! I'll go with you.
¿Vienes conmigo? Bien. Voy contigo.

> *"All's well that ends well,"* es un proverbio popular.
> Su equivalente en español podría ser "Nunca es tarde para la dicha."

almost [awl-MOHST] adverbio   **casi**

It is almost ten o'clock.
Casi son las diez.

alone [¢-LOHN] adjetivo   **solo,** masc.
                                        sola, fem.

I am alone in the kitchen.
Estoy sola en la cocina.

alphabet [AL-fa-bet] nombre   **el alfabeto**

Do you know the letters of the alphabet?
¿Sabes las letras del alfabeto?

already [awl-RE-di] adverbio   **ya**

Is it already dinner time?
¿Ya es la hora de la comida?

also [AWL-s<u>oh</u>] adverbio   **también**

I also have a plant!
¡Yo también tengo una planta!

always [<u>AWL</u>-weiz] adverbio   **siempre**

The leaves always change color in autumn.
Las hojas siempre cambian de color en el otoño.

ambulance [<u>AM</u>-byu-lans] nombre   **la ambulancia**

The ambulance is at the hospital.
La ambulancia está en el hospital.

American [¢-MER-<u>i</u>-k¢n] adjetivo   **americano,** masc.
                                   americana, fem.
         (a menudo) **estadounidense**

It is an American camera.
Es una cámara americana.

amusing [¢-MYUZ-<u>i</u>ng] adjetivo   **divertido,** masc.
                                   divertida, fem.

The bear is amusing.
El oso es divertido.

an [AN] artículo   **un,** masc.
                                      una, fem.

I am wearing an apron.
Llevo un delantal.

and [AND] conjunción   **y**

Marian and her cousin play together.
Mariana y su prima juegan juntas.

---

angry [ANG-gri] adjetivo   **enojado,** masc.
                               enojada, fem.

Mother is angry because I make a lot of noise.
Mamá está enojada porque hago mucho ruido.

---

animal [AN-i-m¢l] nombre   **el animal**

The elephant is a large animal.
El elefante es un animal grande.

---

anniversary [an-i-VUR-s¢r-i] nombre   **el aniversario**

Today is my parents' anniversary.
Hoy es el aniversario de mis padres.

---

annoyed [¢-NOID] adjetivo   **molesto,** masc.
                               molesta, fem.

Dad is annoyed because I play with the cat.
Papa está molesto porque juego con el gato.

---

another [¢-N¥TH-¢r] adjetivo   **otro,** masc.
                               otra, fem.

Here is another piece of bread.
Aquí hay otro pedazo de pan.

---

answer [AN-s¢r] nombre   **la respuesta**

I write the correct answer on the blackboard.
Escribo la respuesta correcta en la pizarra.

to answer, to reply verbo   **responder**

I answer	We answer
You answer	You answer
He, She, It answers	They answer

The little girl answers the question.
La niña responde a la pregunta.

ant [ANT] nombre   **la hormiga**
There are so many ants!
¡Hay tantas hormigas!

any [EN-i] adjetivo   **cualquier,** masc.
                                          cualquiera, fem.
Any day you want to come is all right with me.
Cualquier día que quieras venir está bien conmigo.

apartment [¢-PART-m¢nt] nombre   **el apartamento,**
                                            el departamento
My apartment is on the ground floor.
Mi apartamento está en la planta baja.

appearance [¢-PIR-¢ns] nombre   **el aspecto**

The tiger has a ferocious appearance.
El tigre tiene un aspecto feroz.

appetite [AP-¢-TAIT] nombre   **el apetito**
He eats with a hearty appetite.
Come con mucho apetito.

apple [AP-ǿl] nombre   **la manzana**

I eat an apple every day.
Como una manzana todos los días.

appointment [ǿ-POINT-mǿnt] nombre   **la cita**
What time is your appointment with the counselor?
¿A qué hora es tu cita con el consejero?

apricot [A-prị-kạt] nombre   **el albaricoque, el chabacano**
Is the apricot ripe?
¿Está maduro el albaricoque?

April [EI-prǿl] nombre   **el abril**
There are thirty days in April.
Hay treinta días en abril.

apron [EI-prǿn] nombre   **el delantal**

My sister wears an apron when she prepares dinner.
Mi hermana lleva delantal cuando prepara la comida.

aquarium [ǿ-KWEHR-i-ǿm] nombre   **el acuario**
There is a turtle in the aquarium.
Hay una tortuga en el acuario.

How are you? [h<u>ow</u> AHR yu]   **¿Cómo está usted?**
expresión idiomática   **¿Cómo estás tú?**
aren't you? expresión idiomática   **¿No? ¿Verdad?**
You are leaving tomorrow, aren't you?
Se va usted mañana, ¿no?

---

arm [AHRM] nombre   **el brazo**
The baby raises his arm.
El niño levanta el brazo.

---

armchair [AHRM-chehr] nombre   **el sillón**
The armchair is comfortable.
El sillón es cómodo.

---

army [AHR-mi] nombre   **el ejército**
Soldiers in the army carry guns.
Los soldados en el ejército llevan armas de fuego.

---

around [¢-R<u>OW</u>ND] adverbio   **alrededor**
Can you take a trip around the world in eighty days?
¿Puedes hacer un viaje alrededor del mundo en ochenta días?

---

to arrange [¢-REINDJ] verbo   **arreglar**

I arrange	We arrange
You arrange	You arrange
He, She, It arranges	They arrange

The woman is arranging the flowers.
La mujer arregla las flores.

---

to arrest [¢-REST] verbo   **arrestar**

I arrest	We arrest
You arrest	You arrest
He, She, It arrests	They arrest

Help! Arrest the thief!
¡Socorro! ¡Arresten al ladrón!

---

to arrive [¢-RAIV] verbo   **llegar**

I arrive   We arrive
You arrive   You arrive
He, She, It arrives   They arrive

The fireman arrives at two o'clock.
El bombero llega a las dos.

---

artist [AHR-tist] nombre   **el artista**

Do you know an artist?
¿Conoces a un artista?

> Irving Berlin fue un artista estadounidense que
> escribió la letra y la música de 900 canciones.
> También produjo espectáculos musicales en
> Broadway y películas en las cuales popularizó al
> ejército y a sus soldados. La canción "God Bless
> America" ("Dios Bendiga a América") es una de
> sus obras más conocidas.
>
> Irving Berlin was an American artist who wrote
> both the words and the music to 900 songs. He
> also produced Broadway musical shows and
> motion pictures in which he popularized the army
> and its soldiers. His song, "God Bless America," is
> one of his best-known works.

---

as [AZ] preposición   **como**

As it is his birthday, he is wearing new clothes.
Como es su cumpleaños, lleva ropa nueva.

He's going to the party as Fidel Castro.
Va a la fiesta como Fidel Castro.

---

to be ashamed expresión idiomática   **tener vergüenza, avergonzarse**

I am ashamed	We are ashamed
You are ashamed	You are ashamed
He, She, It is ashamed	They are ashamed

She is ashamed because she is crying.
Se avergüenza porque está llorando.

---

to ask [ASK] verbo   **preguntar; pedir**

I ask	We ask
You ask	You ask
He, She, It asks	They ask

The boy asks: "What is today's date?"
El chico pregunta: ¿Cuál es la fecha de hoy?"

The boy asks for money.
El chico pide dinero.

---

astronaut [AS-tr¢-n<u>aw</u>t] nombre   **el (la) astronauta**

The astronaut takes a trip in her spaceship.
La astronauta hace un viaje en su nave espacial.

---

at [AT] preposición   **en**

He is at home.
Él está en casa.

---

to attend (to go) [¢-TEND] verbo   **asistir**

I attend	We attend
You attend	You attend
He, She, It attends	They attend

He attends a baseball game.
Él asiste a un juego de béisbol.

Pay attention! [PEI ¢-TEN-sh¢n]   **Ponga atención, Pon**
expresión idiomática   **atención (See poner)**

This is a difficult lesson. Pay attention!
Es una lección difícil. ¡Ponga atención!

August [AW-g¢st] nombre   **el agosto**

My birthday is August 13.
Mi cumpleaños es el trece de agosto.

aunt [ANT] nombre   **la tía**

My aunt is a doctor.
Mi tía es doctora.

auto, car [AW-toh] nombre   **el auto, el coche**

My neighbor drives a car.
Mi vecino conduce un auto.

automatic teller machine   **ATM,**
[au-to-MA-tik TE-ler ma-CHIN] nombre   **el cajero automático**

I need to get some money at the first ATM we find.
Necesito conseguir dinero en el primer cajero automático
que encontremos.

autumn [AW-t¢m] nombre   **el otoño**

September is a month of autumn.
Septiembre es un mes de otoño.

avenue [AV-¢-nyu] nombre   **la avenida**

I like to take a walk on the avenue.
Me gusta dar un paseo en la avenida.

right away [r<u>ai</u>t ¢-WEI] expresión idiomática   **en seguida**

I am going to take a bath right away.
Voy a bañarme en seguida.

B

baby [BEI-bi] nombre   **el bebé**

The baby doesn't want to eat.
El bebé no quiere comer.

baby carriage nombre   **el coche (del bebé)**

The baby is not in the baby carriage.
El bebé no está en el coche.

---

back [BAK] nombre   **la espalda**

He is hitting me on the back!
¡Me está golpeando en la espalda!

to give back verbo   **devolver**

I give back	We give back
You give back	You give back
He, She, It gives back	They give back

I give the drum back to my friend.
Le devuelvo el tambor a mi amigo.

---

bad [BAD] adjetivo   **malo,** masc.
                                                        mala, fem.

The child is bad.
El niño es malo.

The weather is bad.
El tiempo está malo.

Too bad! expresión idiomática   **¡Qué lástima!**

Too bad! I am sick.
¡Qué lástima! Estoy enfermo.

---

bag [BAG] nombre   **la bolsa**

Here is a bag of oranges.
Aquí hay una bolsa de naranjas.

baggage [BAG-idj] nombre   **el equipaje**

Where is the baggage?
¿Dónde está el equipaje?

baker [BEI-k¢r] nombre   **el panadero**

The baker sells bread.
El panadero vende pan.

bakery [BEI-k¢-ri] nombre   **la panadería**

The baker is in the bakery.
El panadero está en la panadería.

ball [BAWL] nombre   **la pelota**

The ball is black and white.
La pelota es negra y blanca.

(to play) ball expresión idiomática   **jugar a la pelota**

balloon [b¢-LUN] nombre   **el globo**

The balloon is light.
El globo es ligero.

banana [b¢-NAN-¢] nombre   **el plátano, la banana**

The monkey is eating a banana.
El mono está comiendo un plátano.

bank [BANK] nombre   **el banco**

Where is the bank located?
¿Dónde se encuentra el banco?

baseball [BEIS-b<u>aw</u>l] nombre   **el béisbol**

Let's play baseball.
Vamos a jugar al béisbol.

En EUA todo el mundo juega al béisbol alguna vez
en su vida. Se dice que no hay nada más
norteamericano que "el béisbol, los perros
calientes, y el pastel de manzana". La Serie
Mundial del Béisbol es un campeonato entre los
dos mejores equipos de la Liga Mayor de Béisbol.

Everybody in the United States plays baseball
sometime in his or her life. It is said that there is
nothing more American than "baseball, hot dogs,
and apple pie." The World Series is an American
championship between the two best teams of
Major League Baseball.

basement [BEIS-m¢nt] nombre   **el sótano**

The basement is below the living room.
El sótano está debajo de la sala.

basket [BAS-k<u>i</u>t] nombre   **la cesta, el cesto**

There are many papers in the basket.
Hay muchos papeles en la cesta.

basketball [BAS-k<u>i</u>t-b<u>aw</u>l] nombre   **el básquetbol**

Do you know how to play basketball?
¿Sabes jugar al básquetbol?

bath [BATH] nombre   **el baño**

I take my bath at nine o'clock in the evening.
Yo tomo mi baño a las nueve de la noche.

to take a bath expresión idiomática   **bañarse**

bathroom nombre   **el cuarto de baño**

There is a shower in the bathroom.
Hay una ducha en el cuarto de baño.

sunbath nombre   **el baño de sol**

She takes a sunbath on the roof of the house.
Ella toma un baño de sol en el techo de la casa.

bathing suit nombre   **el traje de baño**

I wear a bathing suit at the beach.
Yo llevo traje de baño en la playa.

---

to be [BI] verbo   **estar, ser**

I am	We are
You are	You are
He, She, It is	They are

I am seated.
Yo estoy sentado. (estar)

I am a girl.
Soy niña. (ser)

---

beach [BICH] nombre   **la playa**

Can you go to the beach?
¿Puedes ir a la playa?

224

beak [BIK] nombre   **el pico**

The parrot's beak is big.
El pico del loro es grande.

beans [BINZ] nombre   **los frijoles**

What is the price of these beans?
¿Qué precio tienen estos frijoles?

bear [BEHR] nombre   **el oso**

The bear is seated in the water.
El oso está sentado en el agua.

beard [BIARD] nombre   **la barba**

The president does not have a beard.
El presidente no tiene barba.

beast [BIST] nombre   **la bestia, el animal**

The tiger is a wild beast.
El tigre es una bestia salvaje.

beautiful [BYU-t¢-f¢l] adjetivo   **bello, hermoso,** masc.
                                             bella, hermosa, fem.

The queen is beautiful.
La reina es bella.

because [bi-KAWZ] conjunción   **porque**

I am not going to the pool because I do not have a bathing suit.
Yo no voy a la piscina porque no tengo traje de baño.

because of expresión idiomática   **a causa de**

I have to stay in bed because of my cold.
Tengo que quedarme en cama a causa del resfriado.

to become [bi̱-KƏM] verbo   **hacerse, volverse**

I become	We become
You become	You become
He, She, It becomes	They become

He would like to become a fireman.
Le gustaría hacerse bombero.

---

bed [BED] nombre   **la cama**

I am in my bed.
Estoy en mi cama.

to go to bed verbo   **acostarse**

She is tired; she is going to bed.
Ella está cansada; va a acostarse.

bedroom nombre   **el dormitorio, la alcoba**

There is a bed in the bedroom.
Hay una cama en el dormitorio.

---

bee [BI] nombre   **la abeja**

The bee is dangerous.
La abeja es peligrosa.

---

beefsteak [BIF-steik] nombre   **el bistek**

Do you like beefsteak?
¿Le gusta el bistek?

roast beef nombre   **el rósbif**

The roast beef is delicious.
El rósbif está delicioso.

before [bi-FAWR] adverbio   **antes**

My brother comes home before my sister.
Mi hermano llega a casa antes que mi hermana.

---

to begin [bi-GIN] verbo   **comenzar, empezar**

I begin   We begin
You begin   You begin
He, She, It begins   They begin

The film is beginning.
La película comienza.

---

to behave [bi-HEIV] verbo   **portarse, comportarse**

I behave   We behave
You behave   You behave
He, She, It behaves   They behave

The children are not behaving well.
Los niños no se portan bien.

---

behind [bi-HAIND] adverbio   **detrás (de)**

The cat is behind the sofa.
El gato está detrás del sofá.

---

to believe [bi-LIV] verbo   **creer**

I believe   We believe
You believe   You believe
He, She, It believes   They believe

She believes that it is lunchtime.
Ella cree que es la hora de almorzar.

---

bell [BEL] nombre   **la campana**

The bell is ringing.
La campana suena.

doorbell nombre   **el timbre**

There is a doorbell near the door.
Hay un timbre cerca de la puerta.

belt [BELT] nombre   **el cinturón, la faja, el cinto**

He is wearing a belt.
Él lleva cinturón.

better [BET-ɇr] adjetivo   **mejor**

The airplane is better than the train.
El avión es mejor que el tren.

between [bi̱-TWIN] preposición   **entre**

What is the month between April and June?
¿Cuál es el mes entre abril y junio?

bicycle, bike [BAI-si̱k-ɇl, BAIK] nombre   **la bicicleta**

Edward goes to the park on a bicycle.
Eduardo va al parque en bicicleta.

to ride [RAid] **a bicycle**   **montar en bicicleta,**
  expresión idiomática   **andar en bicicleta**

Do you know how to ride a bicycle?
¿Sabes montar en bicicleta?

big [BI̱G] adjetivo   **grande**

The giant is very big.
El gigante es muy grande.

bigger [BIG-g∉r] adverbio　　　　　　**más grande que**
My pencil is bigger than your pencil!
¡Mi lápiz es más grande que tu lápiz!

bike (See **bicycle**)

bill (of money) [BIL] nombre　　　　　　**el billete**
Here is a ten dollar bill.
Aquí tienes un billete de diez dólares.

bird [BERD] nombre　　　　　　　　　　**el pájaro**

The bird is in the tree.
El pájaro está en el árbol.

> En español decimos "Más vale pájaro en mano
> que dos volando."
>
> In English we say, "Better a bird in the hand than
> two in the bush."

birthday [BERTH-dei] nombre　　**el cumpleaños, la fiesta**
My birthday is Friday.
Mi cumpleaños es el viernes.

Happy birthday! expresión idiomática　　**¡Feliz cumpleaños!**

to bite [B<u>AI</u>T] verbo   **morder, picar (insects)**

I bite	We bite
You bite	You bite
He, She, It bites	They bite

That little boy bites.
Ese niñito muerde.

Those insects bite.
Esos insectos pican.

---

black [BLAK] adjetivo   **negro,** masc.
                                        negra, fem.

He has black hair.
Él tiene el pelo negro.

---

blackboard [BLAK-b<u>aw</u>rd] nombre   **la pizarra**
(chalkboard)

I am drawing a tree on the blackboard.
Estoy dibujando un árbol en la pizarra.

---

blanket [BLANG-k<u>i</u>t] nombre   **la cobija**

I am under the blanket.
Estoy debajo de la cobija.

---

blind [BL<u>AI</u>ND] adjetivo   **ciego,** masc.
                                        ciega, fem.

The old lion is blind.
El león viejo es ciego.

to play blindman's buff   **jugar a la gallina ciega**
   expresión idiomática

They are playing blindman's buff.
Ellos juegan a la gallina ciega.

---

blond [BLAND] adjetivo   **rubio,** masc.
     rubia, fem.

She has blond hair.
Tiene el pelo rubio.

blood [BLṝD] nombre   **la sangre**
Blood is red.
La sangre es roja.

blow [BLOH] nombre   **el golpe**
He gives me a blow on the shoulder.
Me da un golpe en el hombro.

blue [BLU] adjetivo   **azul**
The sea is blue.
El mar es azul.

boat [BOHT] nombre   **el barco**

I see a boat in the water.
Veo un barco en el agua.

book [BAUHK] nombre   **el libro**
The book is on the radio.
El libro está sobre el radio.

bookstore [BUK-stor] nombre   **la librería**
There are so many books in the bookstore.
Hay muchísimos libros en la librería.

boot [BUT] nombre   **la bota**

When it snows, I put on my boots.
Cuando nieva, me pongo mis botas.

to be bored [BORD] verbo   **aburrirse**

I am bored	We are bored
You are bored	You are bored
He, She, It is bored	They are bored

I am bored when it rains.
Yo me aburro cuando llueve.

born [BAWRN] adjetivo   **nacido,** masc.
                                                nacida, fem.

Born in Mexico, my father now lives in the United States.
Nacido en México, mi padre vive ahora en los Estados
Unidos.

to be born expresión idiomática   **nacer**

to borrow [BAR-oh] verbo   **prestar**

I borrow	We borrow
You borrow	You borrow
He, She, It borrows	They borrow

May I borrow a pen?
¿Me prestas una pluma?

bottle [BAT-l] nombre   **la botella**
The milk is in the bottle.
La leche está en la botella.

bowl [B<u>OH</u>L] nombre   **el plato hondo,
la sopera**

Here is a bowl of rice.
Aquí hay una sopera de arroz.

box [B<u>A</u>KS] nombre   **la caja**

There is candy in the box.
Hay dulces en la caja.

boy [B<u>OI</u>] nombre   **el muchacho, el chico, el niño**

The boy is playing with his brother.
El muchacho está jugando con su hermano.

branch [BR<u>A</u>NCH] nombre   **la rama**

The branch of the tree has many leaves.
La rama del árbol tiene muchas hojas.

bread [BRED] nombre   **el pan**

The bread is on the table?
¿El pan está en la mesa?

to break [BREIK] verbo   **romper**

I break	We break
You break	You break
He, She, It breaks	They break

I don't want to break the glass.
No quiero romper el vaso.

breakfast [BREK-f¢st] nombre   **el desayuno**

I have orange juice for breakfast.
Yo tomo jugo de naranja para el desayuno.

bridge [BRIDJ] nombre   **el puente**

We cross the bridge by car.
Nosotros cruzamos el puente en auto.

briefcase [BRIF-keis] nombre   **el portafolio**

I put my books into my briefcase.
Pongo mis libros en el portafolio.

to bring [BRING] verbo   **traer**

I bring	We bring
You bring	You bring
He, She, It brings	They bring

I am bringing some sandwiches for the picnic.
Yo traigo sándwiches para el día de campo.

broad [BRAWD] adjetivo   **ancho,** masc.
                                                                   ancha, fem.

The table is broad.
La mesa es ancha.

broadcast [BRAWD-kast] nombre   **la difusión,**
                                                              la transmisión

What time is the broadcast on the Mariachi music?
¿A qué hora es la difusión del programa sobre la música de
los mariachis?

broom [BRUM] nombre   **la escoba**

Give me the broom, please.
Dame la escoba, por favor.

brother [BRETH-ɼr] nombre   **el hermano**

How many brothers do you have?
¿Cuántos hermanos tienes tú?

brown [BR<u>OW</u>N] adjetivo   **color café, marrón castaño,** masc. **castaña,** fem.

I have brown eyes.
Tengo los ojos color café.

The wall is brown.
La pared es marrón.

She has brown hair.
Tiene el pelo castaño.

brush [BR<s>E</s>SH] nombre   **el cepillo**

The girl is brushing her hair.
La muchacha se cepilla el pelo.

hairbrush nombre   **el cepillo de pelo**

toothbrush nombre   **el cepillo de dientes**

to brush verbo   **cepillar, cepillarse**

I brush	We brush
You brush	You brush
He, She, It brushes	They brush

He is brushing his hair.
Él se cepilla el pelo.

bucket [B<s>E</s>K-<u>it</u>] nombre   **la cubeta, el cubo**

I put shells in the bucket.
Pongo las conchas en la cubeta.

building [B<u>I</u>L-d<u>i</u>ng] nombre   **el edificio**

Our school has three buildings.
Nuestra escuela tiene tres edificios.

burglar (thief) [BUR-gl¢r] nombre   **el ladrón**

The burglar is cunning.
El ladrón es astuto.

---

to burn [BURN] verbo   **quemar**

I burn	We burn
You burn	You burn
He, She, It burns	They burn

The man is burning papers in the fireplace.
El hombre está quemando papeles en la chimenea.

---

bus [B¢S] nombre   **el autobús, el bus**

We are going to the museum by bus.
Vamos al museo en autobús.

---

busy [BIZ-i] adjetivo   **ocupado,** masc.
                                            ocupada, fem.

My father is always busy.
Mi padre siempre está ocupado.

---

but [B¢T] conjunción   **pero**

Laura wants to go to the circus, but she doesn't have any money.
Laura quiere ir al circo pero no tiene dinero.

---

butcher [BAUHCH-¢r] nombre   **el carnicero**

The butcher is in the butcher shop.
El carnicero está en la carnicería.

butcher shop nombre   **la carnicería**

The woman buys meat in the butcher shop.
La mujer compra carne en la carnicería.

butter [BɛT-ɚr] nombre   **la mantequilla**

Butter is yellow.
La mantequilla es amarilla.

button [BɛT-ɚn] nombre   **el botón**

The button is made of wood.
El botón está hecho de madera.

to buy [BAI] verbo   **comprar**

I buy	We buy
You buy	You buy
He, She, It buys	They buy

I would like to buy an orange.
Me gustaría comprar una naranja.

by [BAI] preposición   **por, en, a través**

My brother goes to work by subway.
Mi hermano se va al trabajo en el metro.

by air expresión idiomática   **en avión** (See **airplane**)

by car expresión idiomática   **en auto** (See **car**)

by airmail expresión idiomática   **por avión**

C

cabbage [KAB-idj] nombre   **el repollo, la col**

Do you like cabbage?
¿Te gusta el repollo?

---

cafe [ka-FEI] nombre   **el café**

The cafe is located on the avenue.
El café se encuentra en la avenida.

---

cake [KEIK] nombre   **la torta**

Mom made a pretty cake for me.
Mamá preparó una bonita torta para mí.

---

calendar [KAL-¢n-d¢r] nombre   **el calendario**

The calendar is on the wall.
El calendario está en la pared.

---

to call [KAWL] verbo   **llamar**

I call	We call
You call	You call
He, She, It calls	They call

Frederick calls his friend.
Federico llama a su amigo.

---

to be called expresión idiomática   **llamarse**

He is called (his name is) Frank.
Él se llama Francisco.

calm [KAHM] adjetivo   **tranquilo,** masc.
                                tranquila, fem.

The ocean is calm today.
El océano está tranquilo hoy.

camera [KAM-r¢] nombre   **la cámara**
Anthony is carrying a camera.
Antonio lleva una cámara.

videocamera [vi-dio-KAM-ra] nombre   **la videocámara**
This videocamera records on hard disc.
Esta videocámara graba en disco duro.

camp [KAMP] nombre   **el campo (de vacaciones),**
                                  el campamento
There is the camp for boys.
Allí está el campo (de vacaciones) para los chicos.

can (to be able to) [KAN] verbo   **poder**

I can   We can
You can   You can
He, She, It can   They can

Can you come out?
¿Puedes salir?

candy [KAN-di] nombre   **el dulce**
Harriet likes candy.
A Enriqueta le gustan los dulces.

capital [KAP-i-t∅l] nombre   **la capital**

Do you know the name of the capital of the United States?
¿Sabe usted el nombre de la capital de los Estados Unidos?

> Washington, D.C., es la capital de Estados
> Unidos. La ciudad honra con su nombre a George
> Washington, el primer presidente que tuvo el
> país y su Padre de la Patria.
>
> Washington, D.C., is the capital of the United
> States. The city is named in honor of George
> Washington, the country's first president and
> Father of his Country.

car [KAHR] nombre   **el auto, el coche**

by car expresión idiomática   **en auto, en coche**

We are going to the fair by car.
Vamos a la feria en auto.

car (on train) nombre   **el vagón, el carro**

card [KAHRD] nombre   **la tarjeta**

I write my name on the card.
Yo escribo mi nombre en la tarjeta.

postcard expresión idiomática   **la tarjeta postal**

to play cards expresión idiomática   **jugar a las cartas**

carefully [KEHR-f∅-li] adverbio   **con cuidado**

Louise carries the bottle carefully.
Luisa carga (lleva) la botella con cuidado.

baby carriage (See **baby**)

carrot [KAR-¢t] nombre   **la zanahoria**

Carrots are on the plate.

Las zanahorias están en el plato.

---

to carry [KAR-i] verbo   **cargar, llevar**

I carry	We carry
You carry	You carry
He, She, It carries	They carry

The dog is carrying a newspaper.

El perro lleva un periódico.

---

castle [KAS-¢l] nombre   **el castillo**

There is water around the castle.

Hay agua alrededor del castillo.

---

cat [KAT] nombre   **el gato**

The cat is playing with the ball.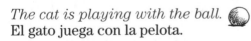

El gato juega con la pelota.

---

catalog [KA-ta-log] nombre   **el catálogo**

This catalog offers the latest models of shoes.

Este catálogo ofrece los últimos modelos de zapatos.

---

to catch [KACH] verbo   **agarrar, capturar**

I catch	We catch
You catch	You catch
He, She, It catches	They catch

My brother is catching a turtle.
Mi hermano agarra una tortuga.

---

ceiling [SI-ling] nombre   **el cielo raso**

I am looking at the ceiling.
Veo el cielo raso de la casa.

---

celery [SEL-ri] nombre   **el apio**

Do you want some celery?
¿Quieres apio?

---

cellar [SEL-ér] nombre   **la bodega; el sótano**

The staircase leads to the cellar.
La escalera da a la bodega.

---

certain (sure) [SUR-tén] adjetivo   **seguro,** masc.
                                                segura, fem.

Today is Tuesday. Are you certain?
Hoy es martes. ¿Estás seguro?

---

chair [CHEHR] nombre   **la silla**

There are five chairs in the kitchen.
Hay cinco sillas en la cocina.

---

chalk [CHAWK] nombre   **la tiza**

The teacher is writing on the chalkboard with white chalk.
La maestra está escribiendo en la pizarra con tiza blanca.

---

to change [CHEINDJ] verbo   **cambiar**

I change	We change
You change	You change
He, She, It changes	They change

Sometimes the sea changes color.
A veces el mar cambia de color.

---

change [CHEINDJ] nombre   **el cambio, el menudo,**
el suelto

The salesman gives me change.
El vendedor me da el cambio.

cheap [CHIP] adjetivo   **barato,** masc.
barata, fem.

adverbio   **a poco costo**

Oranges are cheap today.
Las naranjas están baratas hoy.

check (in restaurant) [CHEK] nombre   **la cuenta**

The waiter brings the check.
El mesero (mozo) trae la cuenta.

cheerful [CHIR-f∅l] adjetivo   **alegre**

On a day off I am always cheerful.
En día libre, siempre estoy alegre.

cheese [CHIZ] nombre   **el queso**

I would like a cheese sandwich.
Me gustaría un sándwich de queso.

cherry [CHER-i] nombre   **la cereza**

When cherries are red, they are ripe.
Cuando las cerezas están rojas, están maduras.

chicken [CHIK-∅n] nombre   **el pollo**

Do you prefer chicken or fish?
¿Tú prefieres pollo o pescado?

child [CH<u>AI</u>LD] nombre   **el niño,** masc.
                                            la niña, fem.

The child is playing in the playground.
La niña juega en el patio de recreo.

children [CH<u>I</u>L-dr<u>e</u>n] nombre   **los niños**

---

chimney [CH<u>I</u>M-ni] nombre   **la chimenea**
The cat is near the chimney.
El gato está cerca de la chimenea.

---

chin [CH<u>I</u>N] nombre   **la barba**
Show me your chin.
Muéstrame la barba.

---

chocolate [CH<u>AW</u>-kl<u>i</u>t] nombre   **el chocolate**
Leticia likes chocolate.
A Leticia le gusta el chocolate.

---

to choose [CHUZ] verbo   **escoger**

I choose	We choose
You choose	You choose
He, She, It chooses	They choose

She chooses the black shoes.
Ella escoge los zapatos negros.

Christmas [KRIS-MɆS] nombre   **la Navidad**

Christmas comes on December 25.
La Navidad viene el 25 de diciembre.

> "Escuché las campanas el Día de Navidad, tocar
> los viejos y conocidos cantos, sobre ...
> ... Paz en la tierra a los hombres de buena
> voluntad."
> "Las Campanas de Navidad" de Longfellow
>
> "I heard the bells on Christmas Day, their old
> familiar carols play ...
> ... Of peace on earth, good-will to men."
> Longfellow, "Christmas Bells"

church [CHURCH] nombre   **la iglesia**

The church is on the corner of the street.
La iglesia está en la esquina de la calle.

cigarette [sig-ɇ-RET] nombre   **el cigarrillo**

There is a cigarette in the street.
Hay un cigarrillo en la calle.

circle [SUR-kɇl] nombre   **el círculo**

Look—my hoop is a circle!
Mira—¡mi aro es un círculo!

circus [SUR-kɇs] nombre   **el circo**

There are many animals at the circus.
Hay muchos animales en el circo.

city [SIT-i] nombre   **la ciudad**

There are many buildings in New York City.
Hay muchos edificios en la Ciudad de Nueva York.

class [KLAS] nombre   **la clase**

She likes the science class.
A ella le gusta la clase de ciencia.

classroom [KLAS-rum] nombre   **la sala de clase**

Where is the classroom?
¿Dónde está la sala de clase?

clean [KLIN] adjetivo   **limpio,** masc.
     limpia, fem.

My shoes are not clean.
Mis zapatos no están limpios.

to clean verbo   **limpiar**

I clean	We clean
You clean	You clean
He, She, It cleans	They clean

Who cleans your house?
¿Quién limpia tu casa?

clear [KLIR] adjetivo   **claro,** masc.
     clara, fem.

The water is clear.
El agua está clara.

clever [KLEV-¢r] adjetivo **listo,** masc.
lista, fem.

The cat is a clever animal.
El gato es un animal listo.

to climb [KLAIM] verbo **subir, trepar**

I climb	We climb
You climb	You climb
He, She, It climbs	They climb

The monkey climbs the tree.
El mono se trepa al árbol.

clock [KLAK] nombre **el reloj**

The clock is on the wall.
El reloj está en la pared.

to close [KLOHZ] verbo **cerrar**

I close	We close
You close	You close
He, She, It closes	They close

I close the desk drawer.
Cierro el cajón del escritorio.

> Proverbio: "Cuando una puerta se cierra,
> otra se abre".
>
> Proverb: "When one door closes,
> another opens."

close to [KLOHS tₑ] preposición   **cerca de**

The refrigerator is close to the wall.
La refrigeradora está cerca de la pared.

---

closet [KLAHZ-it] nombre   **el ropero, el armario,**
                                                           el gabinete

I put my sweater in the closet.
Pongo mi suéter en el ropero.

---

clothes, clothing [KLOHZ, KLOH-thing] nombre   **la ropa**

I buy my clothes at my uncle's store.
Yo compro mi ropa en la tienda de mi tío.

---

cloud [KLOWD] nombre   **la nube**

I see some white clouds in the sky.
Yo veo nubes blancas en el cielo.

---

cloudy [KLOW-di] adjetivo   **nublado,** masc.
                                                         nublada, fem.

What a cloudy day!
¡Qué día tan nublado!

---

coffee [KAWF-i] nombre   **el café**

Mama drinks black coffee.
Mamá toma café negro (café solo).

---

cold [KOHLD] adjetivo   **frío,** masc.
                                                            fría, fem.

I am cold when it snows.
Yo tengo frío cuando nieva.

it is cold expresión idiomática   **hace frío**
to be cold expresión idiomática   **tener frío**

---

cold (illness) [KOHLD] nombre   **el resfriado, el catarro**

I cough and sneeze when I have a cold.
Yo toso y estornudo cuando tengo un resfriado.

---

color [KEL-¢r] nombre   **el color**

Red is my favorite color.
El rojo es mi color favorito.

to color verbo   **colorear, pintar**

I color	We color
You color	You color
He, She, It colors	They color

I am coloring a picture.
Yo coloreo un cuadro.

---

comb [KOHM] nombre   **el peine**

My comb is in my pocketbook.
Mi peine está en la bolsa.

to comb verbo   **peinarse**

I comb	We comb
You comb	You comb
He, She, It combs	They comb

He combs his hair in the morning.
Se peina por la mañana.

---

to come [KEM] verbo   **venir**

I come	We come
You come	You come
He, She, It comes	They come

My friend is coming soon.
Mi amigo viene pronto.

to come into expresión idiomática   **entrar**

She comes into the classroom.
Ella entra en la sala de clase.

---

comfortable [KᴇM-fᴇr-tᴇ-bᴇl] adjetivo   **cómodo,** masc.
                                                          cómoda, fem.

The sofa is comfortable.
El sofá es cómodo.

---

company [KᴇM-pᴇ-ni] nombre   **la compañía**

I would like to work for a large company.
Me gustaría trabajar en una compañía grande.

---

to compete [kᴇm-PIT] verbo   **competir**

I compete	We compete
You compete	You compete
He, She, It competes	They compete

We compete for the prize.
Nosotros competimos por el premio.

---

to complain [kᴇm-PLEIN] verbo   **quejarse**

I complain	We complain
You complain	You complain
He, She, It complains	They complain

My sister is complaining again.
Mi hermana está quejándose otra vez.

---

completely [kᴇm-PLIT-li] adverbio   **completamente**

My hands are completely wet.
Mis manos están completamente mojadas.

computer [k¢m-PYU-t¢r] nombre   **la computadora, el ordenador**

computer technician [t¢k-NI-sh¢n] nombre   **el técnico de computadora**

computer disk, diskette [DISK, dis-KET] nombre   **el disco (disquete) de computadora**

Do you know how to use the computer?
¿Sabes usar la computadora?

---

contest [KAN-test] nombre   **el concurso**

Who is going to win the contest? We are, of course!
¿Quién va a ganar el concurso? ¡Nosotros, desde luego!

---

to continue [k¢n-TIN-yu] verbo   **continuar, seguir**

I continue	We continue
You continue	You continue
He, She, It continues	They continue

I am continuing to play baseball instead of studying.
Yo sigo jugando al béisbol en vez de estudiar.

---

to cook [KAUHK] verbo   **cocinar, preparar la comida**

I cook	We cook
You cook	You cook
He, She, It cooks	They cook

He is learning to cook.
Él aprende a cocinar.

---

cookie [KAUHK-i] nombre   **la galletita, la galleta**

The dog would like a cookie.
Al perro le gustaría una galletita.

cool [KUL] adjetivo   **fresco,** masc.
     fresca, fem.

It is cool near the ocean.
Hace fresco cerca del océano.

---

copier [KA-pi-er] nombre   **la copiadora**
This copier produces documents quickly.
Esta copiadora produce los documentos rápidamente.

---

to copy [KAP-i] verbo   **copiar**

I copy	We copy
You copy	You copy
He, She, It copies	They copy

Philip copies the words from the blackboard.
Felipe copia las palabras de la pizarra.

---

corn [KAWRN] nombre   **el maíz**
The corn is growing in the field.
El maíz crece en el campo.

---

corner [KAWR-nₑr] nombre   **la esquina**
The store is on the corner of the street.
La tienda está en la esquina de la calle.

---

correct [kₑ-REKT] adjetivo   **correcto,** masc.
     correcta, fem.

Who knows the correct word?
¿Quién sabe la palaba correcta?

---

to cost [KAWST] verbo   **costar**

I cost	We cost
You cost	You cost
He, She, It costs	They cost

How much does the pineapple cost?
¿Cuánto cuesta la piña?

---

cotton [KAT-ǿn] nombre   **el algodón**

The dress is made of cotton.
El vestido está hecho de algodón.

---

to cough [KAWF] verbo   **toser**

I cough	We cough
You cough	You cough
He, She, It coughs	They cough

I cough when I am sick.
Yo toso cuando estoy enfermo.

---

counselor [KOWN-sǿ-lǿr] nombre   **el consejero,** masc.
                                             la consejera, fem.

What is the name of the school counselor?
¿Cómo se llama el consejero de la escuela?

---

to count [KOWNT] verbo   **contar**

I count	We count
You count	You count
He, She, It counts	They count

Count the balloons.
Cuenta los globos.

---

country [KǾN-tri] nombre   **el país**

Spain is a country, and Europe is a continent.
España es un país y Europa es un continente.

---

courageous [kǿ-REI-djǿs] adjetivo   **valiente**

The fireman is courageous.
El bombero es valiente.

of course [av KAWRS] interjección   **por supuesto, ¡cómo no!**

Do you like chocolate ice cream? Of course!
¿Te gusta el helado de chocolate? ¡Por supuesto!

---

cousin [KUZ-ən] nombre   **el primo,** masc.
                                            la prima, fem.

My cousin is the daughter of my uncle.
Mi prima es la hija de mi tío.

---

cover (See **blanket**)

---

covered [KUV-ərd] adjetivo   **cubierto,** masc.
                                            cubierta, fem.

The roof is covered with snow.
El techo está cubierto de nieve.

---

cow [KOW] nombre   **la vaca**

The cow is in a field.
La vaca está en un campo.

---

cradle [KREID-l] nombre   **la cuna**
The cradle is empty.
La cuna está vacía.

---

crayon [KREI-ən] nombre   **el lápiz de color**
Ellen has a new box of crayons.
Elena tiene una caja nueva de lápices (de color).

---

crazy [KREI-zi] adjetivo   **loco,** masc.
                                            loca, fem.

Is the animal crazy when he is frightened?
¿Se vuelve loco el animal cuando tiene miedo?

---

to cross [KRAWS] verbo   **cruzar**

I cross	We cross
You cross	You cross
He, She, It crosses	They cross

We are crossing the playground.
Estamos cruzando el patio de recreo.

to cry [KRAI] verbo   **llorar**

I cry	We cry
You cry	You cry
He, She, It cries	They cry

Why are you crying?
¿Por qué lloras?

cunning [KƉN-ing] adjetivo   **astuto,** masc.
                                        astuta, fem.

Is the fox cunning?
¿Es astuta la zorra?

cup [KƉP] nombre   **la taza**

Frances puts the cup in the cupboard.
Francisca pone la taza en el armario.

cupboard [KƉB-ƈrd] nombre   **el armario**

The plates are in the cupboard.
Los platos están en el armario.

curious [KYUR-y¢s] adjetivo   **curioso,** masc.
                                      curiosa, fem.

I am curious. What is in the letter?
Tengo curiosidad. ¿Qué hay en la carta?

curtain [KUR-t¢n] nombre   **la cortina**
The new curtains are pretty.
Las cortinas nuevas son bonitas.

to cut [K¢T] verbo   **cortar**

I cut	We cut
You cut	You cut
He, She, It cuts	They cut

Bertha is cutting the apple.
Berta corta la manzana.

cute [KYUT] adjetivo   **gracioso,** masc.
                                      graciosa, fem.

The kitten is cute.
El gatito es gracioso.

cutlet [K¢T-l¢t] nombre   **la chuleta**
The cutlet is delicious.
La chuleta está deliciosa.

D

dad, daddy [DAD, DAD-i] nombre   **papá**
Daddy says "Good morning."
Papá dice "Buenos días."

damp [DAMP]   **húmedo,** masc.
                                      húmeda, fem.

My shirt is damp.
Mi camisa está húmeda.

to dance [DANS] verbo   **bailar**

I dance	We dance
You dance	You dance
He, She, It dances	They dance

Do you know how to dance the tango?
¿Sabes bailar el tango?

> El tango es un baile en el que la pareja enlazada se mueve en un salón de baile amplio. Originó en la Argentina alrededor de 1900.
>
> The tango is a dance in which the man holds his partner close to him and moves in a large ballroom. It originated in Argentina around 1900.

dangerous [DEIN-dj¢r-¢s] adjetivo   **peligroso,** masc.
                                                     peligrosa, fem.

It is dangerous to play with matches.
Es peligroso jugar con fósforos.

to dare [DEHR] verbo   **atreverse**

I dare	We dare
You dare	You dare
He, She, It dares	They dare

I dare to speak to the actor.
Me atrevo a hablarle al actor.

dark [DAHRK] adjetivo   **obscuro, oscuro,** masc.
                                          obscura, oscura, fem.

He is wearing a dark coat.
Él lleva un abrigo (saco) oscuro.

darling [DAHR-ling] adjetivo

precioso, masc.
preciosa, fem.

The baby is darling.
El bebé es precioso.

---

date [DEIT] nombre   **la fecha**

What is the date of your birthday?
¿Cuál es la fecha de tu cumpleaños?

---

dear [DIR] adjetivo

querido, masc.
querida, fem.

Louise is a dear friend.
Luisa es una amiga querida.

---

to deceive [di-SIV] verbo   **engañar**

I deceive	We deceive
You deceive	You deceive
He, She, It deceives	They deceive

I deceive my mother when I lie.
Yo engaño a mi madre cuando digo mentiras.

December [di-SEM-bər] nombre   **el diciembre**

In December it snows in Spain.
En España nieva en diciembre.

---

to decorate [DEK-<u>oh</u>-reit] verbo   **decorar**

I decorate   We decorate
You decorate   You decorate
He, She, It decorates   They decorate

She is decorating her room.
Ella está decorando su cuarto.

---

deep [DIP] adjetivo   **profundo,** masc.
                                                 profunda, fem.

Is the lake deep?
¿Es profundo el lago?

---

delicious [d<u>i</u>-L<u>I</u>SH-¢s] adjetivo   **delicioso,** masc.
                                                 deliciosa, fem.

The grapes are delicious.
Las uvas están deliciosas.

---

delighted [d<u>i</u>-L<u>AI</u>-t¢d] adjetivo   **encantado,** masc.
                                                 encantada, fem.

I am delighted when I get a present.
Yo estoy encantado cuando recibo un regalo.

---

dentist [DEN-t<u>i</u>st] nombre   **el dentista**

I would like to become a dentist.
Me gustaría ser dentista.

---

desert [DEZ-¢rt] nombre   **el desierto**

There is a lot of sand in the desert.
Hay mucha arena en el desierto.

---

desk [DESK] nombre   **el escritorio, el pupitre**

The teacher's desk is in front of the pupils' desks.
El escritorio del profesor está delante de los pupitres de los
alumnos.

---

dessert [di-ZURT] nombre   **el postre**

What is your favorite dessert?
¿Cuál es tu postre favorito?

---

to detest [di-TEST] verbo   **detestar**

I detest   We detest
You detest   You detest
He, She, It detests   They detest

I detest going to bed so early.
Yo detesto acostarme tan temprano.

---

dictionary [DIK-sh¢n-ehr-i] nombre   **el diccionario**

How many words are there in the dictionary?
¿Cuántas palabras hay en el diccionario?

---

digital [DI-gi-tal] adjetivo   **digital**

My digital camera doesn't require film to take pictures.
Mi cámara digital no necesita película para sacar fotos.

---

different [DIF-rent] adjetivo   **diferente**

These books are different.
Estos libros son diferentes.

---

difficult [DIF-¢-k¢lt] adjetivo   **difícil**

The sentence is not difficult.
La oración no es difícil.

---

dining room [DAIN-ing rum] nombre   **el comedor**

The family eats in the dining room.
La familia come en el comedor.

dinner [DIN-ɇr] nombre   **la cena, la comida**

We have fish for dinner.
Hay pescado para la cena.

---

to direct [di-REKT] verbo   **dirigir**

I direct   We direct
You direct   You direct
He, She, It directs   They direct

The music teacher directs the pupils.
La maestra de música dirige a los alumnos.

---

dirty [DUR-ti] adjetivo   **sucio,** masc.
                                          sucia, fem.

The tablecloth is dirty.
El mantel está sucio.

---

dishes [DISH-ɇs] nombre   **los platos**

I am washing the dishes.
Yo lavo los platos.

---

displeased [dis-PLIZD] adjetivo   **disgustado,** masc.
                                          disgustada, fem.

The teacher is displeased when I do not do my homework.
Cuando no hago mis tareas, la maestra está disgustada.

---

distant (far away) [DIS-tɇnt] adjetivo   **alejado,** masc.
                                              alejada, fem.
                                              distante, lejos

The store is not too distant.
La tienda no está distante.

261

to do [DU] verbo   **hacer**

I do	We do
You do	You do
He, She, It does	They do

What do you do on Mondays?
¿Qué haces los lunes?

doctor [DAK-tɇr] nombre   **el médico, el doctor**
The doctor speaks to the man.
El doctor le habla al hombre.

dog [DAWG] nombre   **el perro**
My dog follows me everywhere.
Mi perro me sigue por todas partes.

doll [DAL] nombre   **la muñeca**
The doll is on the chair.
La muñeca está en la silla.

dollhouse nombre   **la casa de muñecas**

dollar [DAL-ɇr] nombre   **el dólar**
The brush costs one dollar.
El cepillo cuesta un dólar.

Well done! [WEL DɇN] interjección   **¡Bravo!**
                                   ¡Bien hecho!

My teacher says "Well done!"
Mi maestra dice: "¡Bravo!"

dominos [DAM-ɇ-nohz] nombre   **el dominó**
Let's play dominoes.
Vamos a jugar al dominó.

donkey [DₑNG-ki] nombre   **el burro**

The donkey does not want to walk.
El burro no quiere caminar.

door [DAWR] nombre   **la puerta**
The door is open.
La puerta está abierta.

doorbell [DAWR-bel] nombre   **el timbre**
doorknob [DAWR-nob] nombre   **la manecilla (de la puerta)**

Don't you think so? expresión idiomática   **¿Verdad?, ¿No?**
The coffee is cold. Don't you think so?
El café está frío. ¿Verdad? (¿No?)

Don't you agree? expresión idiomática   **¿No?, ¿Verdad?**
                                              ¿De acuerdo?
There are many flowers in the country. Don't you agree?
Hay muchas flores en el campo. ¿No? (¿De acuerdo?)

dozen [DₑZ-ₑn] nombre   **la docena**
There are twelve eggs in a dozen.
Hay doce huevos en una docena.

to drag [DRAG] verbo   **arrastrar, tirar**

I drag	We drag
You drag	You drag
He, She, It drags	They drag

The dog is dragging a shoe.
El perro arrastra un zapato.

to draw [DRAW] verbo   **dibujar, hacer un dibujo**

I draw   We draw
You draw   You draw
He, She, It draws   They draw

Claude draws a picture of an airport.
Claudio dibuja un aeropuerto.

drawer [DRAWR] nombre   **el cajón; la gaveta**

Dorothy puts the jewelry in the drawer.
Dorotea pone las joyas en el cajón.

to dream [DRIM] verbo   **soñar**

I dream   We dream
You dream   You dream
He, She, It dreams   They dream

He dreams of having a million dollars.
El sueña en tener un millón de dólares.

dream [DRIM] nombre   **el sueño**

Do you always have dreams?
¿Siempre tienes sueños?

dress [DRES] nombre   **el vestido**

Jane's dress is made of wool.
El vestido de Juana es de lana.

to get dressed [get DRESD] expresión idiomática   **vestirse**

I get dressed   We get dressed
You get dressed   You get dressed
He, She, It gets dressed   They get dressed

He gets dressed at eight o'clock in the morning.
Él se viste a las ocho de la mañana.

to drink [DRĬNGK] verbo   **beber, tomar**

I drink   We drink
You drink   You drink
He, She, It drinks   They drink

She is drinking orange juice.
Ella toma jugo de naranja.

drink [DRĬNGK] nombre   **la bebida**

Do you want to order a drink?
¿Quieres pedir una bebida?

to drive (car) [DRĀĬV] verbo   **conducir**

I drive   We drive
You drive   You drive
He, She, It drives   They drive

Do you know how to drive a car?
¿Sabes conducir un auto?

driver [DRĀĬV-er] nombre   **el chofer**

The driver drives the car carefully.
El chofer conduce el auto con cuidado.

drugstore [DRŬG-stawr] nombre   **la farmacia**

The doctor enters the drugstore.
El médico entra en la farmacia.

drum [DRŬM] nombre   **el tambor**

William plays the drum with his friends.
Guillermo toca el tambor con sus amigos.

dry [DRĀĬ] adjetivo   **seco,** masc.
                                                              seca, fem.

My gloves are dry.
Mis guantes están secos.

duck [DⱭK] nombre   **el pato**

There are ducks in the lake.
Hay patos en el lago.

during [DUR-ing] preposición   **durante**
During the afternoon, Paul has a good time on the swing.
Durante la tarde, Pablo se divierte en el columpio.

DVD [DI-VI-DI] nombre   **el DVD**
That movie is now available on DVD.
Esa película está ahora disponible en DVD.

E

each [ICH] adjetivo   **cada**
I give a ruler to each pupil.
Le doy una regla a cada alumno.

each one expresión idiomática   **cada uno**

ear [IR] nombre   **la oreja**
The sheep has two ears.
La oveja tiene dos orejas.

early [UR-li] adverbio   **temprano**

The rooster gets up early.
El gallo se levanta temprano.

to earn [URN] verbo   **ganar**

I earn	We earn
You earn	You earn
He, She, It earns	They earn

I am too young to earn money.
Soy muy joven para ganar dinero.

---

earth [URTH] nombre   **la tierra**

The earth is one of the planets.
La tierra es uno de los planetas.

---

earthquake [URTH-kweik] nombre   **el terremoto**

California has earthquakes.
California tiene terremotos.

---

east [IST] nombre   **el este**

The sun rises in the east.
El sol sale en el este.

---

easy [I-zi] adjetivo   **fácil**

It is easy to learn Spanish.
Es fácil aprender español.

---

to eat [IT] verbo   **comer**

I eat	We eat
You eat	You eat
He, She, It eats	They eat

Eleanor is eating a cheese sandwich.
Leonor come un sándwich de queso.

---

edge (shore) [EDJ, SHAWR] nombre   **la orilla**

I am standing at the ocean shore.
Estoy en la orilla del océano.

---

egg [EG] nombre   **el huevo**

I eat an egg for breakfast.
Como un huevo para el desayuno.

> Un dicho popular en inglés dice, "No pongas
> todos tus huevos en un solo canasto". (En otras
> palabras, no te limites sin primero considerar
> otras oportunidades.)
>
> A popular saying in English says, "Don't put all
> your eggs in one basket." (In other words, don't
> limit yourself before you check other
> possibilities.)

eight [EIT] adjetivo   **ocho**

Here are eight buttons.
Aquí hay ocho botones.

eighteen [ei-TIN] adjetivo   **dieciocho, diez y ocho**

I am going to number 18, California Street.
Voy al número dieciocho de la calle California.

eighty [EI-ti] adjetivo   **ochenta**

The university is eighty kilometers from here.
La universidad está a ochenta kilómetros de aquí.

electric [i-LEK-trik] adjetivo   **eléctrico,** masc.
                                          eléctrica, fem.

It is an electric refrigerator.
Es una refrigeradora eléctrica.

electric stove nombre   **la estufa eléctrica**

electric train nombre   **el tren eléctrico**

electric typewriter nombre   **la máquina de escribir
                                          eléctrica**

elephant [EL-¢-f¢nt] nombre   **el elefante**

The elephant has two large ears.
El elefante tiene dos orejas grandes.

---

eleven [i-LEV-¢n] adjetivo   **once**
The student has eleven books.
El alumno tiene once libros.

---

e-mail [I-meil] nombre   **el correo electrónico**
What is your e-mail address?
¿Cuál es tu dirección de correo electrónico?

---

empty [EMP-ti] adjetivo   **vacío,** masc.
                                               vacía, fem.

The taxi is empty.
El taxi está vacío.

---

end [END] nombre   **el fin**
This is the end of the book.
Éste es el fin del libro.

---

engineer [en-dji-NIR] nombre   **el ingeniero**
What does the engineer do?
¿Qué hace el ingeniero?

---

enough [i-N¢F] adverbio, adjetivo, nombre   **bastante**
The dog is thin. He does not have enough to eat.
El perro está flaco. No tiene bastante para comer.

---

to enter [EN-t¢r] verbo   **entrar**

I enter	We enter
You enter	You enter
He, She, It enters	They enter

They enter the restaurant.
Ellos entran en el restaurante.

---

entrance [EN-tr¢ns] nombre   **la entrada**

We are looking for the entrance.
Buscamos la entrada.

---

envelope [EN-ve-lohp] nombre   **el sobre**

He puts a stamp in the corner of the envelope.
El pone un sello en la esquina del sobre.

---

equal [I-kw¢l] adjetivo   **igual**

These two pencils are equal (in size).
Los dos lápices son iguales.

---

to erase [i-REIS] verbo   **borrar**

I erase	We erase
You erase	You erase
He, She, It erases	They erase

Oh, a mistake. I have to erase this word.
Ay, una falta. Tengo que borrar esta palabra.

---

eraser [i-REI-ser] nombre   **el borrador**

Do you have an eraser?
¿Tienes un borrador?

---

error [ER-ɇr] nombre   **la falta, el error**

I make errors when I write in English.
Yo cometo errores cuando escribo en inglés.

especially [es-PESH-ɇ-li] adverbio   **especialmente**

I like ice cream, especially vanilla ice cream.
Me gusta el helado, especialmente el helado de vainilla.

even [I-vɇn] adverbio   **ni**

The baby is not even sleepy.
El bebé no tiene ni sueño.

evening [IV-ni̱ng] nombre   **la noche**

In the evening she does her homework.
Ella hace sus tareas por la noche.

every [EV-ri] adjetivo   **cada, todos, todas**

I put every stamp in the box.
Yo pongo cada timbre (sello) en la caja.

everybody [EV-ri-ba-di] pronombre   **todo el mundo**
everyone [EV-ri-wɇn] pronombre

Everyone is in the park.
Todo el mundo está en el parque.

everywhere [EV-ri-whehr] adverbio   **por todas partes**

I look everywhere for my comb.
Yo busco mi peine por todas partes.

examination [eg-zam-i-NEI-shɇn] nombre   **el examen**

Do we have an examination today?
¿Tenemos examen hoy?

excellent [EK-sɇ-lɇnt] adjetivo   **excelente**

The film is excellent.
La película es excelente.

excuse me [ek-SKYUZ MI]   **dispénseme usted**
 expresión idiomática

Excuse me, what time is it?
Dispénseme usted, ¿qué hora es?

---

expensive [ek-SPEN-s<u>i</u>v] adjetivo **caro,** masc.
              cara, fem.

The briefcase is too expensive.
El portafolio es demasiado caro.

---

to explain [ek-SPLEIN] verbo   **explicar**
 I explain   We explain
 You explain   You explain
 He, She, It explains They explain

She explains the lesson to him.
Ella le explica la lección a él.

---

extraordinary [ek-STR<u>A</u>WR-di-ner-i] **extraordinario,** masc.
 adjetivo   **extraordinaria,** fem.

We are going to take an extraordinary trip in a space ship.
Vamos a hacer un viaje extraordinario en una nave espacial.

---

eye [<u>AI</u>] nombre   **el ojo**
My eye hurts.
Me duele el ojo.

F

face [FEIS] nombre **la cara**

He has a round face.
El tiene la cara redonda.

---

factory [FAK-t∉-ri] nombre **la fábrica**

The factory is near our apartment.
La fábrica está cerca de nuestro apartamento.

---

fair [FEHR] nombre **la feria**

There are many games at the fair.
Hay muchos juegos en la feria.

---

fair [FEHR] adjetivo **justo,** masc.
justa, fem.

The teacher's marks are fair.
Las notas de la maestra son justas.

---

fairy [FEHR-i] nombre **el hada**

What is the fairy's name in the tale?
¿Cómo se llama el hada en el cuento?

---

fall [FAWL] nombre **el otoño**

Do you prefer fall or spring?
¿Prefieres el otoño o la primavera?

---

to fall [FAWL] verbo **caer, caerse**

I fall	We fall
You fall	You fall
He, She, It falls	They fall

Leaves fall from the tree when it is windy.
Las hojas se caen del árbol cuando hace viento.

---

family [FAM-¢-li] nombre   **la familia**

There are seven people in my family.
Hay siete personas en mi familia.

---

famous [FEI-m¢s] adjetivo   **famoso,** masc.
                                     famosa, fem.

The astronaut is famous.
El astronauta es famoso.

---

fan [FAN] nombre   **el ventilador, el abanico**

My neighbor has a fan in the window.
Mi vecino tiene un ventilador en la ventana.

---

far [FAHR] adverbio   **lejos**

Is Washington far from New York?
¿Está lejos Washington de Nueva York?

---

farm [FAHRM] nombre   **la granja, la finca**

Vegetables grow on a farm.
Las legumbres crecen en la granja.

chicken	la gallina	pig	el cerdo (el puerco)
cow	la vaca	rabbit	el conejo
donkey	el burro	rooster	el gallo
goat	la cabra	sheep	la oveja
horse	el caballo	turkey	el pavo

---

farmer [FAHR-m¢r] nombre   **el agricultor, el ranchero**

The farmer lives on the farm.
El agricultor vive en la granja.

---

fast [FAST] adverbio   **rápidamente**

The butcher cuts the meat fast.
El carnicero corta la carne rápidamente.

fast [FAST] adjetivo

rápido, masc.
rápida, fem.

The butcher is a fast worker.
El carnicero es un trabajador rápido.

fat [FAT] adjetivo

gordo, masc.
gorda, fem.

The baby is fat.
El bebé es gordo.

father [FAH-th∉r] nombre

el padre

My father is a firefighter.
Mi padre es bombero.

favorite [FEI-v∉r-it] adjetivo

favorito, masc.
favorita, fem.

Here is my favorite doll.
Aquí está mi muñeca favorita.

fax [fax] nombre

el fax

I'm going to write a short letter and send it by fax.
Voy a escribir una carta breve y mandarla por fax.

February [FEB-ru-er-i] nombre

el febrero

Are there twenty-eight days in the month of February?
¿Hay vientiocho días en el mes de febrero?

to feel [FIL] verbo

sentir

I feel	We feel
You feel	You feel
He, She, It feels	They feel

I am not feeling well today.
No me siento bien hoy.

How do you feel?
¿Cómo se siente? (¿Cómo te sientes?)

to feel like . . . [FI-LAIK] verbo, idiomático   **sentir ganas de . . .**

I feel like eating chicken tacos.
Siento ganas de comer tacos de pollo.

---

feet (See **foot**)

---

ferocious [f¢-ROH-sh¢s] adjetivo   **feroz**

The leopard is ferocious.
El leopardo es feroz.

---

fever [FI-v¢r] nombre   **la fiebre**

I am sick but I do not have a fever.
Estoy enfermo pero no tengo fiebre.

---

field [FILD] nombre   **el campo**

The sheep are in the field.
Las ovejas están en el campo.

---

fierce [FIRS] adjetivo   **feroz**

A mouse is not a fierce animal.
Un ratón no es un animal feroz.

---

fifteen [fif-TIN] adjetivo   **quince**

There are fifteen boys in the street.
Hay quince niños en la calle.

---

fifty [FIF-ti] adjetivo   **cincuenta**

The flag of the United States has fifty stars.
La bandera de los Estados Unidos tiene cincuenta estrellas.

---

to fight [F<u>AI</u>T] verbo　　　　　　　　　　　**pelear**

I fight	We fight
You fight	You fight
He, She, It fights	They fight

Why are those boys fighting?
¿Por qué pelean esos muchachos?

---

to fill [F<u>I</u>L] verbo　　　　　　　　　　　　**llenar**

I fill	We fill
You fill	You fill
He, She, It fills	They fill

I fill my pockets with candy.
Me lleno los bolsillos de dulces.

---

film [F<u>I</u>LM] nombre　　　　　　　　　**la película**

I like the film.
Me gusta la película.

---

finally [F<u>AI</u>-n¢l-i] adverbio　　　　　　　　**por fin**

He is finally finishing the book!
¡Por fin acaba el libro!

---

to find [F<u>AI</u>ND] verbo　　　　　**encontrar, hallar**

I find	We find
You find	You find
He, She, It finds	They find

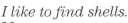

I like to find shells.
Me gusta encontrar conchas.

---

finger [F<u>I</u>N-g¢r] nombre   **el dedo**

I have five fingers on my right hand.
Yo tengo cinco dedos en la mano derecha.

to finish [F<u>I</u>N-<u>i</u>sh] verbo   **terminar, acabar**

I finish	We finish
You finish	You finish
He, She, It finishes	They finish

Mom is finishing her work.
Mamá termina su trabajo.

fire [F<u>AI</u>R] nombre   **el fuego**

There is a fire in the house.
Hay fuego en la casa.

fireman nombre   **el bombero**

The fireman is wearing boots.
El bombero lleva botas.

fireplace nombre   **la chimenea; el hogar**

The man is burning papers in the fireplace.
El hombre está quemando papeles en la chimenea.

fire truck nombre   **el camión de bomberos**

first [F<u>UR</u>ST] adjetivo   **primero, primer,** masc.
                                              primera, fem.

Spanish is my first class.
La clase de español es mi primera clase.

fish [FISH] nombre   **el pez, los peces, el pescado (dead)**

The fish lives in water.
El pez vive en el agua.

I like fish.
Me gusta el pescado.

to go fishing expresión idiomática   **ir de pesca**
goldfish nombre   **el pez dorado**
fish tank nombre   **el acuario**

There are plants in the fish tank.
Hay plantas en el acuario.

five [FAIV] adjetivo   **cinco**

She has five toes on each foot.
Ella tiene cinco dedos en cada pie.

to fix (repair) [FIKS] verbo   **arreglar, reparar**

I fix	We fix
You fix	You fix
He, She, It fixes	They fix

My father fixes the lamp.
Mi padre arregla la lámpara.

flag [FLAG] nombre   **la bandera**

What color is the Mexican flag?
¿De qué color es la bandera mexicana?

flat [FLAT] adjetivo   **plano,** masc.
     plana, fem.

The street is flat.
La calle es plana.

floor [FL<u>AW</u>R] nombre   **el piso, el suelo**

My apartment is on the first floor.
Mi apartamento está en el primer piso.

The telephone is on the floor.
El teléfono está en el suelo.

ground floor expresión idiomática   **el piso bajo, la planta baja**

---

flower [FL<u>OW</u>-¢r] nombre   **la flor**

Flowers are growing in the garden.
Algunas flores crecen en el jardín.

---

fly [FL<u>AI</u>] nombre   **la mosca**

The fly is an insect.
La mosca es un insecto.

---

to fly [FL<u>AI</u>] verbo   **volar**

I fly	We fly
You fly	You fly
He, She, It flies	They fly

The bird flies in the sky.
El pájaro vuela en el cielo.

to fly an airplane expresión idiomática   **conducir un avión**

---

fog [F<u>A</u>G] nombre   **la niebla, la neblina**

The fog is very thick.
La niebla está espesa.

---

to follow [FAL-oh] verbo   **seguir**

I follow	We follow
You follow	You follow
He, She, It follows	They follow

My shadow follows me everywhere.
Mi sombra me sigue por todas partes.

foot [FAUHT] nombre   **el pie**
feet [FEET] plural

He has a sore foot.
Tiene dolor de pie.

on foot expresión idiomática   **a pie**

for [fɇr] preposición   **para; por**

For lunch I have a sandwich.
Para el almuerzo, tomo un sándwich.

I have been waiting for my cousin for one hour.
Hace una hora que espero a mi prima.

(It is) forbidden [it is fɇr-BID-ɇn]   **Se prohibe, Prohibido**
   expresión idiomática

It is forbidden to sing.
Se prohibe cantar.

foreign [FAR-ɇn] adjetivo   **extranjero,** masc.
                                                        extranjera, fem.

I would like to travel to foreign countries.
Me gustaría viajar a países extranjeros.

forest [F<u>A</u>R-<u>i</u>st] nombre   **el bosque**

The forest is full of trees.
El bosque está lleno de árboles.

forever [f<u>a</u>wr-EV-¢r] adverbio   **siempre**
I will remember this story forever.
Siempre voy a recordar esta historia.

to forget [f<u>a</u>wr-GET] verbo   **olvidar**

I forget	We forget
You forget	You forget
He, She, It forgets	They forget

Sometimes he forgets his handkerchief.
A veces olvida su pañuelo.

fork [F<u>A</u>WRK] nombre   **el tenedor**
I eat pie with a fork.
Yo como el pastel con tenedor.

forty [F<u>A</u>WR-ti] adjetivo   **cuarenta**
There are forty strawberries in the box.
Hay cuarenta fresas en la caja.

four [F<u>A</u>WR] adjetivo   **cuatro**
There are four cookies on the plate.
Hay cuatro galletitas en el plato.

fourteen [f<u>a</u>wr-TIN] adjetivo   **catorce**
Are there fourteen saucers in the cupboard?
¿Hay catorce platitos en el armario?

fox [F<u>A</u>KS] nombre

el zorro, masc.
la zorra, fem.

The fox is similar to the dog.
La zorra es parecida al perro.

free (no cost) [FRI] adjetivo, adverbio

gratis

It's free. It doesn't cost anything.
Es gratis. No cuesta nada.

French [FRENCH] adjetivo

francés, masc.
francesa, fem.

Here is some French cheese.
Aquí hay queso francés.

fresh [FRESH] adjetivo

fresco, masc.
fresca, fem.

Is the fish fresh?
¿Está fresco el pescado?

Friday [FR<u>AI</u>-dei] nombre

el viernes

Mom goes to the supermarket on Fridays.
Mamá va al supermercado los viernes.

friend [FREND] nombre

amigo, masc.
amiga, fem.

My friend and I are playing with the electric trains.
Mi amigo y yo jugamos con los trenes eléctricos.

frightening [FR<u>AI</u>T-n<u>i</u>ng] adjetivo

espantoso, masc.
espantosa, fem.

Snakes are frightening.
Las culebras son espantosas.

frog [FRAG] nombre   **la rana**

The frog jumps into the water.
La rana salta al agua.

---

from [FRᴇM] preposición   **de**

He comes from the country.
Él viene del campo.

---

in front of [in FRᴇNT ᴇv] preposición   **delante de**

The boy is sitting in front of the little girl.
El niño está sentado delante de la niña.

---

fruit [FRUT] nombre   **la fruta**

There is a bowl of fruit on the table.
Hay un sopero de fruta en la mesa.

---

full [FAUHL] adjetivo   **lleno,** masc.
                                                          llena, fem.

The basket is full of candy.
El canasto está lleno de dulces.

---

funny [FᴇN-i] adjetivo   **gracioso, divertido, chistoso,** masc.
                                graciosa, divertida, chistosa, fem.

The actress is funny.
La actriz es graciosa.

---

future [FYU-chᴇr] nombre   **el futuro**

I am going to visit South America in the future.
Voy a visitar América del Sur en el futuro.

G

game [GEIM] nombre   **el juego**

Baseball is a game.
El béisbol es un juego.

garage [g¢-RAHZH] nombre   **el garage, la cochera**

The car is in the garage.
El automóvil está en el garage.

garden [GAHR-d¢n] nombre   **el jardín**

There are flowers in the garden.
Hay flores en el jardín.

gas [GAS] nombre   **el gas**

Is it a gas refrigerator?
¿Es una refrigeradora de gas?

gas stove nombre   **la estufa de gas**

gasoline (gas) [gas-¢-LIN, GAS] nombre   **la gasolina**

He is putting gasoline into the car.
Le pone gasolina al coche.

gas station [GAS STEI-sh¢n] nombre   **la estación de gasolina,
la gasolinera**

My mother is going to the gas station.
Mi madre va a la gasolinera.

gentle [DJEN-t¢l] adjetivo

suave, apacible
manso, masc.
mansa, fem.

The cow is a gentle animal.
La vaca es un animal suave (manso).

---

geography [dji-AG-r¢-fi] nombre   **la geografía**

I have to study the geography of Puerto Rico.
Tengo que estudiar la geografía de Puerto Rico.

---

to get [GET] verbo   **agarrar, obtener**

I get	We get
You get	You get
He, She, It gets	They get

He gets a pail and shovel.
Él obtiene un balde y una pala.

---

to get up [get ¢P] expresión idiomática   **levantarse**

Get up, Juanito. It is late.
Levántate, Juanito. Es tarde.

---

giant [DJAI-¢nt] nombre   **el gigante**

Is there a giant in the circus?
¿Hay un gigante en el circo?

---

gift [GIFT] nombre   **el regalo**

A gift for me?
¿Un regalo para mí?

girl [GURL] nombre   **la niña, la muchacha, la chica**
The little girl is wearing an apron.
La niña lleva un delantal.

to give [GIV] verbo   **dar**

I give   We give
You give   You give
He, She, It gives   They give

My aunt gives me a kiss.
Mi tía me da un beso.

to give back verbo   **devolver**

glad [GLAD] adjetivo   **contento,** masc.
                                                contenta, fem.

The children are glad to see the snow.
Los niños están contentos de ver la nieve.

glass [GLAS] nombre   **el vaso**
The glass is dirty.
El vaso está sucio.

made of glass expresión idiomática   **hecho de vidrio**

glasses [GLAS-⊄s] nombre   **los lentes, los anteojos**
I am looking for my glasses.
Busco mis lentes.

globe [GLOUB] nombre   **el globo (terráqueo)**

This globe shows our world.
Este globo muestra nuestro mundo.

glove [GLÆV] nombre   **el guante**

Susan takes off her gloves.
Susana se quita los guantes.

to glue [GLU] verbo   **pegar**

I glue	We glue
You glue	You glue
He, She, It glues	They glue

He is gluing the stamp.
Él está pegando el sello.

to go [GOH] verbo   **ir**

I go	We go
You go	You go
He, She, It goes	They go

We are going to the post office.
Nosotros vamos al correo.

to go (to work) verbo   **andar**

The car doesn't go.
El auto no anda.

to go along (vehicle) expresión idiomática   **caminar, ir**

The truck goes along the road.
El camión va por la carretera.

to go back expresión idiomática   **volver**

I am going back to the library to study.
Yo vuelvo a la biblioteca a estudiar.

to go to bed expresión idiomática   **acostarse**

to go down expresión idiomática   **descender, bajar**

The parachutist goes down.
El hombre con paracaídas desciende.

to go fishing expresión idiomática   **ir de pesca**

to go out expresión idiomática   **salir**

The mouse goes out of the hole.
El ratón sale del agujero.

to go shopping expresión idiomática   **ir de compras**

The girls are going shopping.
Las chicas van de compras.

to go up expresión idiomática   **subir**

The airplane goes up into the sky.
El avión sube al cielo.

---

goat [GOHT] nombre   **el chivo, la cabra**

The goat eats grass on the mountain.
La cabra come hierba en la montaña.

---

gold [GOHLD] nombre   **el oro**

The gold watch is very expensive.
El reloj de oro es muy caro.

---

goldfish (See **fish**)

---

good [GAUHD] adjetivo   **buen, bueno,** masc.
                                      buena, fem.

The story is good.
El cuento es bueno.

Good afternoon expresión idiomática   **Buenas tardes**
Good-bye expresión idiomática   **Adiós**
Good day expresión idiomática   **Buenos días**
Good evening expresión idiomática   **Buenas tardes**
Good luck expresión idiomática   **Buena suerte**
Good morning expresión idiomática   **Buenos días**

I say "Good morning" in the morning.
Yo digo "Buenos días" por la mañana.

Good night expresión idiomática   **Buenas noches**

---

to google [GU-gl] verbo   **buscar por Google**

Let's Google a few minutes, and maybe we can find the data.
Vamos a buscar un rato por Google y a ver si hallamos los datos.

---

granddaughter [GRAND-d<u>aw</u>-t¢r] nombre   **la nieta**

Our grandmother has two granddaughters.
Nuestra abuela tiene dos nietas.

---

grandfather [GRAND-fah-<u>th</u>¢r] nombre   **el abuelo**

My grandfather works in the garden.
Mi abuelo trabaja en el jardín.

---

grandmother [GRAND-m¢<u>th</u>-¢r] nombre   **la abuela**

My grandmother is my grandfather's wife.
Mi abuela es la esposa de mi abuelo.

at my grandmother's house   **en (la) casa de mi abuela**
  expresión idiomática

---

grandson [GRAND-sⱷn] nombre   **el nieto**
This man has five grandsons.
Este hombre tiene cinco nietos.

---

grape [GREIP] nombre   **la uva**

The fox looks at the grapes.
La zorra mira las uvas.

---

grapefruit [GREIP-frut] nombre   **la toronja**
The grapefruit skin is yellow.
La cáscara de la toronja es amarilla.

---

grass [GRAS] nombre   **la hierba, el pasto**
My brother cuts the grass.
Mi hermano corta la hierba.

---

grasshopper [GRAS-hap-ⱷr] nombre   **el saltamontes**
The grasshopper is an insect.
El saltamontes es un insecto.

---

gray [GREI] adjetivo   **gris**
The clouds are gray.
Las nubes están grises.

Great! [GREIT] interjección   **¡Magnífico!**
The team has just won? Great!
¿El equipo acaba de ganar? ¡Magnífico!

---

great [GREIT] adjetivo   **gran**

Carlos Montoya was a great musician.
Carlos Montoya fue un gran músico.

---

green [GRIN] adjetivo   **verde**

The leaves on the plants are green.
Las hojas de las plantas son verdes.

---

grocer [GR<u>OH</u>-s¢r] nombre   **el tendero**

The grocer sells a box of rice.
El tendero vende una caja de arroz.

---

grocery (grocery store) [GR<u>OH</u>-s¢r-i] nombre   **la tienda**

Do they sell chocolate candy in the grocery?
¿Venden dulces de chocolate en la tienda?

---

ground [GR<u>OW</u>ND] nombre   **la tierra**

The children are sitting on the ground.
Los niños están sentados en la tierra.

ground floor nombre   **el piso bajo, la planta baja**

playground nombre   **el sitio de recreo, el patio de recreo, la pista de recreo**

---

to grow [GR<u>OH</u>] verbo   **crecer**

I grow	We grow
You grow	You grow
He, She, It grows	They grow

Plants are growing in the valley.
Las plantas crecen en el valle.

---

to guard [GAHRD] verbo   **vigilar, cuidar**

I guard	We guard
You guard	You guard
He, She, It guards	They guard

The dog guards the store.
El perro vigila la tienda.

---

to guess [GES] verbo   **adivinar**

I guess	We guess
You guess	You guess
He, She, It guesses	They guess

Can you guess the end of the story?
¿Puedes adivinar el fin del cuento?

---

guitar [gi-TAHR] nombre   **la guitarra**

Do you have a guitar?
¿Tienes una guitarra?

---

gun [GɆN] nombre   **la pistola, el arma de fuego**

A gun is dangerous.
Una pistola es peligrosa.

H

hair [HEHR] nombre   **el cabello, el pelo**

My hair is long.
Tengo el pelo largo.

hairbrush nombre   **el cepillo de pelo**

---

half [HAF] nombre   **la mitad**

Give me half of the banana.
Dame la mitad del plátano.

half hour expresión idiomática   **la media hora**

---

ham [HAM] nombre   **el jamón**

The little girl is eating ham.
La niña come jamón.

---

hammer [HAM-ǝr] nombre   **el martillo**

A hammer is useful.
Un martillo es útil.

---

hand [HAND] nombre   **la mano**

The boy raises his right hand; the girl raises her left hand.
El joven levanta la mano derecha; la chica levanta la mano izquierda.

left hand nombre	**la mano izquierda**
right hand nombre	**la mano derecha**
to shake hands expresión idiomática	**dar la mano**

---

handbag [HAND-bag] nombre   **la bolsa**
pocketbook [PAK-et-bauhk]   **la cartera**
purse [PURS]

The handbag is on the armchair.
La bolsa está en el sillón.

---

handkerchief [HANG-kǝr-chif] nombre   **el pañuelo**

Robert puts a handkerchief in his pocket.
Roberto mete un pañuelo en su bolsillo.

---

handsome [HAN-sǝm] adjetivo   **guapo,** masc.
                                                guapa, fem.

The artist is handsome.
El artista es guapo.

(what is) happening? [what iz HAP-en-ing]   **¿Qué pasa?**
   expresión idiomática

I hear a noise. What is happening?
Oigo un ruido. ¿Qué pasa?

---

happy [HAP-i] adjetivo   **feliz, contento,** masc.
                                  contenta, fem.

Mark smiles when he is happy.
Marco sonríe cuando está contento.

Happy birthday!   **¡Feliz cumpleaños!**
  expresión idiomática

---

hard [HARD] adjetivo   **duro,** masc.
                                  dura, fem.

The chair is too hard.
La silla es muy dura.

---

hat [HAT] nombre   **el sombrero**
The hat is on the donkey.
El sombrero está en el burro.

---

to hate [HEIT] verbo   **odiar**

I hate	We hate
You hate	You hate
He, She, It hates	They hate

The baby hates water.
El bebé odia el agua.

---

to have [HAV] verbo   **tener**

I have	We have
You have	You have
He, She, It has	They have

The boy has a worm.
El niño tiene un gusano.

to have (food) verbo   **tomar**
What do you have for a snack?
¿Qué tomas para la merienda?

to have to   expresión idiomática   **tener que**

You have to take a bath.
Tienes que bañarte.

I have to study.
Tengo que estudiar.

to have a good time   verbo   **divertirse**

They are having a good time at the party.
Se divierten en la fiesta.

to have a headache   expresión idiomática   **tener dolor de cabeza**

My father had a headache yesterday.
Mi padre tuvo dolor de cabeza ayer.

to have a sore ...   expresión idiomática   **tener dolor de**

Jerome has a sore throat.
Gerónimo tiene dolor de garganta.

to have just   expresión idiomática   **acabar de**

He has just broken the mirror.
Acaba de romper el espejo.

---

hay [HEI] nombre   **el heno, la hierba seca**

The horse eats hay.
El caballo come el heno.

---

he [HI] pronombre   **él**

He is looking at the television antenna.
Él mira la antena de la televisión.

---

head [HED] nombre   **la cabeza**

I am turning the doll's head.
Yo volteo la cabeza de la muñeca.

---

health [HELTH] nombre   **la salud**

Fruit is good for your health.
La fruta es buena para la salud.

---

to hear [HIR] verbo   **oír**

I hear	We hear
You hear	You hear
He, She, It hears	They hear

Do you hear the music?
¿Oye usted la música?

---

heart [HAHRT] nombre   **el corazón**

The heart is full of blood.
El corazón está lleno de sangre.

Hearty appetite! [HAHR-ti AP-¢-ta̲i̲t]   **¡Buen provecho!**
  expresión idiomática

Hearty appetite to everyone.
¡Buen provecho a todo el mundo!

---

heavy [HEV-i] adjetivo   **pesado,** masc.
                                 pesada, fem.

The piano is heavy.
El piano es pesado.

---

helicopter [HEL-i̲-kap-t¢r] nombre   **el helicóptero**

The helicopter goes to the airport.
El helicóptero va al aeropuerto.

---

hello [he-L̲O̲H̲] interjección   **¡Hola!**

When I see my friend I say "Hello."
Cuando veo a mi amigo yo le digo "¡Hola!"

---

help! [HELP] interjección   **¡Socorro!**

I cannot swim. Help!
No puedo nadar. ¡Socorro!

---

to help verbo   **ayudar**

I help	We help
You help	You help
He, She, It helps	They help

Michael is helping me carry the printer.
Miguel me ayuda a cargar la impresora.

---

her, to her [HUR] pronombre   **le, la, a ella**

I speak to her.
Yo le hablo a ella.

I see her.
Yo la veo.

---

her [HUR] adjetivo   **su, sus**

It is her ribbon.
Es su cinta.

---

here [HIR] adverbio   **aquí**

Spanish is spoken here.
Aquí se habla español.

All the pupils are here today.
Todos los alumnos están aquí hoy.

---

to hide [HAID] verbo   **esconder**

I hide	We hide
You hide	You hide
He, She, It hides	They hide

He hides the present in the closet.
El esconde el regalo en el armario.

(to play) hide-and-seek [haid-n-SIK]   **jugar a las**
  espresión idiomática   **escondidas**

He is playing hide-and-seek.
El juega a las escondidas.

high [HAI] adjetivo   **alto**, masc.
                                                 alta, fem.
The mountain is very high.
La montaña es muy alta.

highway [HAI-wei] nombre   **la carretera**

There are many cars on the highway.
Hay muchos coches en la cerretera.

him, to him [HIM] pronombre   **le, a él**

I speak to him.
Yo le hablo a él.

his [HIZ] adjetivo   **su, sus**

It is his towel.
Es su toalla.

history [HIS-tø-ri] nombre   **la historia**

Do you like the history teacher?
¿Te gusta el profesor de historia?

to hit [HIT] verbo   **pegar, golpear**

  I hit   We hit
  You hit   You hit
  He, She, It hits   They hit

He hits his finger with the hammer.
Le pega al dedo con el martillo.

hole [HOHL] nombre   **el agujero, el hoyo**

There is a hole in my glove.
Hay un agujero en mi guante.

---

holiday [HAL-i-dei] nombre   **el día de fiesta**

January first is a holiday.
El primero de enero es día de fiesta.

---

home [HOHM] nombre   **la casa**

I return home at four o'clock.
Vuelvo a casa a las cuatro de la tarde.

at the home of expresión idiomática   **en casa de**

---

homework [HOHM-wurk] nombre   **la tarea, las tareas**

I have just finished my homework.
Yo acabo de terminar mi tarea.

(in) honor of [in AN-ɇr ɇv]   **en honor de**
     expresión idiomática

The party is in honor of our teacher.
La fiesta es en honor de nuestra maestra.

---

to hope [HOHP] verbo   **esperar**

I hope	We hope
You hope	You hope
He, She, It hopes	They hope

He hopes to get a letter.
Él espera recibir una carta.

(to play) hopscotch [HAP-skach]   **jugar a la rayuela**
     expresión idiomática

They are playing hopscotch in the playground.
Ellas juegan a la rayuela en el patio de recreo.

hoop [HUP] nombre   **el aro**

It is my brother's hoop.
Es el aro de mi hermano.

horse [HAWRS] nombre   **el caballo**

The boy rides a horse.
El muchacho monta a caballo.

hospital [HAS-pi-tøl] nombre   **el hospital**

The doctor at the hospital vaccinates me.
El doctor del hospital me vacuna.

(it is) hot [it iz HAT] expresión idiomática   **hace calor**

It is hot in July.
Hace calor en julio.

(to be) hot expresión idiomática   **tener calor**

Irene is hot in summer.
Irene tiene calor en el verano.

hotel [hoh-TEL] nombre   **el hotel**

The hotel is very tall.
El hotel es muy alto.

hour [OWR] nombre   **la hora**

There are twenty-four hours in one day.
Hay veinticuatro horas en un día.

half hour expresión idiomática   **la media hora**

house [H<u>OW</u>S] nombre   **la casa**
The house is on a mountain.
La casa está en una montaña.

dollhouse nombre   **la casa de muñecas**

how much, [H<u>OW</u> MĘCH] adverbio,   **¿cuánto? ¿cuántos?**, masc.
how many [H<u>OW</u> MEN-i] adjetivo   **¿cuánta? ¿cuántas?**, fem.
How many turtles do you have?
¿Cuántas tortugas tienes tú?

humid [HYU-mi̱d] adjetivo   **húmedo**, masc.
                                                        húmeda, fem.
The air is humid.
El aire está húmedo.

hundred [HĘN-dr¢d] adjetivo   **cien**
There are one hundred people at the beach!
¡Hay cien personas en la playa!

one hundred   **ciento**

(to be) hungry [HĘNG-gri]   **tener hambre**
   expresión idiomática
The baby is crying because he is hungry.
El bebé llora porque tiene hambre.

Are you hungry?   **¿Tiene usted hambre?**
   expresión idiomática   **¿Tienes tú hambre?**

hunter [HĘN-t¢r] nombre   **el cazador**
The hunter climbs the mountain.
El cazador sube la montaña.

Hurray! [h¢-REI] interjección   **¡Bravo! ¡Olé! ¡Arriba!**
Hurray for the team!
¡Arriba el equipo!

to hurt [HURT] verbo   **doler(le)**

  I hurt   We hurt
  You hurt   You hurt
  He, She, It hurts   They hurt.

My hand hurts.
Me duele la mano.

I

I [AI] pronombre   **yo**

I am a boy.
Yo soy un muchacho.

ice [AIS] nombre   **el hielo**

Emily puts ice in her soda.
Emilia pone hielo en su refresco.

ice cream [ais KRIM] nombre   **el helado, la nieve**

Do you like chocolate ice cream?
¿Te gusta el helado de chocolate? (la nieve de chocolate)

ice skate [AIS-SKEIT] nombre   **el patín de hielo**

Too bad! My ice skates are too small!
¡Qué lástima! Mis patines son demasiado chicos.

to ice-skate verbo   **patinar en el hielo**

  I ice-skate   We ice-skate
  You ice-skate   You ice-skate
  He, She, It ice-skates   They ice-skate

The children are ice-skating.
Los niños patinan en hielo.

idea [ai-DI-¢] nombre   **la idea**
He always has good ideas.
Él siempre tiene buenas ideas.

---

if [IF] conjunción   **si**
If I wash the dishes, I may go to the movies.
Si lavo los platos, yo puedo ir al cine.

---

immediately [i-MI-di-it-li] adverbio   **inmediatamente,
en seguida**
When Mother calls me, I answer immediately.
Cuando mamá me llama, contesto en seguida.

---

important [im-PAWR-tent] adjetivo   **importante**
It is important to study.
Es importante estudiar.

---

impossible [im-PAS-i-b¢l] adjetivo   **imposible**
It is impossible to do the homework.
Es imposible hacer la tarea.

---

in [IN] preposición   **en**
We are in the museum.
Nosotros estamos en el museo.

---

inexpensively [in-ik-SPEN-siv-li] adverbio   **barato,
a poco costo**

They are selling tomatoes inexpensively.
Ellos venden barato los tomates.

---

insect [IN-sekt] nombre   **el insecto**
The bee is an insect.
La abeja es un insecto.

intelligent [in-TEL-i-dj∉nt] adjetivo   **inteligente**

My cousin is very intelligent.
Mi primo es muy inteligente.

intentionally [in-TEN-sh∉n-∉l-li] adverbio   **adrede, con intención**

My brother hides the ball intentionally.
Mi hermano esconde la pelota adrede.

interesting [IN-t∉r-∉s-ting] adjetivo   **interesante**

It is interesting to play checkers.
Es interesante jugar a las damas.

Internet [IN-ter-net] nombre   **el internet, la red**

All those companies are listed on the Internet.
Todas esas compañías tienen página en la red.

into [IN-tu] preposición   **en**

She goes into the drugstore.
Ella entra en la farmacia.

to introduce [in-tr∉-DUS] verbo   **presentar**

I introduce	We introduce
You introduce	You introduce
He, She, It introduces	They introduce

Please introduce your friend to me.
Preséntame a tu amigo, por favor.

to invite [in-VAIT] verbo   **invitar, convidar**

I invite	We invite
You invite	You invite
He, She, It invites	They invite

The airline stewardess invites us to go into the airplane.
La camarera nos invita a entrar en el avión.

iron (metal) [AI-ɛrn] nombre   **el hierro**
The nail is made of iron.
El clavo está hecho de hierro.

---

to iron [AI-ɛrn] verbo   **planchar**

I iron	We iron
You iron	You iron
He, She, It irons	They iron

My grandmother is ironing a tablecloth.
Mi abuela plancha un mantel.

---

is [IZ] verbo   **Él es, Ella es, Uno es ...**

isn't it? [IZ-int it?]   **¿No?, ¿No es verdad?**
  expresión idiomática
isn't that true?
isn't that so?

The fog is dreadful, isn't it?
La niebla es terrible, ¿no?

is located [iz LOH-kei-ted]   **se encuentra, está, están**
  expresión idiomática

Where is the supermarket located?
¿Dónde se encuentra el supermercado?

---

island [AI-lɛnd] nombre   **la isla**

They speak Spanish on the island of Puerto Rico.
Hablan español en la isla de Puerto Rico.

---

it [IT] pronombre   **lo, la**

I'll take it.
Lo tomo.

It's a pity! [itsɛ-PIT-i]   **¡Qué lástima!**
  expresión idiomática

You don't hear the music? It's a pity!
¿No oyes la música? ¡Qué lástima!

its [ɪTS] pronombre   **su**
The dog plays with its ball.
El perro juega con su pelota.

J

jacket [DJAK-ɪt] nombre   **la chaqueta, el saco**
I am going to buy a jacket.
Voy a comprar un saco.

jam [DJAM] nombre   **la mermelada**
He likes cherry jam.
A él le gusta la mermelada de cereza.

January [DJAN-yu-er-i] nombre   **el enero**
How many days are there in the month of January?
¿Cuántos días hay en el mes de enero?

jet airplane (See **airplane**)

jewel (jewelry) [DJU-¢l, DJU-¢l-ri] nombre   **la joya, las joyas**
The burglar hides the jewelry.
El ladrón esconde las joyas.

juice [DJUS] nombre   **el jugo**
Ann is pouring juice into a glass.
Ana sirve jugo en un vaso.

orange juice nombre   **el jugo de naranja**

July [dju-L<u>AI</u>] nombre   **el julio**

It does not snow in July in New York.
No nieva en julio en Nueva York.

> El Cuatro de Julio es un día de fiesta durante el cual los estadounidenses celebran el aniversario de su independencia de Gran Bretaña en 1776.
>
> The Fourth of July is a holiday on which Americans celebrate the anniversary of their national independence from Great Britain in 1776.

to jump [DJ<u>E</u>MP] verbo   **brincar, saltar**

I jump	We jump
You jump	You jump
He, She, It jumps	They jump

The grasshopper jumps in the field.
El saltamontes salta en el campo.

to jump rope expresión idiomática   **brincar la cuerda**

June [DJUN] nombre   **el junio**

We go on a picnic in June.
Nosotros vamos a una merienda campestre en junio.

K

kangaroo [kang-g<u>e</u>-RU] nombre   **el canguro**

There is a kangaroo in the zoo.
Hay un canguro en el jardín zoológico.

to keep [KIP] verbo **guardar**

I keep	We keep
You keep	You keep
He, She, It keeps	They keep

My father keeps a photograph in his pocket.
Mi padre guarda una fotografía en la bolsa (el bolsillo).

key [KI] nombre **la llave**

The key is in the drawer.
La llave está en el cajón.

keyboard [KI-bord] nombre **el teclado**

My keyboard's keys are very dirty.
Las teclas de mi teclado están muy sucias.

keyword [KI-wurd] nombre **palabra clave**

Search CNN, keyword: Larry King.
Busca CNN, palabra clave: Larry King

to kick [KIK] verbo **dar patadas**

I kick	We kick
You kick	You kick
He, She, It kicks	They kick

Alice kicks the stone.
Alicia da patadas a la piedra.

to kill [KIL] verbo **matar**

I kill	We kill
You kill	You kill
He, She, It kills	They kill

The hunter tries to kill the rabbit.
El cazador trata de matar al conejo.

kilometer [KIL-¢-mi-t¢r] nombre   **el kilómetro**
We live (six miles) 10 kilometers from the museum.
Vivimos a diez kilómetros del museo.

kind [KAIND] adjetivo   **bondadoso, generoso,** masc.
                                             bondadosa, generosa, fem.
My aunt is kind.
Mi tía es bondadosa.

What kind of? expresión idiomática   **¿Qué clase de . . . ?**
                                                ¿Qué tipo de . . . ?

king [KING] nombre   **el rey**
What is the king's name?
¿Cómo se llama el rey?

kiss [KIS] nombre   **el beso**
I give my little sister a kiss.
Yo le doy un beso a mi hermanita.

kitchen [KICH-¢n] nombre   **la cocina**
The kitchen in our apartment is very small.
La cocina de nuestro apartamento es muy pequeña.

kite [KAIT] nombre   **el cometa, el papalote**
There are three kites in the air.
Hay tres cometas en el aire.

kitten [KIT-¢n] nombre   **el gatito**
The kitten is sleeping.
El gatito duerme.

knee [NI] nombre   **la rodilla**
I wash my knees.
Yo me lavo las rodillas.

knife [NAIF] nombre   **el cuchillo**
knives plural

My sister cuts a grapefruit with a knife.
Mi hermana corta una toronja con un cuchillo.

---

to knit [NIT] verbo   **tejer**

I knit	We knit
You knit	You knit
He, She, It knits	They knit

Patricia is knitting a sweater.
Patricia teje un suéter.

---

door knob (See **door**)

---

to knock [NAK] verbo   **tocar**

I knock	We knock
You knock	You knock
He, She, It knocks	They knock

The policeman knocks at the door.
El policía toca la puerta.

---

to know [NOH] verbo   **saber, conocer**

I know	We know
You know	You know
He, She, It knows	They know

I do not know the address.
Yo no sé la dirección.

to know somebody   **conocer a**
(See **to be acquainted with**)

I know Paul.
Conozco a Pablo.

to know how to expresión idiomática   **saber**

He knows how to play chess.
Él sabe jugar al ajedrez.

L

lake [LEIK] nombre   **el lago**

There is a boat in the middle of the lake.
Hay un bote en medio del lago.

lamb (See **sheep**)

lamb chop [LAM-chap] nombre   **la chuleta de cordero**
Do you want two lamb chops?
¿Quiere usted dos chuletas de cordero?

lamp [LAMP] nombre   **la lámpara**
He is seated near a lamp.
Él está sentado cerca de una lámpara.

large [LAHRDJ] adjetivo   **grande**
It is a large truck.
Es un camión grande.

to last [LAST] verbo   **durar**
  I last   We last
  You last   You last
  He, She, It lasts   They last
This soap lasts a long time.
Este jabón dura mucho tiempo.

last [LAST] adjetivo   **último,** masc.
                                  última, fem.

It is my last stamp.
Es mi último sello.

last one [last wᴇɴ] pronombre   **el último,** masc.
                                              la última, fem.

Virginia is the last one in the row.
Virginia es la última en la fila.

---

late [ʟᴇɪᴛ] adverbio   **tarde**
I come to the station late.
Yo llego tarde a la estación.

---

later [ʟᴇɪ-tₑr] adverbio   **más tarde**
Now I am studying; later I am going to play with my friends.
Ahora yo estudio; más tarde voy a jugar con mis amigos.

---

to laugh [ʟᴀꜰ] verbo   **reír, reírse**

I laugh	We laugh
You laugh	You laugh
He, She, It laughs	They laugh

She laughs when she sees the clown.
Ella se ríe cuando ve al payaso.

---

lawyer [ʟᴀᴡ-yₑr] nombre   **el abogado, el licenciado**
Lawyers are intelligent.
Los abogados son inteligentes.

---

lazy [LEI-zi] adjetivo   **perezoso,** masc.
                                perezosa, fem.

Students are lazy when it is hot.
Los estudiantes son perezosos cuando hace calor.

---

to lead [LID] verbo   **dirigir, guiar**

I lead	We lead
You lead	You lead
He, She, It leads	They lead

I lead the child to the swing.
Yo guío al niño al columpio.

---

leader [LI-d¢r] nombre   **el jefe**

We are playing "Follow the Leader."
Estamos jugando a "Seguir al jefe."

---

leaf [LIF] nombre   **la hoja**
leaves plural

There are many leaves on the ground in autumn.
Hay muchas hojas en la tierra en otoño.

---

to leap [LIP] verbo   **saltar**

I leap	We leap
You leap	You leap
He, She, It leaps	They leap

The dog leaps from the sofa when he hears Mother's voice.
El perro salta del sofá cuando oye la voz de mamá.

(to play) leap-frog   **jugar a "Salta la burra"**
    expresión idiomática

---

to learn [LURN] verbo   **aprender**

   I learn   We learn
   You learn   You learn
   He, She, It learns   They learn

He likes to learn English.
A él le gusta aprender inglés.

---

leather [LETH-ǝr] nombre   **el cuero**

My sister's skirt is made of leather.
La falda de mi hermana es de cuero.

---

to leave [LIV] verbo   **irse, salir**

   I leave   We leave
   You leave   You leave
   He, She, It leaves   They leave

The secretary leaves the office.
La secretaria sale de la oficina.

to leave something expresión idiomática   **dejar algo**

---

left [LEFT] expresión idiomática   **a la izquierda**

The table is to the left of the armchair.
La mesa está a la izquierda del sillón.

---

leg [LEG] nombre   **la pierna**

The baby's legs are short.
Las piernas del bebé son cortas.

---

lemon [LEM-ǝn] nombre   **el limón**

I am going to buy some lemons.
Voy a comprar unos limones.

---

to lend [LEND] verbo   **prestar**

I lend	We lend
You lend	You lend
He, She, It lends	They lend

Can you lend me your camera?
¿Puedes prestarme tu cámara?

---

leopard [LEP-⊄rd] nombre   **el leopardo**

The leopard is in the tree.
El leopardo está en el árbol.

---

less [LES] adverbio   **menos**

Ten less two are eight.
Diez menos dos es (son) ocho.

---

lesson [LES-⊄n] nombre   **la lección**

The lesson is interesting.
La lección es interesante.

Let's [LETS] expresión idiomática   **Vamos a**
(let us)

Let's eat!
¡Vamos a comer!

---

letter [LET-⊄r] nombre   **la letra, la carta**

There are 26 letters in the English alphabet.
Hay veintiséis letras en el alfabeto inglés.

Here is a letter from my friend.
Aquí hay una carta de mi amigo.

---

lettuce [LET-is] nombre   **la lechuga**

Lettuce is green.
La lechuga es verde.

library [LAI-brer-i] nombre   **la biblioteca**

There are so many books at the library.
Hay tantos libros en la biblioteca.

lie [LAI] nombre   **la mentira**
I never tell lies!
¡Yo nunca digo mentiras!

to lie [LAI] verbo   **mentir**

I lie	We lie
You lie	You lie
He, She, It lies	They lie

She lied because she was ambitious.
Ella mintió porque era ambiciosa.

light [LAIT] nombre   **la luz**
The lamp gives light.
La lámpara da luz.

light [LAIT] adjetivo   **claro, ligero,** masc.
                                     clara, ligera, fem.

This is a very light color.
Es un color muy claro.

The curtains are very light; they are not heavy.
Las cortinas son muy ligeras; no son pesadas.

lightning [LAIT-ning] nombre   **el relámpago**

I am afraid of lightning.
Tengo miedo de los relámpagos.

to like [LAIK] verbo   **gustar**

I like	We like
You like	You like
He, She, It likes	They like

We like to play basketball.
Nos gusta jugar al básquetbol.

We like apples.
Nos gustan las manzanas.

(ocean) liner [oh-shǿn LAI-nǿr]   **el transatlántico**
    nombre

Do you see the ocean liner?
¿Ve usted el transatlántico?

lion [LAI-ǿn] nombre   **el león**

The lion is frightening.
El león es espantoso.

lip [LIP] nombre   **el labio**

The teacher puts her finger to her lips.
La maestra lleva el dedo a los labios.

to listen [LIS-ǿn] verbo   **escuchar**

I listen	We listen
You listen	You listen
He, She, It listens	They listen

My sister is listening to the CD.
Mi hermana está escuchando el disco.

---

little [LIT-l] adjetivo   **pequeño,** masc.
                                               pequeña, fem.

He has a little car.
Tiene un coche pequeño.

(a) little [LIT-l] adverbio   **un poco, un poquito**
Just a little coffee, please.
Un poco de café, por favor.

---

to live [LIV] verbo   **vivir**

I live	We live
You live	You live
He, She, It lives	They live

Fish live in water.
Los peces viven en el agua.

---

living room [LIV-ing rum] nombre   **la sala**

The boys watch television in the living room.
Los muchachos miran la televisión en la sala.

---

is located (See **is**)

---

lollypop [LAL-i-pap] nombre   **el caramelo, la paleta**
Which lollypop do you want?
¿Qué caramelo quieres?

---

no longer [n<u>oh</u> L<u>AW</u>NG-g¢r] adverbio   **ya no**
I no longer play the violin.
Ya no toco el violín.

to look (at) [LUK] verbo   **mirar**

I look	We look
You look	You look
He, She, It looks	They look

They are looking at the snowman.
Ellos miran al hombre de nieve.

to look at oneself expresión idiomática   **mirarse**
The princess looks at herself in the mirror.
La princesa se mira en el espejo.

to look after expresión idiomática   **cuidar de**
(to watch over)
The tiger looks after the baby tigers.
El tigre cuida de los tigrecitos.

to look for expresión idiomática   **buscar**
Mom is always looking for her glasses.
Mamá siempre busca sus lentes.

to lose [LUZ] verbo   **perder**

I lose	We lose
You lose	You lose
He, She, It loses	They lose

Careful! You are going to lose your ribbon.
¡Cuidado! Tú vas a perder tu cinta.

a lot [LAT] adverbio   **mucho**
There is a lot of bread in the bakery.
Hay mucho pan en la panadería.

loud [L<u>OW</u>D] adjetivo   **fuerte, alto,** masc.
                                              alta, fem.

The jet airplane makes a loud noise.
El avión a chorro hace un ruido fuerte.

in a loud voice expresión idiomática   **en voz alta**

loudly adverbio   **fuerte**

Do not play the radio so loudly!
¡No toques el radio tan fuerte!

to love [L<u>E</u>V] verbo   **amar, querer**

I love	We love
You love	You love
He, She, It loves	They love

I love my cat.
Yo quiero a mi gato.

love [L<u>E</u>V] nombre   **el amor, el cariño**

I have a great love for my grandmother.
Yo le tengo un gran cariño a mi abuela.

low [L<u>OH</u>] adjetivo   **bajo,** masc.
                                              baja, fem.

The baby has a low chair.
El bebé tiene una silla baja.

in a low voice expresión idiomática   **en voz baja, bajo**

to lower [LOH-ǉr] verbo   **bajar**

I lower	We lower
You lower	You lower
He, She, It lowers	They lower

The boy lowers his head because he is ashamed.
El muchacho baja la cabeza porque tiene vergüenza.

---

luck [LǼK] nombre   **la suerte**

You have a turtle? You are lucky!
¿Tú tienes una tortuga? ¡Qué suerte tienes!

Good luck! expresión idiomática   **¡Buena suerte!**

to be lucky expresión idiomática   **tener suerte**

---

luggage [LǼG-idj] nombre   **el equipaje**

I put the luggage into the car.
Yo pongo el equipaje en el auto.

---

lunch [LǼNCH] nombre   **el almuerzo**

I eat a sandwich for lunch.
Yo como un sándwich para el almuerzo.

lunchtime nombre   **la hora del almuerzo**

M

machine [mǉ-SHIN] nombre   **la máquina**

The vacuum cleaner is a useful machine.
La aspiradora es una máquina útil.

washing machine nombre   **la máquina de lavar**

---

mad [MAD] adjetivo   **furioso, loco,** masc.
     furiosa, loca, fem.

They say there is a mad bear in the forest.
Dicen que hay un oso furioso en el bosque.

---

made of [MEID ǝv] expresión idiomática   **de, hecho de**

The shirt is made of nylon.
La camisa es de nilón.

---

maid [MEID] nombre   **la sirvienta, la criada**

We do not have a maid.
Nosotros no tenemos criada.

---

to mail (a letter) [MEIL (ǝ let-ǝr)]   **echar una carta**
expresión idiomática

I mail	We mail
You mail	You mail
He, She, It mails	They mail

Anthony mails a letter to his cousin.
Antonio echa una carta para su primo.

mailbox nombre   **el buzón**

There is a mailbox on the corner of the street.
Hay un buzón en la esquina de la calle.

mailman nombre   **el cartero**

The mailman comes at ten o'clock.
El cartero llega a las diez.

---

to make [MEIK] verbo   **hacer**

I make	We make
You make	You make
He, She, It makes	They make

Josephine is making a dress.
Josefina hace un vestido.

---

man [MAN] nombre   **el hombre**
men plural

The man is seated in the park.
El hombre está sentado en el parque.

many [MEN-i] adjetivo

muchos, masc.
muchas, fem.

There are many bicycles near the school.
Hay muchas bicicletas cerca de la escuela.

how many

¿Cuántos?, masc.
¿Cuántas?, fem.

so many

tantos, masc.
tantas, fem.

too many

demasiados, masc.
demasiadas, fem.

---

map [MAP] nombre

el mapa

Do you have a map of Europe?
¿Tienes un mapa de Europa?

---

marble [MAHR-bⱡl] nombre

la canica

How many marbles do you have?
¿Cuántas canicas tienes tú?

March [MAHRCH] nombre

el marzo

March is the month between February and April.
Marzo es el mes entre febrero y abril.

---

mark (in school) [MAHRK] nombre

la nota

My mark in music is very good.
Mi nota en música es muy buena.

---

market [MAHR-kit] nombre

el mercado

They sell vegetables at the market.
Venden legumbres en el mercado.

supermarket nombre

el supermercado

---

to marry [MAR-i] verbo   **casarse**

I marry	We marry
You marry	You marry
He, She, It marries	They marry

The actor marries the actress.
El actor se casa con la actriz.

---

marvelous! [MAHR-v¢-l¢s] interjección   **¡maravilloso!**
You are going to Mexico by airplane? Marvelous!
¿Tú vas a Méjico en avión? ¡Maravilloso!

---

match [MACH] nombre   **el cerillo, el fósforo**
A match is not a toy.
Un cerillo no es un juguete.

---

no matter! [NOH MAT-¢r] interjección   **no importa**
It is raining today? No matter!
¿Llueve hoy? No importa.

---

what's the matter? [wha̲ts th¢ MAT-¢r]   **¿qué pasa?**
  expresión idiomática

What's the matter? You look sad.
¿Qué pasa? Te ves triste.

May I? [MEI a̲i] expresión idiomática   **¿Yo puedo? ¿Puedo yo?**
May I go to Susan's house?
¿Puedo (yo) ir a la casa de Susana?

---

maybe [MEI-bi] adverbio   **puede ser, quizás, tal vez**
Are we going to the city this afternoon? Maybe.
¿Vamos a la ciudad esta tarde? Puede ser (Quizás).

May [MEI] nombre   **el mayo**

May is my favorite month.
El mes de mayo es mi mes favorito.

me, to me [MI] pronombre   **me, a mí**

He gives me a balloon.
Él me da un globo.

meal [MIL] nombre   **la comida**

I eat three meals every day.
Yo como tres comidas todas los días.

to mean [MIN] verbo   **significar, querer decir**

I mean	We mean
You mean	You mean
He, She, It means	They mean

What does this sentence mean?
¿Qué quiere decir esta oración?

meat [MIT] nombre   **la carne**

What kind of meat do you like?
¿Qué clase de carne le gusta a usted?

mechanic [mǝ-KAN-ik] nombre   **el mecánico**

The mechanic is in the garage.
El mecánico está en el garage.

medicine [MED-i-sin] nombre   **la medicina**

I don't like the medicine.
No me gusta la medicina.

to meet [MIT] verbo   **encontrar, encontrarse con**

I meet	We meet
You meet	You meet
He, She, It meets	They meet

Who meets Little Red Riding Hood in the forest?
¿Quién encuentra a Caperucita Roja en el bosque?

member [MEM-bǝr] nombre   **el socio, el miembro**
Do you know all the members of the team?
¿Conoces tú a todos los miembros del equipo?

men (See **man**)

menu [MEN-yu] nombre   **el menú, la carta**
I am reading the menu aloud.
Yo leo el menú en voz alta.

merry-go-round [MER-i-goh-rownd]   **el tiovivo, los caballitos**
  nombre
I like the music of the merry-go-round.
Me gusta la música del tiovivo.

in the middle of [in thǝ MID-l ǝv] preposición   **en medio de**
I put the salt in the middle of the table.
Pongo la sal en medio de la mesa.

midnight [MID-nait] adverbio   **la medianoche**
My parents go to bed at midnight.
Mis padres se acuestan a medianoche.

mile [MAIL] nombre   **la milla**
My cousin lives ten miles from my house.
Mi prima vive a diez millas de mi casa.

milk [MILK] nombre   **la leche**

Milk is good for children.
La leche es buena para los niños.

million [MIL-y¢n] nombre   **el millón**

Are there a million books in the library?
¿Hay un millón de libros en la biblioteca?

minute [MIN-it] nombre   **el minuto**

How many minutes are there in a half hour?
¿Cuántos minutos hay en media hora?

mirror [MIR-¢r] nombre   **el espejo**

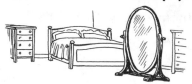

There is a mirror in the bedroom.
Hay un espejo en el dormitorio.

Miss [MIS] nombre   **la señorita**
Ms. [MIZ]

Miss Dooley, what time is it?
Señorita Dooley, ¿qué hora es?

mistake [mis-TEIK] nombre   **la falta, la equivocación, el error**

Margaret makes many mistakes.
Margarita comete muchas faltas.

to mix [MIKS] verbo   **mezclar**

I mix	We mix
You mix	You mix
He, She, It mixes	They mix

Anne is mixing vegetables in the soup.
Ana mezcla las legumbres en la sopa.

moist [MOIST] adjetivo   **húmedo,** masc.
                                                    húmeda, fem.

The towel is moist.
La toalla está húmeda.

mom [MAM] nombre   **mamá,**
mommy, mother [MA-mi, METH-er]   **mamacita**

Mom is pretty.
Mamá es bonita.

moment [MOH-ment] nombre   **el momento**

I am going to the basement for a moment.
Voy al sótano por un momento.

Monday [MEN-dei] nombre   **el lunes**

I am sleepy on Mondays.
Tengo sueño los lunes.

money [MEN-i] nombre   **el dinero**

How much money do you have?
¿Cuánto dinero tienes tú?

monkey [MENG-ki] nombre   **el mono**

The monkey is amusing.
El mono es divertido.

month [MENTH] nombre   **el mes**

We have three months of winter.
Tenemos tres meses de invierno.

moon [MUN] nombre   **la luna**

The moon is far from the earth.
La luna está lejos de la tierra.

more [MAWR] adverbio   **más**

Do you want some more cake?
¿Quieres más torta?

morning [MAWR-ning] nombre   **la mañana**

What time do you get up in the morning?
¿A qué hora te levantas por la mañana?

mosquito [məs-KI-toh] nombre   **el zancudo, el mosquito**

The mosquito is flying near the ceiling.
El mosquito vuela cerca del cielo raso.

mother (See **mom**)

mother [MƏTH-ər] nombre   **la madre**

The baby's mother plays with him.
La madre del bebé juega con él.

mountain [MOWN-tən] nombre   **la montaña**

I would like to climb the mountain.
Me gustaría subir la montaña.

mouse [MOWS] nombre   **el ratón**
mice [MAIS] plural

Mice eat cheese.
Los ratones comen queso.

mouth [MOWTH] nombre   **la boca**

The boy opens his mouth when he sings.
El muchacho abre la boca cuando canta.

Mr. (Mister) [MIS-tǝr] nombre   **el señor**

Mr. Foster is my uncle.
El señor Foster es mi tío.

to move [MUV] verbo   **mover**

I move   We move
You move   You move
He, She, It moves   They move

I move my legs when I walk.
Yo muevo las piernas cuando camino.

movie [MU-vi] nombre   **la película**

The movie is interesting.
La película es interesante.

movies nombre   **el cine**

Let's go to the movies on Saturday.
Vamos al cine el sábado.

A comienzos del siglo XX, Hollywood era una zona con extensas plantaciones de naranjales. Pocos años más tarde se había convertido en la capital cinematográfica del mundo. Su paisaje natural y su clima templado proporcionaron a los empresarios grandes ventajas para la producción de películas. En 1925 el uso del sonido para las películas se hizo parte de la industria.

In the early 1900s Hollywood was an area filled with orange groves. A few years later it had become the motion picture capital of the world. Its natural scenery and mild climate provided moviemakers with numerous production advantages. In 1925 pictures with sound became part of the industry.

---

much [MⱮCH] adverbio   **mucho**

Do they study much?
¿Estudian mucho?

how much (many)? adverbio   **¿cuánto? ¿cuántos?,** masc.
                                  ¿cuánta? ¿cuántas?, fem.

so much (many) adverbio   **tanto, tantos,** masc.
                                      tanta, tantas, fem.

too much (many) adverbio   **demasiado, demasiados,** masc.
                               demasiada, demasiadas, fem.

---

mud [MⱮD] nombre   **el lodo**

My books are covered with mud.
Mis libros están cubiertos de lodo.

---

museum [myu-ZI-Ɱm] nombre   **el museo**

Is the museum open on Sunday?
¿Está abierto el museo el domingo?

---

music [MYU-zik] nombre   **la música**

They are playing music on television.
Tocan música en la televisión.

musician [myu-ZISH-Ɇn] nombre   **el músico**

The musician plays the violin.
El músico toca el violín.

(one) must, [MⱮST] expresión idiomática   **hay que**
(you) must

One must drink milk!
¡Hay que beber leche!

---

my [M<u>AI</u>] adjetivo **mi, mis**

My bicycle is black.
Mi bicicleta es negra.

myself [m<u>ai</u>-SELF] pronombre **me, mismo,** masc.
misma, fem.

I can do it myself!
¡Yo mismo puedo hacerlo!

N

nail [NEIL] nombre **la uña**

I have ten fingernails.
Tengo diez uñas.

nail (metal) [NEIL] nombre **el clavo**

The nails are in the bottle.
Los clavos están en la botella.

name [NEIM] nombre **el nombre**

What is your name?
¿Cuál es su nombre? (¿Cómo se llama usted?)

family surname [FAM-¢-li S<u>UR</u>-neim] nombre **el apellido**

Write your family surname here.
Escriba su apellido aquí.

napkin [NAP-k<u>in</u>] nombre **la servilleta**

The napkin is on the table.
La servilleta está en la mesa.

narrow [NAR-<u>oh</u>] adjetivo **estrecho,** masc.
estrecha, fem.

The box is too narrow for the book.
La caja es demasiado estrecha para el libro.

nation [NEI-sh¢n] nombre   **la nación**

There are many flags at the United Nations.
Hay muchas banderas en las Naciones Unidas.

national [NASH-¢n-¢l] adjetivo   **nacional**

My cousin works in a national office.
Mi primo trabaja en una oficina nacional.

> El himno nacional de Estados Unidos es "The Star
> Spangled Banner" (La Bandera Brillante de
> Estrellas). Francis Scott Key escribió el himno
> en 1814.
>
> The national anthem of the United States is "The
> Star Spangled Banner." It was written in 1814 by
> Francis Scott Key.

naughty [NAW-ti] adjetivo   **desobediente,**
travieso, pícaro, masc.
traviesa, pícara, fem.

George hits his friend. He is naughty.
Jorge le pega a su amigo. Es travieso.

near [NIR] preposición   **cerca de**

The grocery store is near the drugstore.
La tienda está cerca de la farmacia.

(It is) necessary [it iz NES-ȼ-ser-i]   **hay que**
   expresión idiomática
   It is necessary to go to work.
   Hay que ir a trabajar.

neck [NEK] nombre   **el cuello**
Simon says: "Touch your neck."
Simón dice: "Tóquense el cuello."

to need [NID] verbo   **necesitar, hacer falta**
   I need   We need
   You need   You need
   He, She, It needs   They need
The astronaut needs air.
El astronauta necesita aire.

needle [NID-l] nombre   **la aguja**
She has a needle in her hand.
Ella tiene una aguja en la mano.

neighbor [NEI-bȼr] nombre   **el vecino,** masc.
                                  la vecina, fem.
My neighbor has a beard.
Mi vecino tiene barba.

nephew [NEF-yu] nombre   **el sobrino**
Peter is my nephew.
Pedro es mi sobrino.

nest [NEST] nombre   **el nido**
The bird is flying toward the nest.
El pájaro vuela hacia el nido.

never [NEV-ɘr] adverbio   **nunca, jamás**
I never go into the woods.
Yo nunca voy al bosque.

---

new [NU] adjetivo   **nuevo,** masc.
nueva, fem.

Here is my new pillow.
Aquí está mi almohada nueva.

New Year's Day nombre   **el Día de Año Nuevo**
On New Year's Day we had a party.
El Día de Año Nuevo tuvimos una fiesta.

---

newspaper [NUZ-pei-pɘr] nombre   **el periódico**
The newspaper is interesting.
El periódico es interesante.

---

next [NEKST] adjetivo   **próximo,** masc.
próxima, fem.

I am going to Europe next year.
Voy a Europa el año próximo.

---

next to (at the side of) adverbio   **al lado de, próximo a**

---

nice [NAIS] adjetivo   **agradable**
My neighbor is a nice person.
Mi vecino es una persona agradable.

---

niece [NIS] nombre   **la sobrina**
Jane is my niece.
Juanita es mi sobrina.

---

night [NAIT] nombre   **la noche**
You can see the moon at night.
La luna se ve por la noche.

nine [N<u>AI</u>N] adjetivo   **nueve**

It is nine thirty in the morning.
Son las nueve y media de la mañana.

nineteen [n<u>ai</u>n-TIN] adjetivo   **diecinueve, diez y nueve**

He was born on April 19th.
Él nació el diecinueve de abril.

ninety [N<u>AI</u>N-ti] adjetivo   **noventa**

I know how to count from ninety to one hundred.
Yo sé contar de noventa a cien.

no [N<u>OH</u>] adverbio   **no**

Go to bed. No, I am not sleepy.
Acuéstate. No, no tengo sueño.

No admittance expresión idiomática   **Prohibido entrar,**
                                                                    No entrar

No smoking expresión idiomática   **Prohibido fumar**

no longer [n<u>ow</u> L<u>AW</u>NG-g∉r] adverbio   **ya no**

I no longer wake up at six o'clock.
Ya no me despierto a las seis.

none [N∉N] pronombre   **nadie, ninguno**

None wanted to come.
Nadie quería venir.

I have none.
No tengo ninguno.

noise [N<u>OI</u>Z] nombre   **el ruido**

We hear the noise of the fire truck.
Nosotros oímos el ruido del camión de bomberos.

noon [NUN] nombre　　　　　　　　　**el mediodía**

The bell rings at noon.
La campana suena al mediodía.

---

north [NAWRTH] nombre　　　　　　　**el norte**

Is the mountain to the north or to the south?
¿Está la montaña al norte o al sur?

---

nose [NOHZ] nombre　　　　　　　　**la nariz**

No! You do not have a big nose.
¡No! Tú no tienes una nariz grande.

---

not [NAT] adverbio　　　　　　　　　**no**

John is not eating now.
Juan no come ahora.

---

note (musical) [NOHT] nombre　　　**la nota**

Here are the musical notes for the song "America the Beautiful."
Aquí están las notas musicales para la canción "América la Bella."

---

notebook [NOHT-bauhk] nombre　　　**el cuaderno**

I am drawing a tree in my notebook.
Yo dibujo un árbol en mi cuaderno.

---

nothing [NETH-ing] pronombre　　　**nada**

What is in the basket? Nothing.
¿Qué hay en la canasta? Nada.

November [noh-VEM-ber] nombre　　**el noviembre**

Thanksgiving is a holiday in November.
"Thanksgiving" es un día de fiesta en noviembre.

---

now [N<u>OW</u>] adverbio   **ahora**

You have to go to bed now.
Tienes que acostarte ahora.

---

number [N<u>E</u>M-b¢r] nombre   **el número**

You have a great number of books.
Tú tienes un gran número de libros.

---

nurse [N<u>URS</u>] nombre   **la enfermera**

The nurse is wearing a white dress.
La enfermera lleva un vestido blanco.

---

nylon [N<u>AI</u>-l<u>an</u>] nombre   **el nylón, el nilón**

The parachute is made of nylon.
El paracaídas es de nilón.

O

to obey [<u>oh</u>-BEI] verbo   **obedecer**

I obey	We obey
You obey	You obey
He, She, It obeys	They obey

You have to obey the company's rules.
Tienes que obedecer las reglas de la compañía.

---

o'clock (See **time**)

---

occupied (busy) [<u>A</u>K-yu-p<u>ai</u>d] adjetivo   **ocupado,** masc.
                                                           ocupada, fem.

I am occupied now; I am using the vacuum cleaner.
Estoy ocupado ahora. Estoy usando la aspiradora.

ocean [OH-shǝn] nombre   **el océano**

I like to look at the waves in the ocean.
Me gusta mirar las olas del océano.

ocean liner nombre   **el transatlántico**

The ocean liner crosses the Atlantic.
El transatlántico cruza el Atlántico.

October [ak-TOH-bǝr] nombre   **el octubre**

October is a month of autumn.
Octubre es un mes de otoño.

---

odd [AD] adjetivo   **raro,** masc.
                                                      rara, fem.

It is odd. It is cold in summer.
Es raro. Hace frío en verano.

---

of [ǝf] preposición   **de**

Here is a book of songs.
Aquí hay un libro de canciones.

(a day) off [e dei AWF] expresión idiomática   **un día libre**

My day off is Saturday.
Mi día libre es el sábado.

---

office [AW-fis] nombre   **la oficina**

The secretary works in an office.
La secretaria trabaja en una oficina.

---

often [A͟W-f⌀n] adverbio   **con frecuencia, a menudo, frecuentemente**

I often go by subway.
Yo voy en el metro con frecuencia.

---

oil [O͟I͟L] nombre   **el aceite, el petróleo**

I put oil on my bicycle wheel.
Pongo aceite a la rueda de mi bicicleta.

OK [o͟h-KEI] adjetivo   **de acuerdo**
all right [A͟W͟L-RA͟IT]

If it's OK with you, I'll pay you later.
Si usted está de acuerdo, le pago después.

---

old [O͟H͟L͟D] adjetivo   **viejo,** masc.
                                vieja, fem.

Grandmother is very old. She is ninety years old.
La abuela está muy vieja. Tiene noventa años.

(to be ... years) old (See **age**)

---

on [AHN] preposición   **en, encima de, sobre**

The grapefruit is on the table.
La toronja está en la mesa.

---

once again [w⌀ns ⌀-GEN] adverbio   **una vez más**

Read the sentence once again.
Lea la oración una vez más.

---

one [W⌀N] adjetivo   **un,** masc.
                                una, fem.

The woman has one broom.
La mujer tiene una escoba.

the one(s) who (that) [thø wɇN whu (ṯẖat)]   **el que, el de,**
   pronombre   **la que, la de**

*Here is a small shirt. The one that belongs to my brother
is big.*
Aquí hay una camisa pequeña. La de mi hermano es grande.

---

onion [ɇN-yøn] nombre   **la cebolla**
Onions are not expensive.
Las cebollas no son caras.

---

online [ON-lain] nombre   **estar conectado al internet**
Can we go online at this hotel?
¿Podemos conectarnos al internet en este hotel?

---

only [OHN-li] adjetivo   **único, solo,** masc.
                                               única, sola, fem.

It is the only coat in the closet.
Es el único abrigo en el ropero.

---

only adverbio   **sólo, solamente**
He only works on Tuesdays.
Sólo trabaja los martes.

---

open [OH-pøn] adjetivo   **abierto,** masc.
                                               abierta, fem.

The door is open.
La puerta está abierta.

---

to open verbo   **abrir**

I open	We open
You open	You open
He, She, It opens	They open

Henry is opening the box.
Enrique abre la caja.

---

or [AWR] conjunción   **o**

What do you want, rolls or bread?
¿Qué quieres? ¿Panecillos o pan?

---

orange [AR-indj] nombre   **la naranja**

The orange is a fruit.
La naranja es una fruta.

orange juice nombre   **el jugo de naranja**

---

orange [AR-indj] adjetivo   **anaranjado,** masc.
                                                 anaranjada, fem.

The pumpkin is orange.
La calabaza es anaranjada.

---

to order [AWR-d¢r] verbo   **mandar, ordenar**

I order	We order
You order	You order
He, She, It orders	They order

Are you ready to order dinner?
¿Está listo para ordenar la comida?

(in) order (to) [in AWR-d¢r t¢] preposición   **para**

She goes to the museum in order to look at the paintings.
Ella va al museo para mirar las pinturas (los cuadros).

---

other, another [¢TH-¢r] adjetivo   **otro,** masc.
                                                       otra, fem.

I would like another spoon, please.
Quisiera otra cuchara, por favor.

---

other [¢TH-¢r] pronombre   **el otro,** masc.
                                                     la otra, fem.

I have a lollypop. The others are in the closet.
Tengo un caramelo. Los otros están en el ropero.

---

our [O̲W̲R̲] adjetivo   **nuestro, nuestros,** masc.
                          nuestra, nuestras, fem.

Our dog is naughty today.
Nuestro perro está travieso hoy.

---

out of [O̲W̲T̲ ¢v] preposición   **de, por**

The princess looks out of the tower.
La princesa mira de la torre.

---

to go out (See **to go**)

---

outside [O̲W̲T̲-sa̲i̲d] adverbio   **afuera**

The tree is outside.
El árbol está afuera.

---

over there [o̲h̲-v¢r T̲H̲E̲H̲R̲] adverbio   **allá**

The spider is over there.
La araña está allá.

---

to overturn [o̲h̲-v¢r-T̲U̲R̲N̲] verbo   **volver al revés,**
                                        volcar

I overturn	We overturn
You overturn	You overturn
He, She, It overturns	They overturn

The cat overturns the glass of milk.
El gato vuelca el vaso de leche.

---

owl [O̲W̲L̲] nombre   **la lechuza, el buho**

The owl is a bird.
La lechuza es un pájaro.

---

to own [O̲H̲N̲] verbo   **poseer, tener**

I own	We own
You own	You own
He, She, It owns	They own

My father owns a car.
Mi padre tiene un auto.

own [OHN] adjetivo   **propio,** masc.
                                                propia, fem.

It is my own shell!
¡Es mi propia concha!

P

package [PAK-idj] nombre   **el paquete**
The package is on the desk.
El paquete está en el escritorio.

page [PEIDJ] nombre   **la página**
The picture is on page 20.
El retrato está en la página veinte.

pail [PEIL] nombre   **la cubeta, el cubo, el balde**
The child fills the pail with stones.
El niño llena el cubo de piedras.

pain (See **to have a sore**)

to paint [PEINT] verbo   **pintar**
   I paint   We paint
   You paint   You paint
   He, She, It paints   They paint
The artist is painting near the sea.
El artista pinta cerca del mar.

pair [PEHR] nombre   **el par**
I would like to buy a pair of socks.
Me gustaría comprar un par de calcetines.

pajamas [p¢-DJAH-m¢z] nombre   **el** or **la pijama**

The pajamas are on the bed.
El pijama está en la cama.

---

palace [PAL-ɪs] nombre   **el palacio**

The queen arrives at the palace.
La reina llega al palacio.

---

pants [PANTS] nombre   **el pantalón (los pantalones)**

The boy's pants are dirty.
Los pantalones del niño están sucios.

---

paper [PEI-p¢r] nombre   **el papel**

There are papers on the floor.
Hay papeles en el piso.

---

parachute [PAR-¢-shut] nombre   **el paracaídas**

The parachute is open.
El paracaídas está abierto.

---

parade [p¢-REID] nombre   **el desfile**

We are walking in the parade.
Andamos en el desfile.

---

parakeet [PAR-¢-kit] nombre   **el perico**

Do you have a parakeet?
¿Tienes un perico?

---

pardon me [PAHR-dⱷn MI] expresión idiomática   **¡perdón!**

Pardon me. What time is it?

Perdón. ¿Qué hora es?

parents [PEHR-ⱷnts] nombre   **los padres**

My parents are kind.

Mis padres son bondadosos.

park [PAHRK] nombre   **el parque**

There is a lake in the park.

Hay un lago en el parque.

El Gran Cañón, en el estado de Arizona, es una de las maravillas naturales del mundo. Es un gigantesco desfiladero por donde pasa el Río Colorado y constituye la mayor parte del Parque Nacional de Gran Canyon. Palabras como *cañón, colorado, montaña, nevada* y *misión* son ejemplos de la influencia de los españoles en la historia de Estados Unidos.

The Grand Canyon, in the state of Arizona, is one of the natural wonders of the world. It is a gigantic gorge cut by the Colorado River, and it represents the major part of the Grand Canyon National Park. Words such as *canyon* (cañón), *Colorado* (red), *Montana* (montaña), *Nevada* (snow), and *mission* (misión) are all examples of the Spanish influence in America's history.

---

parrot [PAR-ⱷt] nombre   **el loro**

The parrot has a big beak.

El loro tiene un pico grande.

part (in theater) [PAHRT] nombre   **el papel**

I want to play the part of the astronaut.
Yo quiero hacer el papel del astronauta.

---

party [PAHR-ti] nombre   **la fiesta**

I am getting dressed for the party.
Yo me visto para la fiesta.

---

to pass [PAS] verbo   **pasar**

I pass	We pass
You pass	You pass
He, She, It passes	They pass

The car is passing the truck on the road.
El auto pasa el camión en el camino.

---

passenger [PAS-∉n-g∉r] nombre   **el pasajero,** masc.
     la pasajera, fem.

There are six passengers on the bus.
Hay seis pasajeros en el autobús.

---

to paste [PEIST] verbo   **pegar**

I paste	We paste
You paste	You paste
He, She, It pastes	They paste

He is pasting a photograph in the book.
Él pega una foto en el libro.

---

path [PATH] nombre   **la senda, la vereda**

The path is narrow.
La vereda es angosta.

---

paw [PAW] nombre   **la pata**

The lion has four paws.
El león tiene cuatro patas.

to pay (for) [PEI] verbo   **pagar, pagar por**

I pay   We pay
You pay   You pay
He, She, It pays   They pay

I'll pay for the package.
Pago (por) el paquete.

Pay attention! [pei ¢-TEN-sh¢n]   **¡Ponga atención!**
expresión idiomática   **¡Presta atención!**

The policeman says, "Pay attention!"
El policía dice, "¡Presta atención!"

peace [PIS] nombre   **la paz**

Could we get quiet and have a little peace?
¿Podemos callar y tener un poquito de paz?

> En 1964, Martin Luther King, Jr., prelado
> estadounidense, recibe el Premio Nobel de la Paz
> por su lucha contra la desigualdad en los
> derechos civiles en su país. Después de encabezar
> numerosas manifestaciones pacíficas, logró que se
> pusiera en marcha nueva legislación destinada a
> proteger a todo ciudadano sin consideración de
> raza o color.
>
> In 1964, Martin Luther King, Jr., an American
> minister, received the Nobel Peace Prize for his
> struggle against civil rights inequality in his
> country. After leading numerous peaceful
> demonstrations for change, he stimulated new
> legislation to protect the rights of all citizens
> regardless of race or color.

peas [PIZ] nombre　　　　　　**los chícharos, los guisantes**
I like peas.
Me gustan los chícharos (los guisantes).

---

peach [PICH] nombre　　　　　　**el durazno, el melocotón**
The peach is too hard.
El durazno está muy duro.

---

peanut [PI-nǿt] nombre　　　　**el cacahuete, el cacahuate,**
　　　　　　　　　　　　　　　　　　　　　　el maní

Does the elephant like to eat peanuts?
¿Le gusta al elefante comer cacahuetes?

---

pear [PEHR] nombre　　　　　　　　　　　　**la pera**
Mary has a pear for dessert.
María toma una pera de postre.

---

pen [PEN] nombre　　　　　　　　　　　　**la pluma**
Peter writes with a pen.
Pedro escribe con una pluma.

ballpoint pen nombre　　　　　　　　**el bolígrafo**

---

pencil [PEN-sil] nombre　　　　　　　　　**el lápiz**
Claire is writing with a pencil.
Clara escribe con un lápiz.

---

people [PI-pǿl] nombre　　　　　　　　　**la gente**
Many people are at the museum.
Hay mucha gente en el museo.

---

perhaps (See **maybe**)

---

permission [pǝr-MISH-ǝn] nombre   **el permiso**

Do you have permission to go to the movies?
¿Tienes permiso para ir al cine?

---

pet [PET] nombre   **el animal consentido,**
                              el animal mimado

Do you have a pet?
¿Tienes un animal consentido?

---

pharmacy [FAHR-mǝ-si] nombre   **la farmacia**

The nurse is entering the pharmacy.
La enfermera entra en la farmacia.

---

photograph, [FOH-tǝ-graf] nombre   **la fotografía,**
photo [FOH-toh]   **la foto**

This is a photograph of my brother.
Ésta es una foto de mi hermano.

---

piano [PYA-noh] nombre   **el piano**

Diana is playing the piano.
Diana toca el piano.

---

to pick [PIK] verbo   **recoger**

I pick	We pick
You pick	You pick
He, She, It picks	They pick

She is going to pick cherries.
Ella va a recoger cerezas.

---

picnic [PIK-nik] nombre   **la merienda campestre**

The picnic is at Olympic Park.
La merienda campestre es en el parque Olímpico.

picture [PIK-ch∉r] nombre — el cuadro, el retrato, el dibujo, la pintura

Frances is drawing a picture.
Francisca dibuja un cuadro.

pie [PAI] nombre — el pastel
My sister is making a pie.
Mi hermana prepara un pastel.

apple pie nombre — el pastel de manzana
pumpkin pie nombre — el pastel de calabaza
strawberry pie nombre — el pastel de fresa

piece [PIS] nombre — el pedazo
I am eating a piece of bread.
Yo como un pedazo de pan.

piece of paper nombre — una hoja de papel

pig [PIG] nombre — el cerdo, el puerco, el marrano

The farmer has three pigs.
El granjero tiene tres cerdos.

piggy bank [PIG-i-bangk] nombre — la alcancía, el marranito
Peter is putting money in his piggy bank.
Pedro pone su dinero en la alcancía.

pillow [PIL-oh] nombre — la almohada
The baby's head is on the pillow.
La cabeza del bebé está en la almohada.

pin [PIN] nombre   **el prendedor, el broche**

Helen is wearing a pin.
Helena lleva un broche.

straight pin nombre   **el alfiler**

pilot [PAI-lǿt] nombre   **el piloto**

The pilot wears a uniform.
El piloto lleva uniforme.

pink [PINGK] adjetivo   **rosado,** masc.
     rosada, fem.
     color de rosa

Anne and Arthur like the color pink.
A Ana y Arturo les gusta el color rosado.

place (at table) [PLEIS] nombre   **el lugar**

I put a napkin at each place.
Yo pongo una servilleta en cada lugar.

planet [PLAN-it] nombre   **el planeta**

Earth is one of the planets.
La Tierra es uno de los planetas.

plant [PLANT] nombre   **la planta**

We have some plants in the living room.
Tenemos algunas plantas en la sala.

plate [PLEIT] nombre   **el plato**

I am putting the plate on the table.
Pongo el plato en la mesa.

to play [PLEI] verbo **jugar**

I play	We play
You play	You play
He, She, It plays	They play

They are playing basketball.
Ellos juegan al básquetbol.

to play a game expresión idiomática **jugar a**

to play a musical instrument
expresión idiomática **tocar**

Philip is playing the violin.
Felipe toca el violín.

---

playground [PLEI-gr<u>ow</u>nd] nombre **el patio de recreo**

The swings are in the playground.
Los columpios están en el patio de recreo.

---

pleasant [PLEZ-¢nt] adjetivo **agradable, simpático,** masc.
simpática, fem.

The grocer is pleasant.
El tendero es agradable.

---

please [PLIZ] expresión idiomática **por favor**

Please give me a book, Miss Davis.
Déme un libro, por favor, señorita Davis.

Please give me a book, Claire.
Dame un libro, por favor, Clarita.

---

pleasure [PLEZH-¢r] nombre **el placer**

What a pleasure to see you again!
¡Qué placer verte otra vez!

---

pocket [P<u>A</u>K-it] nombre **el bolsillo**

I have a handkerchief in my pocket.
Tengo un pañuelo en el bolsillo.

---

pocketbook (See **handbag**)

---

police officer [pə-LIS AW-fi-ser] nombre

el or **la policía, el** or **la gendarme**

The police officer is wearing a hat.
El policía lleva sombrero.

---

polite [pə-LAIT] adjetivo

cortés

My sister is always polite.
Mi hermana siempre es cortés.

---

pool [PUL] nombre

la alberca, la piscina

The pool is clean.
La alberca está limpia.

---

poor [PUR] adjetivo

pobre

A poor boy does not have many toys.
Un muchacho pobre no tiene muchos juguetes.

---

post office [POHST aw-fis] nombre

el correo

Where is the post office?
¿Dónde está el correo?

---

postcard [POHST-kahrd] nombre

la tarjeta postal

Here is a postcard from Barcelona.
Aquí hay una tarjeta postal de Barcelona.

---

potato [pə-TEI-toh] nombre

la papa, la patata

Peter is cutting potatoes.
Pedro corta las papas.

---

to pour [PAWR] verbo

servir, vaciar, echar

I pour	We pour
You pour	You pour
He, She, It pours	They pour

Joan is pouring milk into a glass.
Juanita sirve leche en un vaso.

---

to prefer [prⱷ-FUR] verbo   **preferir**

I prefer	We prefer
You prefer	You prefer
He, She, It prefers	They prefer

Do you prefer autumn or winter?
¿Prefieres tú el otoño o el invierno?

---

present [PREZ-ⱷnt] nombre   **el regalo**

I like to get presents.
Me gusta recibir regalos.

---

present [PREZ-ⱷnt] adjetivo   **presente**

My friend Peter is not present.
Mi amigo Pedro no está presente.

---

president [PREZ-i-dⱷnt] nombre   **el presidente**

Who is the President of the United States?
¿Quién es el presidente de los Estados Unidos?

La historia recuerda al presidente Abraham Lincoln por mantener la Unión Estadounidense entre los estados que forman el país. En la Guerra Civil (1861–1865) logró evitar que 11 de sus estados se separaran de la Unión y dio libertad a los esclavos.

History remembers President Abraham Lincoln for saving the American Union during the Civil War (1861–1865). He overcame the threat of secession from 11 of his states, and also succeeded in giving the slaves their freedom.

---

pretty [PRIT-i] adjetivo   **bonito,** masc.
                                            bonita, fem.

What a pretty doll!
¡Qué bonita muñeca! (¡Qué muñeca tan bonita!)

price [PRAIS] nombre   **el precio**

What is the price of this suit?
¿Qué precio tiene este traje?

prince [PRINS] nombre   **el príncipe**

The prince is seated in an armchair.
El príncipe está sentado en un sillón.

princess [PRIN-s¢s] nombre   **la princesa**

The princess is wearing a pretty dress.
La princesa lleva un vestido bonito.

printer [PRIN-ter] nombre   **la impresora**

My father has an expensive laser printer.
Mi padre tiene una impresora láser cara.

program [PRO-gram] nombre   **el programa**

Computer programs are programmed by programmers.
Los programas de computadora son programados por
programadores.

to promise [PRAM-is] verbo   **prometer**

I promise	We promise
You promise	You promise
He, She, It promises	They promise

I promise to wash the dishes.
Yo prometo lavar los platos.

to pull [PAUHL] verbo   **tirar, halar**

I pull	We pull
You pull	You pull
He, She, It pulls	They pull

Bernard is pulling the door.
Bernardo tira la puerta.

---

pumpkin [PƱMP-kin] nombre   **la calabaza**

I am going to buy a large pumpkin.
Voy a comprar una calabaza grande.

---

to punish [PƱN-ish] verbo   **castigar**

I punish	We punish
You punish	You punish
He, She, It punishes	They punish

When Johnny is naughty, his teacher punishes him.
Cuando Juanito es malcriado, su maestra lo castiga.

---

pupil [PYU-pil] nombre   **el alumno,** masc.
                                       la alumna, fem.

The pupils are writing on the blackboard.
Los alumnos escriben en la pizarra.

---

puppy [PƱP-i] nombre   **el perrito**

The puppy is cute.
El perrito es gracioso.

---

purple [PUR-pǝl] adjetivo   **morado,** masc.
                                       morada, fem.
                                  color violeta

I mix blue and red to make purple.
Yo mezclo el azul y el rojo para hacer el morado.

on purpose [an PUR-p¢s] adverbio   **adrede, con intención**

My sister is hiding the ball on purpose.

Mi hermana esconde la pelota adrede.

purse (See **handbag**)

to push [PAUHSH] verbo   **empujar**

I push	We push
You push	You push
He, She, It pushes	They push

He is pushing me!

¡Él me empuja!

to put [PAUHT] verbo   **poner**

I put	We put
You put	You put
He, She, It puts	They put

Paul puts the electric trains on the floor.

Pablo pone los trenes eléctricos en el piso.

to put on clothes expresión idiomática   **ponerse**

I am putting on my raincoat because it is raining.

Yo me pongo el impermeable porque llueve.

Q

quarrel [KWAR-¢l] nombre   **la riña, el pleito, la disputa**

I do not like quarrels.

No me gustan los pleitos.

quarter [KWAW-t¢r] nombre   **el cuarto**

It is a quarter after two.

Son las dos y cuarto. (Es un cuarto después de las dos.)

queen [KWIN] nombre   **la reina**

The queen is wearing jewels.
La reina lleva joyas.

---

question [KWES-ch∉n] nombre   **la pregunta**

The teacher says, "So many questions!"
El maestro dice, "¡Tantas preguntas!"

---

quickly [KWIK-li] adverbio   **pronto, rápido,**
                                    rápidamente

You eat too quickly!
¡Tú comes demasiado rápido!

---

quiet [KWAI-∉t] adjetivo   **quieto, tranquilo, callado,** masc.
                          quieta, tranquila, callada, fem.

During the night all is quiet.
Durante la noche todo está callado.

to be quiet expresión idiomática   **callarse**

I am quiet	We are quiet
You are quiet	You are quiet
He, She, It is quiet	They are quiet

My brother says, "Be quiet!"
Mi hermano dice, "¡Cállense!"

R

rabbit [RAB-it] nombre   **el conejo**

The rabbit runs and jumps.
El conejo corre y salta.

radio [REI-di<u>oh</u>] nombre   **el radio (furniture)**
                                  la radio (broadcast)

There is music on the radio.
Hay música por la radio.

---

railroad [REIL-r<u>oh</u>d] nombre   **el ferrocarril**

There is a railroad from New York to Houston.
Hay un ferrocarril de Nueva York a Houston.

---

to rain [REIN] verbo   **llover**
It rains   **Llueve**

It is raining today.
Llueve hoy.

---

rainbow [REIN-b<u>oh</u>] nombre   **el arco iris**

The rainbow is beautiful.
El arco iris es hermoso.

---

raincoat [REIN-k<u>oh</u>t] nombre   **el impermeable**

My raincoat is wet.
El impermeable está mojado.

---

to raise [REIZ] verbo   **levantar**

I raise	We raise
You raise	You raise
He, She, It raises	They raise

He raises his foot to kick the ball.
Él levanta el pie para patear la pelota.

---

rapid (fast) [RAP-<u>i</u>d] adjetivo   **rápido,** masc.
                                    rápida, fem.

The cat is fast when it runs after a mouse.
El gato es rápido cuando corre detrás de (persigue) un ratón.

rapidly adverbio   **rápido, rápidamente**

rat [RAT] nombre   **la rata, el ratón**
The rat is ugly!
¡La rata es fea!

to read [RID] verbo   **leer**

I read	We read
You read	You read
He, She, It reads	They read

He is reading a book in the park.
Él lee un libro en el parque.

ready [RED-i] adjetivo   **listo,** masc.
        lista, fem.

I am ready to go to work.
Yo estoy listo para ir a trabajar.

to receive [ri-SIV] verbo   **recibir**

I receive	We receive
You receive	You receive
He, She, It receives	They receive

He receives a letter from his cousin.
Él recibe una carta de su primo.

record [REK-ɘrd] nombre   **el récord**
My brother gets the record in the 100-meter race.
Mi hermano logra el récord en la carrera de cien metros.

red [RED] adjetivo   **colorado, rojo,** masc.
        colorada, roja, fem.

The apple is red.
La manzana es roja.

refrigerator [ri̱-FRI̱DJ-¢-rei-t¢r] nombre   **el refrigerador,** masc.
                                                  la refrigeradora, fem.
Louise puts the salad in the refrigerator.
Luisa pone la ensalada en el refrigerador.

---

relatives [RE-l¢-ti̱vz] nombre   **los parientes**
I want you to meet my relatives.
Yo quiero que conozcas a mis parientes.

---

to remain (See **to stay**)

---

to remember [ri̱-MEM-b¢r] verbo   **recordar, acordarse**

I remember	We remember
You remember	You remember
He, She, It remembers	They remember

I cannot remember the name of the book.
Yo no puedo recordar el nombre del libro.

---

to remove (See **to take off**)

---

to repair (See **to fix**)

---

to repeat [ri̱-PIT] verbo   **repetir**

I repeat	We repeat
You repeat	You repeat
He, She, It repeats	They repeat

Claude repeats the sentence.
Claudio repite la frase.

---

to reply (See **to answer**)

---

to rescue (See **to save**)

---

to rest [REST] verbo   **descansar, reposar**

I rest	We rest
You rest	You rest
He, She, It rests	They rest

Anne is tired; she is resting now.
Ana está cansada; ella descansa ahora.

---

restaurant [RES-tₑr-ₑnt] nombre   **el restaurante**

My uncle works in this restaurant.
Mi tío trabaja en este restaurante.

---

restroom [REST-rum] nombre   **el baño**

Where is the restroom?
¿Dónde está el baño?

---

to return [rᵢ-TURN] verbo   **volver, devolver**

I return	We return
You return	You return
He, She, It returns	They return

I return the book to the library.
Yo devuelvo el libro a la biblioteca.

---

ribbon [RIB-ₑn] nombre   **la cinta**

There are ribbons in the store window.
Hay cintas en la vitrina.

---

rice [RAIS] nombre   **el arroz**

The rice is on the plate.
El arroz está en el plato.

---

rich [RICH] adjetivo   **rico,** masc.
                                                    rica, fem.

The actress is rich.
La actriz es rica.

---

to ride [RAID] verbo   **pasear, montar**

I ride	We ride
You ride	You ride
He, She, It rides	They ride

We are riding in a car.
Nosotros paseamos en coche.

to ride in a car   **pasear, (andar) en coche**
expresión idiomática

to ride a bicycle   **andar (montar) en bicicleta**
expresión idiomática

to ride a horse   **andar (montar) a caballo**
expresión idiomática

---

all right (See **agreed**)

---

right [RAIT] adjetivo   **derecho,** masc.
                                                  derecha, fem.

I raise my right foot.
Yo levanto el pie derecho.

at the right expresión idiomática   **a la derecha**
right away expresión idiomática   **en seguida**
to be right expresión idiomática   **tener razón**

Sometimes I am right.
A veces tengo razón.

---

ring [RING] nombre   **el anillo, la sortija**

Susan puts the ring on her finger.
Susana se pone el anillo en el dedo.

---

to ring [RING] verbo   **sonar**

I ring	We ring
You ring	You ring
He, She, It rings	They ring

365

The telephone is ringing.
El teléfono suena.

---

ripe [R<u>AI</u>P] adjetivo   **maduro,** masc.
                                                madura, fem.

When the strawberry is red, it is ripe.
Cuando la fresa está roja, está madura.

---

river [R<u>IV</u>-ɇr] nombre   **el río**
The river passes through several cities.
El río pasa por varias ciudades.

> El Mississippi es el río más grande de Estados
> Unidos. Fluye del norte al sur, donde vacía sus
> aguas en el Golfo de México. En "La vida en el
> Mississippi", el brillante escritor Mark Twain
> describe al río y las vidas de sus habitantes.
>
> The Mississippi is the largest river in the United
> States. It flows from north to south, where it
> empties into the Gulf of Mexico. In "Life on the
> Mississippi," Mark Twain, the great American
> writer, describes the river and the lives of
> its inhabitants.

---

road [R<u>OH</u>D] nombre   **el camino**
This road leads to the bank.
Este camino va al banco.

---

roast beef [ROHST bif] nombre   **el rosbif, la carne asada**

There is a big roast beef in the restaurant.
Hay un rosbif muy grande en el restaurante.

---

to rob [RAB] verbo   **robar**

I rob   We rob
You rob   You rob
He, She, It robs   They rob

Who robbed the money?
¿Quién robó el dinero?

robber (See **burglar**)

---

rock [RAK] nombre   **la roca, la piedra**

Alex climbs the rock.
Alejandro trepa la roca.

---

rocket ship [RAK-it-ship] nombre   **el cohete**
    (See **spaceship**)

---

to roll [ROHL] verbo   **enrollar, rodar**

I roll   We roll
You roll   You roll
He, She, It rolls   They roll

William rolls the marbles.
Guillermo rueda las canicas.

---

roll [ROHL] nombre   **el panecillo, el bizcocho**

We like to eat rolls.
Nos gusta comer panecillos.

---

roller skate (See **skate**)

---

roof [RUF] nombre   **el techo**

The chimney is on the roof.
La chimenea está en el techo.

---

room [RUM] nombre   **el cuarto, la sala, la habitación**

It is hot in this room.
Hace calor en este cuarto.

bathroom nombre   **el cuarto de baño**
dining room nombre   **el comedor**
living room nombre   **la sala**

rooster [RUS-tɇr] nombre   **el gallo**

The rooster crows early.
El gallo canta temprano.

rope [ROHP] nombre   **la cuerda**

The rope is thick.
La cuerda es gruesa.

to jump rope expresión idiomática   **brincar la cuerda**

round [ROWND] adjetivo   **redondo,** masc.
redonda, fem.

The record is round.
El disco es redondo.

row [ROH] nombre   **la fila**

There are five rows in the classroom.
Hay cinco filas en la sala de clase.

rubber [RɆB-ɇr] nombre   **el hule, la goma**

The boots are made of rubber.
Las botas son de hule.

rug [RɆG] nombre   **la alfombra, el tapete**

The rug is small.
El tapete es pequeño.

rule [RUL] nombre   **la regla**
There are so many rules!
¡Hay tantas reglas!

ruler [RUL-ɘr] nombre   **la regla**
I need a ruler.
Yo necesito una regla.

to run [RɘN] verbo   **correr**

I run	We run
You run	You run
He, She, It runs	They run

They are running to the playground.
Ellos corren al patio de recreo.

S

sack [SAK] nombre   **el costal, el saco**
Here is a sack of oranges.
Aquí hay un costal de naranjas.

sad [SAD] adjetivo   **triste**
I cannot go with you. I am sad.
Yo no puedo ir contigo. Estoy triste.

safe and sound [SEIF-n-S<u>OW</u>ND]   **sano y salvo**
   expresión idiomática

Edward returns home safe and sound.
Eduardo regresa a casa sano y salvo.

salad [SAL-ɘd] nombre   **la ensalada**
The salad is delicious.
La ensalada está deliciosa.

saleslady [SEILZ-lei-di] nombre · **la vendedora**
salesman [SEILZ-man] nombre · **el vendedor**
salesperson [SEILZ-pur-sǿn] nombre · **vendedor,** masc.
vendedora, fem.

The salesman shows him a sweater.
El vendedor le muestra un suéter.

salt [SAWLT] nombre · **la sal**

The salt is on the stove.
La sal está en la estufa.

same [SEIM] adjetivo · **mismo,** masc.
misma, fem.

My friend and I wear the same hat.
Mi amigo y yo llevamos el mismo sombrero.

It is all the same to me · **Me es igual**
   expresión idiomática

sand [SAND] nombre · **la arena**

She takes a sunbath on the sand.
Ella toma un baño de sol en la arena.

sandwich [SAND-wich] nombre · **el sándwich**

I am eating a roast beef sandwich.
Yo como un sándwich de rósbif.

Saturday [SAT-ǿr-dei] nombre · **el sábado**

We are going to the restaurant on Saturday.
Vamos al restaurante el sábado.

saucer [s<u>aw</u>-s¢r] nombre   **el platito, el platillo**

I am looking for a saucer in the closet.
Yo busco un platito en el ropero.

---

to save [seiv] verbo   **ahorrar, salvar, guardar**

I save   We save
You save   You save
He, She, It saves   They save

The policeman saves the child.
El policía salva al niño.

I like to save stamps.
Me gusta guardar timbres.

They save money.
Ellos ahorran dinero.

---

to say [sei] verbo   **decir**

I say   We say
You say   You say
He, She, It says   They say

He always says the truth.
El siempre dice la verdad.

---

scanner [ska-ner] nombre   **el escáner**

Her scanner can scan color photos.
Su escáner puede escanear fotos de colores.

---

school [skul] nombre   **la escuela, el colegio**

I go to school at eight o'clock.
Voy a la escuela a las ocho.

---

science [s<u>ai</u>-¢ns] nombre   **la ciencia**

The science book is interesting.
El libro de ciencia es interesante.

scientist [S<u>AI</u>-en-t<u>i</u>st] nombre   **el científico, el hombre de ciencia**

Scientists try to understand our world.
Los científicos tratan de comprender nuestro mundo.

> Gracias a Jonas Salk, un investigador científico de EUA, se desarrolla en 1953 una vacuna contra la poliomielitis. Esta enfermedad ataca principalmente a niños y, en los peores casos, deja a sus víctimas paralizadas.
>
> A vaccine against poliomyelitis is developed in 1953 thanks to Jonas Salk, an American research scientist. Poliomyelitis is a disease that attacks primarily children and, in the worst cases, leaves its victims paralyzed.

scissors [S<u>IZ</u>-¢rz] nombre   **las tijeras**

I cut the string with scissors.
Corto el cordón con las tijeras.

to scold [SK<u>OH</u>LD] verbo   **regañar**

I scold	We scold
You scold	You scold
He, She, It scolds	They scold

The grandfather is scolding the little boy.
El abuelo regaña al niñito.

to scream (shout) [SKRIM] verbo   **gritar**

I scream	We scream
You scream	You scream
He, She, It screams	They scream

The children are screaming in the playground.
Los niños gritan en el patio de recreo.

screen [SKRIN] nombre   **la pantalla**

Why is my screen blinking?
¿Por qué está parpadeando mi pantalla?

---

sea [SI] nombre   **el mar**

I like to look at the sea.
Me gusta mirar el mar.

---

season [SI-z¢n] nombre   **la estación**

Which season do you prefer?
¿Qué estación prefiere usted?

---

seat [SIT] nombre   **el asiento, el lugar**

He returns to his seat.
El vuelve a su asiento.

seated adjetivo   **sentado**, masc.
                                                    sentada, fem.

He is seated.
Él está sentado.

---

second [SEK-¢nd] adjetivo   **segundo**, masc.
                                                    segunda, fem.

What is the second day of the week?
¿Cuál es el segundo día de la semana?

---

secret [SI-kr i̱t] nombre   **el secreto**

Can you keep a secret?
¿Puedes guardar un secreto?

---

secretary [SEK-r¢-ter-i] nombre   **la secretaria,
                                              el secretario**

The secretary is pretty.
La secretaria es bonita.

---

to see [SI] verbo   **ver**

I see	We see
You see	You see
He, She, It sees	They see

I see the helicopter in the sky.
Veo el helicóptero en el cielo.

to see again expresión idiomática   **volver a ver**
see you soon expresión idiomática   **hasta pronto**

---

see-saw [SI-s<u>aw</u>] nombre   **el vaivén, el sube y baja**

Paul and Mark are on the see-saw.
Pablo y Marcos están en el vaivén.

---

to sell [SEL] verbo   **vender**

I sell	We sell
You sell	You sell
He, She, It sells	They sell

He sells fruit.
Él vende fruta.

---

to send [SEND] verbo   **enviar**

I send	We send
You send	You send
He, She, It sends	They send

I am sending a letter to my friend.
Yo envío una carta a mi amigo.

---

sentence [SEN-t¢ns] nombre   **la oración, la frase**
I write a sentence on the paper.
Yo escribo una oración en el papel.

September [sep-TEM-bər] nombre   **el septiembre,
el setiembre**

September has thirty days.
El mes de septiembre tiene treinta días.

---

serious [SIR-i-əs] adjetivo   **serio,** masc.
seria, fem.

I am reading a serious book.
Yo leo un libro serio.

---

to serve [SURV] verbo   **servir**

I serve	We serve
You serve	You serve
He, She, It serves	They serve

Dad serves lunch.
Papá sirve el almuerzo.

---

server [SURV-er] nombre
(waiter, waitress)   **el mesero, el mozo,** masc.
la mesera, la moza, fem.

The server serves ice cream.
El mesero sirve helado.

---

to set [SET] verbo   **poner, meter**

I set	We set
You set	You set
He, She, It sets	They set

to set (sun) [SET] verbo   **ponerse**

The sun sets at five o'clock.
El sol se pone a las cinco.

to set (the table) verbo   **poner la mesa**
setting (at table) nombre   **el lugar**

There are four settings at the table.
Hay cuatro lugares en la mesa.

---

seven [SEV-ɵn] adjetivo   **siete**

It is seven thirty.
Son las siete y media.

---

seventeen [sev-ɵn-TIN] adjetivo   **diecisiete, diez y siete**

Today is December 17.
Hoy es el diecisiete de diciembre.

---

seventy [SEV-ɵn-ti] adjetivo   **setenta**

Fifty and twenty are seventy.
Cincuenta y veinte son setenta.

---

several [SEV-rɵl] adjetivo   **varios,** masc.
                                                   varias, fem.

There are several boats in the sea.
Hay varios barcos en el mar.

---

to sew [SOH] verbo   **coser**

  I sew   We sew
  You sew   You sew
  He, She, It sews   They sew

Julia is learning to sew.
Julia aprende a coser.

sewing needle nombre   **la aguja para coser,**
                                             la aguja de coser

---

shadow [SHAD-<u>oh</u>] nombre   **la sombra**

Do you see the shadow?
¿Ves tú la sombra?

---

to shake [SHEIK] verbo   **sacudir, mover**

I shake	We shake
You shake	You shake
He, She, It shakes	They shake

Mary says "No" and shakes her head.
María dice "No" y mueve la cabeza.

to shake hands expresión idiomática **dar la mano**

---

to share [SHEHR] verbo   **compartir**

I share	We share
You share	You share
He, She, It shares	They share

Let us share the pie.
Vamos a compartir el pastel.

---

she [SHI] pronombre   **ella**

She is running.
Ella está corriendo.

---

sheep [SHIP] nombre   **la oveja**

The sheep is a gentle animal.
La oveja es un animal manso.

---

sheet (of paper) (See **paper**)

---

shell [SHEL] nombre   **la concha**

It is my shell!
¡Es mi concha!

ship [SHIP] nombre   **el barco**

I dream of traveling on a ship.
Yo sueño viajar en un barco.

> Emily Dickinson, la gran poetisa norteamericana, compara a un libro con un barco y dice: "No hay fragata como un libro, que nos lleve a tierras lejanas."
>
> Emily Dickinson, an outstanding American poet, compared a book to a ship and said, "There is no frigate like a book to take us lands away."

shirt [SHURT] nombre   **la camisa**

I am wearing a shirt and tie.
Llevo camisa y corbata.

shoe [SHU] nombre   **el zapato**

Frank is putting on his shoes.
Francisco se pone los zapatos.

to shop [SHAP] verbo   **ir de compras**

I shop	We shop
You shop	You shop
He, She, It shops	They shop

to go shopping

I love to go shopping.
Me encanta ir de compras.

shop (See **store**)

shore (See **edge**)

---

short [SH<u>AW</u>RT] adjetivo   **corto,** masc.
                                        corta, fem.

Mary's coat is very short.
El abrigo de María es muy corto.

---

shoulder [SH<u>OH</u>L-d¢r] nombre   **el hombro**

She is wearing a purse on her shoulder.
Ella lleva una bolsa al hombro.

---

to shout (See **to scream**)

---

shovel [SH<u>E</u>V-¢l] nombre   **la pala**

The shovel is in the pail.
La pala está en el balde.

---

to show [SH<u>OH</u>] verbo   **mostrar, enseñar**

I show	We show
You show	You show
He, She, It shows	They show

Anita is showing me her dress.
Anita me muestra su vestido.

---

shower [SH<u>OW</u>-¢r] nombre   **la ducha**

My brother is in the shower.
Mi hermano está en la ducha.

---

sick [S<u>I</u>K] adjetivo   **enfermo, malo,** masc.
                                        enferma, mala, fem.

Robert is in bed because he is sick.
Roberto está en la cama porque está malo.

(at the) side of (See **next to**)

---

sidewalk [SAID-wawk] nombre   **la acera**

The girls are playing on the sidewalk.
Las niñas juegan en la acera.

---

silent (See **quiet**)

---

silly [SIL-i] adjetivo   **tonto,** masc.
       tonta, fem.

That is a silly idea!
¡Es una idea tonta!

---

silver [SIL-v¢r] nombre   **la plata**

The watch is made of silver.
El reloj es de plata.

---

similar (See **alike**)

---

to sing [SING] verbo   **cantar**

I sing	We sing
You sing	You sing
He, She, It sings	They sing

My parakeet is singing.
Mi perico canta.

---

sister [SIS-t¢r] nombre   **la hermana**

My sister and I are playing together.
Mi hermana y yo jugamos juntas.

---

to sit [SIT] verbo   **sentarse**

I sit	We sit
You sit	You sit
He, She, It sits	They sit

We sit under a tree.
Nos sentamos bajo un árbol.

six [SIKS] adjetivo   **seis**
There are six cookies in the plate.
Hay seis galletitas en el plato.

sixteen [siks-TIN] adjetivo   **dieciséis, diez y seis**
Number sixteen comes after number fifteen.
El número dieciséis viene después del número quince.

sixty [SIKS-ti] adjetivo   **sesenta**
The car is going sixty miles an hour.
El auto va a sesenta millas por hora.

size [SAIZ] nombre   **el tamaño**
The size of the skyscraper is frightening.
El tamaño del rascacielos es espantoso.

skate [SKEIT] nombre   **el patín**
Do you have roller skates?
¿Tienes patines de ruedas?

to skate [SKEIT] verbo   **patinar**

I skate	We skate
You skate	You skate
He, She, It skates	They skate

The two boys are ice-skating.
Los dos muchachos patinan en hielo.

ice skate nombre   **el patín de hielo**

skin [SKIN] nombre   **la piel, la cáscara**

The banana skin is yellow.
La cáscara del plátano es amarilla.

skirt [SKURT] nombre   **la falda**

Ellen's skirt is short.
La falda de Elena es corta.

sky [SKAI] nombre   **el cielo**

The sky is blue today.
El cielo está azul hoy.

skyscraper [SKAI-skrei-pǝr] nombre   **el rascacielos**

My father works in a skyscraper.
Mi padre trabaja en un rascacielos.

sled [SLED] nombre   **el trineo**

I have a good time with my sled.
Me divierto con mi trineo.

to sleep [SLIP] verbo   **dormir**

  I sleep   We sleep
  You sleep   You sleep
  He, She, It sleeps   They sleep

The lion is sleeping.
El león duerme.

to be sleepy expresión idiomática   **tener sueño**

The clown is sleepy.
El payaso tiene sueño.

to slide, [SL**AI**D] verbo   **resbalar**
to slip [SL**I**P]

I slide	I slip
You slide	You slip
He, She, It slides	He, She, It slips
We slide	We slip
You slide	You slip
They slide	They slip

I slip on the stairs!
¡Yo me resbalo en la escalera!

---

slowly [SL**OH**-li] adverbio   **despacio**

The turtle walks slowly.
La tortuga camina despacio.

---

small [SM**AW**L] adjetivo   **pequeño,** masc.
                                                                   pequeña, fem.

The fly is very small.
La mosca es muy pequeña.

---

to smell [SMEL] verbo   **oler**

I smell	We smell
You smell	You smell
He, She, It smells	They smell

Beatrice smells the flower.
Beatriz huele la flor.

---

to smile [SM**AI**L] verbo   **sonreír**

I smile	We smile
You smile	You smile
He, She, It smiles	They smile

The baby smiles when he sees the cat.
El bebé sonríe cuando ve el gato.

---

to smoke [SMOHK] verbo   **fumar**

I smoke   We smoke
You smoke   You smoke
He, She, It smokes   They smoke

My uncle does not smoke.
Mi tío no fuma.

no smoking expresión idiomática   **no fumar**

smoke [SMOHK] nombre   **el humo**

Look at the smoke! There is a fire!
¡Mira el humo! ¡Hay un incendio!

snack [SNAK] nombre   **la merienda, el bocado**

Mommy gives me a snack.
Mamá me da un bocado.

snake [SNEIK] nombre   **la culebra, la víbora**

I am afraid of snakes.
Yo les tengo miedo a las víboras.

to sneeze [SNIZ] verbo   **estornudar**

I sneeze   We sneeze
You sneeze   You sneeze
He, She, It sneezes   They sneeze

I'm cold and I'm sneezing.
Tengo frío y estornudo.

to snow [SNOH] verbo   **nevar**
It snows   **nieva**

Does it snow in spring?
¿Nieva en la primavera?

snow [S<u>NOU</u>] nombre   **la nieve**

Look! How pretty the snow is!
¡Mira! ¡Qué bonita está la nieve!

snowman nombre   **el hombre de nieve,**
                        el mono de nieve

The snowman is wearing a hat.
El hombre de nieve lleva un sombrero.

---

so [S<u>OH</u>] adverbio   **tan**

She is speaking so softly.
Ella habla tan suave.

Isn't that so? expresión idiomática   **¿No? ¿Verdad?**

so much, so many   **tanto, tantos,** masc.
  expresión idiomática   **tanta, tantas,** fem.

---

soap [S<u>OH</u>P] nombre   **el jabón**

I wash my hands with soap.
Yo me lavo las manos con jabón.

---

soccer [S<u>AK</u>-¢r] nombre   **el fútbol**

Here is our soccer team.
Aquí está nuestro equipo de fútbol.

---

sock [S<u>AK</u>] nombre   **el calcetín**

The baby's socks are small.
Los calcetines del bebé son chicos (pequeños).

---

soda [S<u>OH</u>-d¢] nombre   **el refresco, la soda**

I am pouring soda into a glass.
Yo sirvo un refresco en el vaso.

---

sofa [s<u>OH</u>-f¢] nombre   **el sofá**

The sofa is in the living room.
El sofá está en la sala.

---

soft [s<u>AW</u>FT] adjetivo   **blando,** masc.
blanda, fem.
suave

The armchair is soft.
El sillón es suave.

---

softly [s<u>AW</u>FT-li] adverbio   **suave, suavemente**
The radio is playing softly.
El radio toca suave.

---

soldier [s<u>OH</u>L-dj¢r] nombre   **el soldado**
The soldier is on the train.
El soldado está en el tren.

---

somebody, [s¢M-b<u>a</u>d-i] pronombre   **alguien**
someone [s¢M-w¢n]

Someone is screaming!
¡Alguien grita!

---

something [s¢M-th<u>i</u>ng] pronombre   **alguna cosa, algo**
Is there something interesting in the menu?
¿Hay algo interesante en el menú?

---

sometimes [s¢M-t<u>ai</u>mz] adverbio   **algunas veces**
Sometimes I do not work.
Algunas veces yo no trabajo.

---

son [s¢N] nombre   **el hijo**
I know the dentist's son.
Conozco al hijo del dentista.

---

song [SAWNG] nombre   **la canción**

I like to listen to this song.
Me gusta escuchar esta canción.

---

soon [SUN] adverbio   **pronto**

George Washington's birthday will come soon.
El cumpleaños de Jorge Washington va a llegar pronto.

see you soon expresión idiomática   **hasta pronto**

(to have a) sore (See **to have**)

(what) sort of? [SAWRT-of]   **¿qué clase de?**
  expresión idiomática

What kind of dog is that?
¿Qué clase de perro es ése?

---

soup [SUP] nombre   **la sopa, el caldo**

The soup is delicious.
La sopa está deliciosa.

---

south [SOWTH] nombre   **el sur**

Mexico is to the south of the United States.
México está al sur de los Estados Unidos.

---

spaceship [SPEI-ship] nombre   **la nave espacial, el cohete**

The astronauts fly on the spaceship.
Los astronautos vuelan en la nave espacial.

---

to speak [SPIK] verbo   **hablar**

I speak	We speak
You speak	You speak
He, She, It speaks	They speak

I am speaking to my friend.
Yo hablo con mi amigo.

to spend (time) [SPEND] verbo   **pasar**

I spend	We spend
You spend	You spend
He, She, It spends	They spend

I spend all day at the library.
Yo paso todo el día en la biblioteca.

to spend (money)   **gastar dinero**

spider [SP<u>AI</u>-d¢r] nombre   **la araña**

What is it? A spider.
¿Qué es? Una araña.

to spill [SP<u>I</u>L] verbo   **derramar, volcar**

I spill	We spill
You spill	You spill
He, She, It spills	They spill

The server spills the soup.
El mesero vacía la sopa.

spinach [SP<u>I</u>N-¢ch] nombre   **las espinacas**

Do you like spinach?
¿Te gustan las espinacas?

spoon [SPUN] nombre   **la cuchara**

Charlotte eats ice cream with a spoon.
Carlota come el helado con cuchara.

sport [SPAWRT] nombre   **el deporte**

Baseball is an interesting sport.
El béisbol es un deporte interesante.

> El fútbol americano es el principal deporte en EUA.
> Durante la temporada de juegos, los sábados se
> reservan para los colegios y universidades, y el resto de
> la semana pertenece a la NFL (Liga Nacional de Fútbol
> Americano). Esto sigue hasta el último juego cuando los
> dos mejores equipos juegan en el Super Tazón (*Super
> Bowl*, así llamado por la forma del estadio).
>
> Football is the major sport in the lives of Americans.
> During the season, Saturdays are reserved for
> college/university games; Sundays and the rest of the
> week for the NFL (National Football League). This
> continues until the top two teams play the final game in
> the Super Bowl.

spot (stain) [SPAT] nombre   **la mancha**

There is a spot on the shirt.
Hay una mancha en la camisa.

spotted [SPAT-¢d] adjetivo   **manchado, pinto,** masc.
                                        manchada, pinta, fem.

The leopard is spotted.
El leopardo es pinto.

spring [SPRING] nombre   **la primavera**

You see a lot of birds in the spring.
Se ven muchos pájaros en la primavera.

389

square [SKWEHR] adjetivo — **cuadrado,** masc. **cuadrada,** fem.

The book is square.
El libro es cuadrado.

---

stain (See **spot**)

---

staircase, [STEHR-keis] nombre — **la escalera**
stairs [STEHRZ]

I am going down the staircase.
Yo bajo por la escalera.

---

stamp (postage) [STAMP] nombre — **el timbre, el sello,
la estampilla**

This is an interesting stamp.
Es un timbre interesante.

---

to stand (See **to get up**)

---

standing [STAN-ding] adverbio — **de pie**
The boy is standing in the store.
El muchacho está de pie en la tienda.

---

star [STAHR] nombre — **la estrella**
I like to look at the stars.
Me gusta mirar las estrellas.

---

state [STEIT] nombre — **el estado**
Here is a map of the United States.
Aquí hay un mapa de los Estados Unidos.

---

station [STEI-shǝn] nombre — **la estación**
The train stops at the station.
El tren se para en la estación.

---

to stay [STEI] verbo   **quedarse**

I stay	We stay
You stay	You stay
He, She, It stays	They stay

The owl stays in the tree.
La lechuza se queda en el árbol.

---

to steal [STIL] verbo   **robar**

I steal	We steal
You steal	You steal
He, She, It steals	They steal

One must not steal.
No se debe robar.

---

steamship (See **boat, ship**)

---

step [STEP] nombre   **el escalón**

David falls on the steps.
David se cae en los escalones.

---

stereo [STE-re-o] nombre   **estéreo**

The new stereo system sounds fantastic.
El nuevo estéreo suena fantástico.

---

stick [STIK] nombre   **el palo**

The stick is on the ground.
El palo está en la tierra.

---

still [STIL] adverbio   **todavía**

Are you still in the basement?
¿Todavía estás tú en el sótano?

to sting [STĬNG] verbo   **picar**

I sting	We sting
You sting	You sting
He, She, It stings	They sting

The mosquitoes are biting me.
Los zancudos me pican.

---

stocking [STĂK-ĭng] nombre   **la media**

Here is a pair of stockings.
Aquí hay un par de medias.

---

stomach [STŬM-¢k] nombre   **el estómago**

George has a stomachache.
Jorge tiene dolor de estómago.

---

stone [STOHN] nombre   **la piedra**

There are many stones near the mountain.
Hay muchas piedras cerca de la montaña.

---

to stop [STĂP] verbo   **detener (se), parar (se)**

I stop	We stop
You stop	You stop
He, She, It stops	They stop

The car stops on the bridge.
El auto se para en el puente.

---

store (shop) [STAWR] nombre   **la tienda**

The store is open.
La tienda está abierta.

---

storm [ST<u>A</u>WRM] nombre   **la tormenta**

It is windy during a storm.
Hace mucho viento durante una tormenta.

story [ST<u>A</u>WR-i] nombre   **el cuento, la historia**

The teacher is reading Cinderella to the children.
La maestra está leyendo La Cenicienta a los niños.

> En español, la palabra "Cenicienta" se forma de
> "cenizas". Igualmente, en inglés, la palabra "Cinderella"
> contiene la palabra "cinder" que quiere decir "ceniza".
>
> Just as in English, Cinderella's name contains the word
> "cinder." In Spanish, *Cenicienta* is formed from *ceniza*,
> meaning "ashes" or "cinders."

stove [ST<u>O</u>HV] nombre   **la estufa**

The stove is dangerous for children.
La estufa es peligrosa para los niños.

electric stove nombre   **la estufa eléctrica**

gas stove nombre   **la estufa de gas**

strange [STREINDJ] adjetivo   **raro, extraño,** masc.
                                                          rara, extraña, fem.

It is strange. It is cold in summer.
¡Qué raro! Hace frío en verano.

stranger [STREIN-djǿr] nombre   **el extraño, el forastero**
Who is that man? He is a stranger.
¿Quién es ese hombre? Es un extraño (forastero).

strawberry [STRAW-ber-i] nombre   **la fresa**
I have strawberries for dessert.
Yo como fresas de postre.

street [STRIT] nombre   **la calle**
It is dangerous to skate in the street.
Es peligroso patinar en la calle.
wide street, boulevard nombre   **el bulevar**
street cleaner nombre   **el limpiador de calles**

string [STRING] nombre   **el cordón**
There is a string on the rug.
Hay un cordón en el tapete.

stringbean [STRING-bin] nombre   **los ejotes,**
                                            las habichuelas (tiernas)
I am cutting stringbeans.
Yo corto las habichuelas (tiernas).

strong [STRAWNG] adjetivo   **fuerte**
The mailman is strong.
El cartero es fuerte.

student [STUD-nt] nombre   **el estudiante**
                                                     la estudiante
The students are in the library.
Los estudiantes están en la biblioteca.

to study [STŮD-i] verbo   **estudiar**

I study	We study
You study	You study
He, She, It studies	They study

We are studying together.
Nosotros estudiamos juntos.

stupid [STU-pid] adjetivo   **estúpido,** masc.
                                           estúpida, fem.

The fox is not a stupid animal.
La zorra no es un animal estúpido.

subway [SÆB-wei] nombre   **el metro, el subterráneo**
The nurse takes the subway.
La enfermera toma el metro.

to succeed [sÆk-SID] verbo   **tener éxito, lograr**

I succeed	We succeed
You succeed	You succeed
He, She, It succeeds	They succeed

She succeeds in putting on her boots.
Ella logra ponerse las botas.

suddenly [SÆD-Æn-li] adverbio   **de repente**
Suddenly the telephone rings.
El teléfono suena de repente.

sugar [SHAUHG-Ær] nombre   **el azúcar**
I put sugar on my grapefruit.
Yo pongo azúcar en mi toronja.

suit [SUT] nombre   **el traje**
I am looking at the suits.
Yo miro los trajes.

bathing suit nombre   **el traje de baño**

suitcase (valise) [SUT-keis] nombre   **la maleta**
He is carrying a suitcase.
Él lleva una maleta.

summer [SƐM-ǝr] nombre   **el verano**
Charles is lazy in summer.
Carlos es perezoso en el verano.

summer vacation   expresión idiomática   **las vacaciones de verano**

sun [SƐN] nombre   **el sol**

What time does the sun rise?
¿A qué hora se levanta el sol?

sunbath nombre   **el baño de sol**

The sun is shining. It is sunny.   **Hace sol**
  expresión idiomática

supermarket (See **market**)

sure (See **certain**)

surprise [sǝr-PRAIZ] nombre   **la sorpresa**
I like surprises.
Me gustan las sorpresas.

surprising adjetivo   **sorprendente**

sweater [SWET-ǝr] nombre   **el suéter**
The sweater is made of wool.
El suéter es de lana.

sweet [SWIT] adjetivo **dulce**

Cherries are sweet.
Las cerezas son dulces.

to swim [SWIM] verbo **nadar**

I swim	We swim
You swim	You swim
He, She, It swims	They swim

We swim in the pool.
Nadamos en la piscina.

swimming pool nombre **la piscina, la alberca**

swing [SWING] nombre **el columpio**

The little girl is on the swing.
La niña está en el columpio.

switch [SWICH] nombre **el enchufe, el conmutador**

The switch is near the door.
El enchufe está cerca de la puerta.

T

table [TEI-bøl] nombre **la mesa**

The knife is on the table.
El cuchillo está en la mesa.

tablecloth nombre **el mantel**

to set the table expresión idiomática **poner la mesa**

Who sets the table in your house?
¿Quién pone la mesa en tu casa?

tail [TEIL] nombre   **el rabo, la cola**

The cow is moving its tail.
La vaca mueve la cola.

---

tailor [TEI-l¢r] nombre   **el sastre**

I am going to the tailor.
Yo voy al sastre.

---

to take [TEIK] verbo   **tomar, llevar**

I take	We take
You take	You take
He, She, It takes	They take

I take the school bus.
You tomo el autobús escolar.

She takes an umbrella.
Ella lleva un paraguas.

to take a bath expresión idiomática   **bañarse, tomar un baño**

She takes a bath before going to bed.
Ella se baña antes de acostarse.

to take off expresión idiomática   **quitarse**

Jack is taking off his shoe.
Jaime se quita el zapato.

to take a trip expresión idiomática   **hacer un viaje**
to take a walk expresión idiomática   **dar un paseo**

---

tale (See **story**)

to talk [TAWK] verbo   **hablar**

I talk	We talk
You talk	You talk
He, She, It talks	They talk

Grandmother is talking softly.
La abuela habla suave.

---

tall [TAWL] adjetivo   **grande, alto,** masc.
                                              alta, fem.

The skyscraper is tall.
El rascacielos es alto.

---

tank (fish) (See **fish**)

---

tank [TANK] nombre   **el tanque**

The tank provides support to the infantry.
El tanque provee apoyo a la infantería.

---

taxi [TAK-si] nombre   **el taxi**

What color is the taxi?
¿De qué color es el taxi?

---

tea [TI] nombre   **el té**

My aunt always drinks tea.
Mi tía siempre toma té.

---

to teach [TICH] verbo   **enseñar**

I teach	We teach
You teach	You teach
He, She, It teaches	They teach

Daddy is teaching me the letters of the alphabet.
Papá me enseña las letras del alfabeto.

---

teacher [TI-chér] nombre

el maestro, masc.
la maestra, fem.
el profesor

The teacher is writing on the blackboard.
La maestra escribe en la pizarra.

---

team [TIM] nombre   **el equipo**

The members of the team play together.
Los miembros del equipo juegan juntos.

---

tear [TIR] nombre   **la lágrima**

When I cry, my eyes are filled with tears.
Cuando lloro, mis ojos se llenan de lágrimas.

---

teeth [TITH] (See **tooth**)

---

telephone [TEL-¢-fohn] nombre   **el teléfono**

The telephone rings at ten o'clock.
El teléfono suena a las diez.

---

cell phone [SEL-fon] adjetivo, nombre

celular,
el celular

My cell phone does not work out of the country.
Mi celular no funciona fuera del país.

---

television [TEL-¢-VIZH-¢n] nombre   **la televisión**

My brother and I watch television.
Mi hermano y yo miramos la televisión.

cable (TV) [KA-bul] adjetivo   **cable, por cable**

Cable television allows us to obtain more channels and more programs.
La televisión por cable nos permite obtener más canales y más programas.

satellite (TV) [SA-te-lait] adjetivo   **satélite, por satélite**

Satellite TV competes with cable TV.
La televisión por satélite compite con la televisión por cable.

television set nombre   **el televisor**

The television set has just come from the store.
El televisor acaba de llegar de la tienda.

---

to tell [TEL] verbo   **contar**

I tell	We tell
You tell	You tell
He, She, It tells	They tell

The teacher is telling us a fairy tale.
La maestra nos cuenta un cuento de hadas.

---

ten [TEN] adjetivo   **diez**

I have ten fingers.
Tengo diez dedos.

---

tent [TENT] nombre   **la tienda (de campaña)**

There are three tents near the lake.
Hay tres tiendas cerca del lago.

---

test [TEST] nombre   **el examen, la prueba**

I am afraid of tests.
Yo les tengo miedo a los exámenes.

text [TEXT] nombre, adjetivo   **texto**

How do you contact your friends?
¿Cómo te comunicas con los amigos?

I send text messages.
Envío mensajes por texto.

---

thank you [THANGK yu] nombre   **gracias**
thanks [THANGKS]

Susan receives a gift and says "Thank you."
Susana recibe un regalo y da las gracias (dice "gracias").

> El Día de Acción de Gracias en Estados Unidos es un día de fiesta nacional celebrado en noviembre para agradecer todo lo bueno que hemos recibido en nuestras vidas. La fiesta se celebra con abundante comida y con todos los miembros de la familia. El primer Día de Acción de Gracias se celebró en 1623 en Plymouth, Massachusetts.
>
> Thanksgiving Day in the United States is a national holiday in November to give thanks for all the good that we have received in our lives. The holiday is celebrated with the entire family and abundant food. The first Thanksgiving took place in Plymouth, Massachusetts, in 1623.

---

that (See **which**)

---

that [THAT] pronombre   **eso**

What do you think of that?
¿Qué piensas de eso?

That's too bad! expresión idiomática   **¡Qué lástima!**

the [THE] artículo   **el, la, los, las**
The children are ready.
Los niños están listos.

---

theater [THI-¢-t¢r] nombre   **el teatro**
The actor is playing a part in the theater.
El actor hace un papel en el teatro.

---

their [THEHR] adjetivo   **su, sus**
The boys are pulling their sleds.
Los muchachos halan sus trineos.

---

them [THEM] pronombre   **los, las**
Here are the toys. I'll give them to the baby.
Aquí están los juguetes. Yo se los daré al bebé.

---

to them [THEM] pronombre   **les, a ellos, a ellas**
I show my photographs to them.
Yo les muestro mis fotografías a ellos.

---

then [THEN] adverbio   **entonces**
I get up; then I eat breakfast.
Me levanto; entonces me desayuno.

---

there [THEHR] adverbio   **allí**
Put the hammer there.
Ponga usted el martillo allí.

over there   **allá**

---

there is [thehr IZ] adverbio   **hay**
there are [thehr AHR]
Are there any trees in the field?
¿Hay árboles en el campo?

they [THEI] pronombre   **ellos, ellas**

They are laughing at the monkeys.
Ellos se ríen de los monos.

---

thick [THIK] adjetivo   **grueso,** masc.
                                    gruesa, fem.

The wood on the see-saw is thick.
La madera del sube y baja es gruesa.

---

thief (See **burglar**)

---

thin [THIN] adjetivo   **delgado, flaco,** masc.
                              delgada, flaca, fem.

The little boy is thin.
El niño es delgado.

---

thing [THING] nombre   **la cosa**

I put many things into the trunk.
Yo meto muchas cosas en el baúl.

---

to think [THINGK] verbo   **pensar**

I think	We think
You think	You think
He, She, It thinks	They think

What do you think of the new teacher?
¿Qué piensas tú del profesor nuevo?

---

to be thirsty [THURS-ti] expresión idiomática   **tener sed**

I am thirsty	We are thirsty
You are thirsty	You are thirsty
He, She, It is thirsty	They are thirsty

The little girl is thirsty.
La niña tiene sed.

thirteen [th<u>ur</u>-TIN] adjetivo   **trece**

There are thirteen boys in this class.
Hay trece niños en esta clase.

---

thirty [TH<u>UR</u>-ti] adjetivo   **treinta**

It is ten thirty.
Son las diez y media (treinta).

---

this [T<u>HIS</u>] adjetivo   **este, estos,** masc.
these plural   **esta, estas,** fem.

This hoop is round.
Este aro es redondo.

---

this (one) [T<u>HIS</u>] pronombre   **éste,** masc.
                                                        ésta, fem.

I am going to eat this; I am not going to eat that.
Yo voy a comer éste, yo no voy a comer ése.

---

thousand [TH<u>OW</u>-z¢nd] adjetivo   **mil**

I would like to have a thousand dollars.
Me gustaría tener mil dólares.

---

three [THRI] adjetivo   **tres**

Do you know the song "Three Blind Mice"?
¿Sabes la canción "Los tres ratones ciegos"?

---

throat [THR<u>OH</u>T] nombre   **la garganta**

Do you have a sore throat?
¿Tienes dolor de garganta?

---

through [THRU] preposición   **por, a través de**

The bear is walking through the forest.
El oso camina por el bosque.

---

to throw [THR<u>OH</u>] verbo   **tirar, lanzar**

I throw	We throw
You throw	You throw
He, She, It throws	They throw

Throw the ball to me!
¡Tírame la pelota!

---

thunder [TH<u>E</u>N-d¢r] nombre   **el trueno**

Thunder makes a loud noise.
El trueno hace un ruido fuerte.

Thursday [TH<u>URZ</u>-dei] nombre   **el jueves**

Are we going to the zoo on Thursday?
¿Vamos al parque zoológico el jueves?

---

ticket [T<u>I</u>K-<u>i</u>t] nombre   **el boleto, el billete**

I would like to buy a ticket.
Me gustaría comprar un boleto.

---

tiger [T<u>AI</u>-g¢r] nombre   **el tigre**

The tiger jumps from the tree.
El tigre salta del árbol.

---

tight [T<u>AI</u>T] adjetivo   **apretado,** masc.
                             apretada, fem.

This coat is too tight for me.
Este saco está muy apretado para mí.
(Este abrigo me queda muy apretado.)

---

time [T<u>AI</u>M] nombre   **la vez**

I have to write each word four times.
Tengo que escribir cada palabra cuatro veces.

to have a good time expresión idiomática   **divertirse**

---

time (o'clock) [TAIM] nombre   **la hora**
What time is it?
¿Qué hora es?
It is three o'clock.
Son las tres.
It is six thirty.
Son las seis y media.
It is a quarter after two.
Son las dos y cuarto.
It is dinner time.
Es la hora de cenar.

---

tip [TIP] nombre   **la propina**
Mother gives a tip to the waiter.
Mamá le da una propina al mesero.

---

tired [TAIRD] adjetivo   **cansado,** masc.
                                                 cansada, fem.
After a baseball game we are tired.
Después de un juego de béisbol estamos cansados.

---

to [TŲ] preposición   **a**
He is going to the airport.
Él va al aeropuerto.

---

toast [TOHST] nombre   **el pan tostado**
Mmm, I like toast!
Um, me gusta el pan tostado.

---

today [te-DEI] adverbio   **hoy**
What day is today?
¿Qué día es hoy?

---

toe [TOH] nombre   **el dedo (del pie)**

I have ten toes.
Yo tengo diez dedos en los pies.

---

together [t¢-GETH-¢r]   **junto, juntos,** masc.
adjetivo, adverbio   **juntas,** fem.

We are going to work together on the project.
Vamos a trabajar juntos en el proyecto.

> En 1776 Benjamin Franklin, el gran estadista,
> escritor e inventor estadounidense, dice a sus
> compatriotas al firmar la Declaración de la
> Independencia de Estados Unidos de la Gran
> Bretaña: "Debemos actuar juntos, pues de lo
> contrario colgaremos separados." (En la unión
> está la fuerza.)
>
> In 1776 Benjamin Franklin, the great American
> statesman, writer, and inventor, says to his
> countrymen at the signing of the country's
> Declaration of Independence from Great Britain:
> "We must all act together, else we shall all hang
> separately." (There is strength in numbers.)

---

tomato [t¢-MEI-toh] nombre   **el tomate**

My friend is cutting tomatoes.
Mi amigo corta los tomates.

---

tomorrow [t¢-MAR-oh] nombre   **mañana**

Tomorrow I am going fishing.
Mañana voy a la pesca. (Mañana voy de pesca.)

---

tongue [TƏNG] nombre   **la lengua**

I see the dog's tongue.
Veo la lengua del perro.

too bad! [TU BAD] expresión idiomática   **¡Qué lástima!**

Too bad! We can't go now.
¡Qué lástima! Ahora no podemos ir.

too much adverbio   **demasiado**

Mama says, "That is too much pie."
Mamá dice, "Es demasiado pastel."

too many adjetivo   **demasiados,** masc.
                           demasiadas, fem.

tooth [TUTH] nombre   **el diente**
teeth [TITH] plural

Larry brushes his teeth.
Lorenzo se cepilla los dientes.

to have a toothache   **tener dolor de muelas**
    expresión idiomática

toothbrush nombre   **el cepillo de dientes**

toothpaste nombre   **la pasta de dientes,**
                           la pasta dentífrica

top [TAP] nombre   **el trompo**

A top is a toy.
Un trompo es un juguete.

to touch [TɄCH] verbo   **tocar**

I touch	We touch
You touch	You touch
He, She, It touches	They touch

The child is touching the radio.
El niño toca el radio.

toward [TAWRD] preposición   **hacia**

We are going toward the hospital.
Vamos hacia el hospital.

towel [TOW-ǝl] nombre   **la toalla**
What a dirty towel!
¡Qué toalla tan sucia!

---

tower [TOW-ǝr] nombre   **la torre**
The castle has two towers.
El castillo tiene dos torres.

---

toy [TOI] nombre   **el juguete**
I like to look at the toys in the store window.
Me gusta mirar los juguetes en la vitrina.

---

traffic [TRAF-ik] nombre   **la circulación, el tráfico**
The traffic stops when the policeman raises his hand.
La circulación se para cuando el policía levanta la mano.

---

train [TREIN] nombre   **el tren**
The airplane goes faster than the train.
El avión va más rápido que el tren.

---

to travel [TRAV-ǝl] verbo   **viajar**

I travel	We travel
You travel	You travel
He, She, It travels	They travel

We are traveling by car.
Nosotros viajamos en auto.

to take a trip expresión idiomática   **hacer un viaje**

---

traveler [TRAV-ǝl-ǝr] nombre   **el viajero**
The traveler is carrying a suitcase.
El viajero lleva una maleta.

---

tree [TRI] nombre   **el árbol**

This tree has thick roots.
Este árbol tiene raíces gruesas.

(to take a) trip (See **to travel**)

---

truck [TRɆK] nombre   **el camión**

The truck is carrying oil.
El camión lleva petróleo.

fire truck nombre   **el camión de bomberos**

---

true [TRU] nombre   **la verdad, cierto**

Is it true that the Earth is larger than the moon?
¿Es verdad que la Tierra es más grande que la luna?

Isn't that true? expresión idiomática   **¿No es verdad?, ¿No?**
                                                            ¿Verdad?

---

trunk [TRɆNGK] nombre   **el baúl**

They are putting the trunk on the train.
Ellos ponen el baúl en el tren.

---

truth [TRUTH] nombre   **la verdad**

It's the truth. I do not tell lies.
Es la verdad. Yo no digo mentiras.

---

to try [TRᴀI] verbo   **tratar de**

I try	We try
You try	You try
He, She, It tries	They try

I am trying to study.
Yo trato de estudiar.

Tuesday [TUZ-dei] nombre   **el martes**

I am going to the dentist on Tuesday.
Voy al dentista el martes.

---

turkey [TUR-ki] nombre   **el pavo, el guajolote**

We eat turkey for a whole week!
¡Nosotros comemos pavo por una semana entera!

---

turn [TURN] nombre   **el turno**

It's not your turn!
¡No es tu turno!

---

to turn [TURN] verbo   **doblar, voltear**

I turn	We turn
You turn	You turn
He, She, It turns	They turn

My uncle turns the page of the newspaper.
Mi tío voltea la página del periódico.

to turn off expresión idiomática   **apagar**

Turn off the electric light.
Apaga la luz eléctrica.

---

turtle [TUR-t¢l] nombre   **la tortuga**

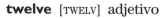

The turtle likes the sun.
A la tortuga le gusta el sol.

---

twelve [TWELV] adjetivo   **doce**

There are twelve months in a year.
Hay doce meses en un año.

twenty [TWEN-ti] adjetivo   **veinte**

We have twenty plates.
Tenemos veinte platos.

---

twice [TWAIS] adverbio   **dos veces**

Write the word twice.
Escribe la palabra dos veces.

---

twist [TUIST] verbo   **torcer, retorcer**

I twist	We twist
You twist	You twist
He, She, It twists	They twist

She twisted the wire until it broke.
Retorció el alambre hasta que se cortó.

---

two [TU] adjetivo   **dos**

There are two zebras in the field.
Hay dos cebras en el campo.

---

type of [TAIP ɵf] expresión idiomática   **tipo de**

I don't like that type of notebook.
No me gusta ese tipo de cuaderno.

---

typist [TAIP-ist] nombre   **el mecanógrafo,** masc.
                                                la mecanógrafa, fem.

The typist works in the office.
La mecanógrafa trabaja en la oficina.

U

ugly [ɵG-li] adjetivo   **feo,** masc.
                                                             fea, fem.

I look ugly in this photograph.
Yo estoy feo en esta foto.

---

umbrella [ǝm-BREL-ǝ] nombre   **el paraguas**

That's a pretty umbrella.
Ese es un paraguas bonito.

uncle [ᴇNG-kǝl] nombre   **el tío**
My uncle is my father's brother.
Mi tío es el hermano de mi padre.

my uncle's house expresión idiomática   **la casa de mi tío**

under [ᴇN-dǝr] preposición   **debajo de**
The potato grows under the ground.
La papa crece debajo de la tierra.

to understand [ǝn-dǝr-STAND] verbo   **comprender,
                                                 entender**

I understand   We understand
You understand   You understand
He, She, It understands   They understand

Do you understand the question?
¿Comprendes la pregunta?

unhappy [ǝn-HAP-i] adjetivo   **infeliz, triste**
She is unhappy because she cannot go to the beach.
Ella está infeliz porque no puede ir a la playa.

united [u-NAIT-ǝd] adjetivo   **unido,** masc.
                                              unida, fem.

Here is a map of the United States.
Aquí hay un mapa de los Estados Unidos.

United Nations nombre   **las Naciones Unidas**

> Las Naciones Unidas es un grupo de 192 países
> con sede en la ciudad de Nueva York. La
> asociación se formó en 1945 con el propósito de
> promover la paz y la cooperación internacional.
>
> The United Nations is a group of 192
> independent countries with headquarters in New
> York City. It was formed in 1945 to promote
> peace and international cooperation.

university [yu-ni-VUR-si-TI] nombre   **la universidad**

Is the university far from here?
¿Está lejos la universidad?

until [¢n-TIL] adjetivo   **hasta**

The bank is open until three o'clock.
El banco está abierto hasta las tres.

unusual [¢n-YU-zhu-¢l] adjetivo   **raro, inusual**

What unusual glasses!
¡Qué lentes tan raros!

upstairs [¢p-STEHRZ] adverbio   **arriba**

My apartment is upstairs.
Mi apartamento está arriba.

us, to us [¥s] pronombre   **nos, a nosotros**

She gives us candy.
Ella nos da dulces.

---

to use [YUZ] verbo   **usar, utilizar**

   I use   We use

   You use   You use

   He, She, It uses   They use

He uses a handkerchief when he sneezes.

Él usa un pañuelo cuando estornuda.

---

useful [YUS-f∅l] adjetivo   **útil**

Scissors are useful.

Las tijeras son útiles.

V

---

vacation [vei-KEI-sh∅n] nombre   **las vacaciones**

What are you going to do during the summer vacation?

¿Qué vas a hacer durante las vacaciones de verano?

---

to vaccinate [VAK-sin-eit] verbo   **vacunar**

   I vaccinate   We vaccinate

   You vaccinate   You vaccinate

   He, She, It vaccinates   They vaccinate

The doctor vaccinates the boy.

El doctor vacuna al niño.

---

vacuum cleaner [VAK-yu-∅m kli-n∅r]   **la aspiradora**
  nombre

The vacuum cleaner is a useful machine.

La aspiradora es una máquina útil.

---

valise (See **suitcase**)

---

valley [VAL-i] nombre   **el valle**

The lake is in a valley.

El lago está en un valle.

---

vanilla [v∅-NIL-∅] nombre   **la vainilla**

They only sell vanilla ice cream.
Se vende helado de vainilla solamente.

---

vegetable [VEDJ-t∅-b∅l] nombre   **la legumbre,**
                                    la verdura, el vegetal

Cabbage is a vegetable.
El repollo es una legumbre.

---

very [VER-i] adverbio   **muy**

The mouse is very small.
El ratón es muy pequeño.

---

village [VIL-idj] nombre   **el pueblo**

There is only one store in the village.
Hay solamente una tienda en el pueblo.

---

violet (See **purple**)

---

violin [VAI-oh-lin] nombre   **el violín**

The violin is on the piano.
El violín está en el piano.

---

to visit [VIZ-it] verbo   **visitar**

I visit	We visit
You visit	You visit
He, She, It visits	They visit

I'd like to visit San Francisco.
Me gustaría visitar San Francisco.

---

voice [VOIS] nombre   **la voz**

His voice is different when he has a cold.
Su voz es diferente cuando tiene catarro.

loud, in a loud voice expresión idiomática   **en voz alta, fuerte**

The man on television is speaking in a loud voice.
El hombre en la televisión habla en voz alta.

in a low voice expresión idiomática   **en voz baja**

The dentist speaks in a low voice.
El dentista habla en voz baja.

W

waiter, waitress (See **server**)

---

to wag [WAG] verbo   **mover**

The dog wags his tail when he is happy.
El perro mueve la cola cuando está feliz.

---

waist [WEIST] nombre   **la cintura**

I wear a belt around my waist.
Yo llevo un cinto alrededor de la cintura.

---

to wait [WEIT] verbo   **esperar**

I wait	We wait
You wait	You wait
He, She, It waits	They wait

I am waiting for the mailman.
Yo espero al cartero.

I have been waiting for the mailman for an hour.
Hace una hora que espero al cartero.

---

to wake up [WEIK ¢p] verbo   **despertar**

I wake up	We wake up
You wake up	You wake up
He, She, It wakes up	They wake up

I wake up when the sun rises.
Yo me despierto cuando sale el sol.

---

to walk, (to take a walk) [WAWK] verbo   **andar, pasear, caminar**

I walk	We walk
You walk	You walk
He, She, It walks	They walk

I am walking in the garden.
Yo camino en el jardín.

---

wall [WAWL] nombre   **la pared**

Virginia puts the broom against the wall.
Virginia pone la escoba contra la pared.

---

to want [WAHNT] verbo   **querer, desear**

I want	We want
You want	You want
He, She, It wants	They want

I want to listen to CDs.
Yo quiero escuchar discos.

---

war [WAWR] nombre   **la guerra**

I do not like war movies.
No me gustan las películas de guerra.

---

warm [WAWRM] adjetivo   **caliente**

The coffee is warm.
El café está caliente.

to be warm expresión idiomática   **tener calor**

John is warm.
Juan tiene calor.

It is warm (weather) expresión idiomática   **Hace calor**

---

to wash verbo   **lavar**

I wash	We wash
You wash	You wash
He, She, It washes	They wash

She is washing the car.
Ella lava el coche.

to wash (oneself) [WAHSH] verbo   **lavarse**
She is washing her hair.
Ella se lava el pelo.

washing machine nombre   **la máquina de lavar**

---

watch [WACH] nombre   **el reloj (de pulsera)**
According to my watch, it is four thirty.
Según mi reloj, son las cuatro y media.

to watch [WACH] verbo   **vigilar, mirar**

I watch	We watch
You watch	You watch
He, She, It watches	They watch

I watch how she runs.
Miro como corre ella.

---

water [WAW-tǝr] nombre   **el agua**
There is water in the pail.
Hay agua en el cubo.

---

watermelon [WAW-tǝr-mel-ǝn] nombre   **la sandía**
The boy is carrying a large watermelon.
El muchacho lleva una sandía grande.

---

wave [WEIV] nombre   **la ola**

The waves are enormous and beautiful.
Las olas están enormes y hermosas.

---

we [WI] pronombre   **nosotros**

We are going to the circus.
Nosotros vamos al circo.

---

weak [WIK] adjetivo   **débil**

The nurse helps the boy because he is weak.
La enfermera ayuda al muchacho porque está débil.

---

to wear [WEHR] verbo   **llevar**

I wear	We wear
You wear	You wear
He, She, It wears	They wear

I am wearing my sister's coat.
Yo llevo el abrigo de mi hermana.

---

weather [WETH-ǝr] nombre   **tiempo**

What is the weather?
¿Qué tiempo hace?

It is bad weather.
Hace mal tiempo.

It is cold.
Hace frío.

It is good weather.
Hace buen tiempo.

It is hot. (It is warm.)
Hace calor.

It is sunny.
Hace sol.

It is windy.
Hace viento.

Wednesday [WENZ-dei] nombre   **el miércoles**
I go to the library on Wednesdays.
Yo voy a la biblioteca los miércoles.

week [WIK] nombre   **la semana**
I am drawing a calendar of the week.
Yo dibujo un calendario de la semana.

to weep (See **to cry**)

You're welcome [YUR WEL-kem]   **De nada, ¡No hay de qué!**
  expresión idiomática

When I say "Thank you," my friend says "You're welcome."
Cuando yo digo "Gracias," mi amigo dice "De nada."

well [WEL] adverbio   **bien**
John skates well.
Juan patina bien.

Well! interjección   **¡Oye!, ¡Pues!**
to behave well expresión idiomática   **portarse bien,**
                                           comportarse

My father says that I behave well.
Mi papá dice que me porto bien.

Well done! (See **Hurray!**)

west [WEST] nombre   **el oeste**

When I go from New York to Chicago, I go toward the west.
Cuando yo voy de Nueva York a Chicago, yo voy hacia el oeste.

---

wet [WET] adjetivo   **mojado, húmedo,** masc.
                                    mojada, húmeda, fem.

My hair is wet.
Mi cabello está mojado.

What? [WHAT] interjección   **¿Cómo?**

What? Repeat it, please.
¿Cómo? Repita, por favor.

What's the matter? (See **matter**)

---

wheat [WHIT] nombre   **el trigo**

The farmer is cutting the wheat.
El agricultor corta el trigo.

---

wheel [WHIL] nombre   **la rueda**

The car has four wheels.
El coche tiene cuatro ruedas.

---

when [WHEN] adverbio   **cuando, ¿cuándo?**

When are you coming?
¿Cuándo vienes tú?

---

where [WHEHR] adverbio   **¿dónde?**

Where is the remote control?
¿Dónde está el control remoto?

---

whether (See **if**)

---

which (See **that**)

---

which [WH<u>I</u>CH] adjetivo, pronombre   **¿cuál?, ¿cuáles?**

Which pen do you want?
¿Cuál de las plumas quieres?

(in a little) while [<u>i</u>n ¢ lit-l WH<u>AI</u>L]   **en un ratito**
  expresión idiomática

Is he coming? In a little while.
¿Él viene? En un ratito.

---

to whistle [WH<u>I</u>S-¢l] verbo   **silbar**

  I whistle   We whistle
  You whistle   You whistle
  He, She, It whistles   They whistle

He is whistling because he is happy.
Él silba porque está contento.

---

white [WH<u>AI</u>T] adjetivo   **blanco,** masc.
                                                              blanca, fem.

The house is white.
La casa es blanca.

---

who [HU] pronombre   **¿quién?, ¿quiénes?**

Who is that boy?
¿Quién es ese muchacho?

---

whole [H<u>OH</u>L] adjetivo   **entero, todo el,** masc.
                                                    entera, toda la, fem.

I would like to eat the whole apple.
Me gustaría comer toda la manzana.

---

why? [WH<u>AI</u>] adverbio   **¿por qué?**
Why are you smiling?
¿Por qué sonríe usted?

424

wide [W<u>AI</u>D] adjetivo   **ancho,** masc.
                                   ancha, fem.

The fish tank is wide.
El acuario es ancho.

---

wife [W<u>AI</u>F] nombre   **la esposa, la mujer**

What is the name of the doctor's wife?
¿Cómo se llama la esposa del doctor?

---

wild [W<u>AI</u>LD] adjetivo   **feroz, salvaje**

The hunter catches the wild bear.
El cazador captura el oso salvaje.

---

to win [W<u>I</u>N] verbo   **ganar**

I win	We win
You win	You win
He, She, It wins	They win

Mark wins the game of checkers.
Marcos gana el juego de damas.

---

wind [W<u>I</u>ND] nombre   **el viento**

It is windy and I lose my umbrella.
Hace viento y yo pierdo mi paraguas.

---

window [W<u>I</u>N-d<u>oh</u>] nombre   **la ventana**

The dog likes to look out the window.
Al perro le gusta mirar afuera por la ventana.

store window nombre   **la vitrina, el aparador**

---

wine [W<u>AI</u>N] nombre   **el vino**

The wine is in the bottle.
El vino está en la botella.

---

wing [W<u>I</u>NG] nombre   **el ala**

The bird has two wings.
El pájaro tiene dos alas.

---

winner [W<u>I</u>N-¢r] nombre   **el ganador,** masc.
                                 la ganadora, fem.

All of us like to be winners.
A todos nos gusta ser ganadores.

---

winter [W<u>I</u>N-t¢r] nombre   **el invierno**

Winter comes after autumn.
El invierno viene después del otoño.

---

wise [W<u>AI</u>Z] adjetivo   **sabio,** masc.
                                 sabia, fem.

My grandfather is very wise.
Mi abuelo es muy sabio.

---

wish [W<u>I</u>SH] nombre   **el deseo**

I look at the star and I make a wish.
Yo veo la estrella y expreso un deseo.

to wish (See **to want**)

---

with [W<u>I</u>TH] preposición   **con**

I skate with my skates.
Yo patino con los patines.

---

without [w<u>ith</u>-<u>OWT</u>] preposición   **sin**

Robert goes out without a hat.
Roberto va (sale) sin sombrero.

---

wolf [WAUHLF] nombre   **el lobo**

Who's afraid of the wolf?
¿Quién tiene miedo del lobo?

woman [WAUHM-ǝn] nombre   **la mujer**
women plural

The woman is carrying a handbag.
La mujer lleva una bolsa.

wonderful [WǝN-dǝr-fǝl] adjetivo   **maravilloso,
extraordinario, divino,** masc.
**maravillosa, extraordinaria,
divina,** fem.

It is a wonderful toy!
¡Es un juguete maravilloso!

wood [WAUHD] nombre   **la madera**

The desk is made of wood.
El escritorio es de madera.

woods (See **forest**)

wool [WAUHL] nombre   **la lana**

My gloves are made of wool.
Mis guantes son de lana.

word [WURD] nombre   **la palabra**

I am writing the word "yes."
Yo escribo la palabra "sí."

work [WURK] nombre   **el trabajo**

The work is difficult.
El trabajo es difícil.

---

to work [WURK] verbo   **trabajar**

I work	We work
You work	You work
He, She, It works	They work

The salesman works in a store.
El vendedor trabaja en una tienda.

to work (machine) verbo   **andar, funcionar**

Is the refrigerator working well?
¿Anda bien el refrigerador?

---

world [WURLD] nombre   **el mundo**

How many people are there in the world?
¿Cuántas personas hay en el mundo?

---

worm [WURM] nombre   **el gusano**

There is a worm in my apple.
Hay un gusano en mi manzana.

---

would like [WAUHD LAIK]   **me gustaría, te gustaría,**
  expresión idiomática   **le gustaría, nos gustaría,**
                                                (os gustaría), les gustaría

He would like to go to the moon.
Le gustaría ir a la luna.

---

to write [RAIT] verbo   **escribir**

I write	We write
You write	You write
He, She, It writes	They write

She is writing in the sand.
Ella escribe en la arena.

(to be) wrong [R<u>AW</u>NG]   **no tener razón,**
   expresión idiomática   **estar mal, estar equivocado**
You are wrong. I have the correct answer.
Tú estás equivocado. Yo tengo la respuesta correcta.

Y

year [YIR] nombre   **el año**
There are fifty-two weeks in a year.
Hay cincuenta y dos semanas en un año.

---

yellow [YEL-<u>oh</u>] adjetivo   **amarillo,** masc.
                                                        amarilla, fem.
The lemon is yellow.
El limón es amarillo.

---

yes [YES] adverbio   **sí**
Do you want some watermelon? Yes, of course!
¿Quieres sandía? Sí, ¡cómo no!

---

yesterday [YES-t¢r-dei] adjetivo   **ayer**
My cousin cannot say the word "yesterday."
Mi prima no puede decir "ayer."

---

you [YU] pronombre   **usted, tú, ustedes**
Do you have a telephone?
¿Tienes un teléfono?

to you [YU] pronombre   **a usted, a ti, le, te, les**
She is giving you another spoon.
Ella te da otra cuchara.

---

young [Y‌ENG] adjetivo   **joven**

The puppy is young; it is six weeks old.
El perrito es joven; tiene seis semanas.

your [Y‌AWR] adjetivo   **su, sus, tu, tus**
Is this your bicycle?
¿Es tu bicicleta?

Z

zebra [ZI-br‌¢] nombre   **la cebra**
The zebra is an interesting animal.
La cebra es un animal interesante.

zero [ZIR-oh] nombre   **el cero**
Zero is a bad mark.
El cero es una nota mala.

zoo [ZU] nombre   **el jardín zoológico, el zoológico**

bear	el oso	lion	el león
elephant	el elefante	monkey	el mono
fox	el zorro	snake	la víbora
kangaroo	el canguro	tiger	el tigre
leopard	el leopardo	wolf	el lobo

What time do the animals eat at the zoo?
¿A qué hora comen los animales en el zoológico?

English Verb Supplement
Los Verbos Ingleses

Regular Verbs
Verbos Regulares

Present	Past	Future
(Presente)	(Pasado)	(Futuro)

TO TALK (hablar)

I talk	I talked	I will talk
You talk	You talked	You will talk
He, She, It talks	He, She, It talked	He, She, It will talk
We talk	We talked	We will talk
You talk	You talked	You will talk
They talk	They talked	They will talk

TO ARRANGE (arreglar)

I arrange	I arranged	I will arrange
You arrange	You arranged	You will arrange
He, She, It arranges	He, She, It arranged	He, She, It will arrange
We arrange	We arranged	We will arrange
You arrange	You arranged	You will arrange
They arrange	They arranged	They will arrange

Irregular Verbs
Verbos Irregulares

TO BE (ser, estar)

I am	I was	I will be
You are	You were	You will be
He, She, It is	He, She, It was	He, She, It will be
We are	We were	We will be
You are	You were	You will be
They are	They were	They will be

TO DO (hacer)

I do	I did	I will do
You do	You did	You will do
He, She, It does	He, She, It did	He, She, It will do
We do	We did	We will do
You do	You did	You will do
They do	They did	They will do

TO BECOME (volverse, llegar a ser)

I become	I became	I will become
You become	You became	You will become
He, She, It becomes	He, She, It became	He, She, It will become
We become	We became	We will become
You become	You became	You will become
They become	They became	They will become

TO BEGIN (comenzar)

I begin	I began	I will begin
You begin	You began	You will begin
He, She, It begins	He, She, It began	He, She, It will begin
We begin	We began	We will begin
You begin	You began	You will begin
They begin	They began	They will begin

TO CARRY (llevar)

I carry	I carried	I will carry
You carry	You carried	You will carry
He, She, It carries	He, She, It carried	He, She, It will carry
We carry	We carried	We will carry
You carry	You carried	You will carry
They carry	They carried	They will carry

TO HAVE (tener)

I have	I had	I will have
You have	You had	You will have
He, She, It has	He, She, It had	He, She, It will have
We have	We had	We will have
You have	You had	You will have
They have	They had	They will have

TO FEEL (sentir)

I feel	I felt	I will feel
You feel	You felt	You will feel
He, She, It feels	He, She, It felt	He, She, It will feel
We feel	We felt	We will feel
You feel	You felt	You will feel
They feel	They felt	They will feel

TO HURRY (darse prisa)

I hurry	I hurried	I will hurry
You hurry	You hurried	You will hurry
He, She, It hurries	He, She, It hurried	He, She, It will hurry
We hurry	We hurried	We will hurry
You hurry	You hurried	You will hurry
They hurry	They hurried	They will hurry

TO LEAVE (irse)

I leave	I left	I will leave
You leave	You left	You will leave
He, She, It leaves	He, She, It left	He, She, It will leave
We leave	We left	We will leave
You leave	You left	You will leave
They leave	They left	They will leave

TO SAY (decir)

I say	I said	I will say
You say	You said	You will say
He, She, It says	He, She, It said	He, She, It will say
We say	We said	We will say
You say	You said	You will say
They say	They said	They will say

TO SEE (ver)

I see	I saw	I will see
You see	You saw	You will see
He, She, It sees	He, She, It saw	He, She, It will see
We see	We saw	We will see
You see	You saw	You will see
They see	They saw	They will see

TO WIN (ganar)

I win	I won	I will win
You win	You won	You will win
He, She, It wins	He, She, It won	He, She, It will win
We win	We won	We will win
You win	You won	You will win
They win	They won	They will win

DAYS OF THE WEEK
Los días de la semana

English/Inglés	Español/Spanish
Monday	lunes
Tuesday	martes
Wednesday	miércoles
Thursday	jueves
Friday	viernes
Saturday	sábado
Sunday	domingo

MONTHS OF THE YEAR
Los meses del año

English/Inglés	Español/Spanish
January	enero
February	febrero
March	marzo
April	abril
May	mayo
June	junio
July	julio
August	agosto
September	septiembre
October	octubre
November	noviembre
December	diciembre

PERSONAL NAMES
Los nombres

Boys/*Los muchachos*

English/Inglés	Español/Spanish
Albert	Alberto
Andrew	Andrés
Anthony	Antonio
Arthur	Arturo
Charles	Carlos
Christopher	Cristóbal
Dominic	Domingo
Edward	Eduardo
Frederick	Federico
Frank	Francisco, Paco
George	Jorge
Henry	Enrique
James	Jaime, Diego
John	Juan
Joseph	José, Pepe
Julius	Julio
Louis	Luis
Mark	Marcos
Michael	Miguel
Paul	Pablo
Philip	Felipe
Peter	Pedro
Raul, Ralph	Raúl
Richard	Ricardo
Robert	Roberto
Steven	Esteban
William	Guillermo

Girls/*Las muchachas*	
English/Inglés	Español/Spanish
Alice	Alicia
Adele	Adela
Alexandra	Alejandra
Ann, Anne	Ana
Beatrice	Beatriz
Beth	Isabel
Carmen	Carmen, Carmela
Charlotte	Carlota
Connie	Conchita
Dolores	Dolores, Lola
Dorothy	Dorotea
Eloise	Eloísa
Esther	Esther, Ester
Eva	Eva, Evita, Eve
Helen, Ellen	Elena
Frances	Francisca
Grace	Graciela
Hope	Esperanza
Jane, Jean, Joan, Janet, Jacqueline	Juana, Juanita
Louise	Luisa
Mary	María
Margaret	Margarita
Pearl	Perla
Rosalyn	Rosalinda
Rose	Rosa, Rosita
Susan	Susana
Sylvia	Silvia
Virginia	Virginia

437

NUMBERS 1–100
Números 1–100

English/Inglés	Español/Spanish
one	uno
two	dos
three	tres
four	cuatro
five	cinco
six	seis
seven	siete
eight	ocho
nine	nueve
ten	diez
eleven	once
twelve	doce
thirteen	trece
fourteen	catorce
fifteen	quince
sixteen	dieciséis
seventeen	diecisiete
eighteen	dieciocho
nineteen	diecinueve
twenty	veinte
twenty-one	veintiuno
twenty-two	veintidós
twenty-three	veintitrés
twenty-four	veinticuatro
twenty-five	veinticinco
twenty-six	veintiséis
twenty-seven	veintisiete

twenty-eight	veintiocho
twenty-nine	veintinueve
thirty	treinta
thirty-one	treinta y uno
thirty-two	treinta y dos
thirty-three	treinta y tres
thirty-four	treinta y cuatro
thirty-five	treinta y cinco
thirty-six	treinta y seis
thirty-seven	treinta y siete
thirty-eight	treinta y ocho
thirty-nine	treinta y nueve
forty	cuarenta
forty-one	cuarenta y uno
forty-two	cuarenta y dos
forty-three	cuarenta y tres
forty-four	cuarenta y cuatro
forty-five	cuarenta y cinco
forty-six	cuarenta y seis
forty-seven	cuarenta y siete
forty-eight	cuarenta y ocho
forty-nine	cuarenta y nueve
fifty	cincuenta
fifty-one	cincuenta y uno
fifty-two	cincuenta y dos
fifty-three	cincuenta y tres
fifty-four	cincuenta y cuatro
fifty-five	cincuenta y cinco
fifty-six	cincuenta y seis
fifty-seven	cincuenta y siete
fifty-eight	cincuenta y ocho

fifty-nine	cincuenta y nueve
sixty	sesenta
sixty-one	sesenta y uno
sixty-two	sesenta y dos
sixty-three	sesenta y tres
sixty-four	sesenta y cuatro
sixty-five	sesenta y cinco
sixty-six	sesenta y seis
sixty-seven	sesenta y siete
sixty-eight	sesenta y ocho
sixty-nine	sesenta y nueve
seventy	setenta
seventy-one	setenta y uno
seventy-two	setenta y dos
seventy-three	setenta y tres
seventy-four	setenta y cuatro
seventy-five	setenta y cinco
seventy-six	setenta y seis
seventy-seven	setenta y siete
seventy-eight	setenta y ocho
seventy-nine	setenta y nueve
eighty	ochenta
eighty-one	ochenta y uno
eighty-two	ochenta y dos
eighty-three	ochenta y tres
eighty-four	ochenta y cuatro
eighty-five	ochenta y cinco
eighty-six	ochenta y seis
eighty-seven	ochenta y siete
eighty-eight	ochenta y ocho
eighty-nine	ochenta y nueve

ninety	noventa
ninety-one	noventa y uno
ninety-two	noventa y dos
ninety-three	noventa y tres
ninety-four	noventa y cuatro
ninety-five	noventa y cinco
ninety-six	noventa y seis
ninety-seven	noventa y siete
ninety-eight	noventa y ocho
ninety-nine	noventa y nueve
one hundred	ciento (cien)
two hundred	doscientos
three hundred	trescientos
four hundred	cuatrocientos
five hundred	quinientos
six hundred	seiscientos
seven hundred	setecientos
eight hundred	ochocientos
nine hundred	novecientos
one thousand	mil
two thousand	dos mil
one million	millón
two million	dos millones
one billion	mil millones

WEIGHTS AND MEASURES
Pesos y medidas

English/Inglés	Español/Spanish
0.39 inches	1 centímetro
0.62 miles	1 kilómetro
6.21 miles	10 kilómetros
0.035 ounces	1 gramo
2.20 pounds	1 kilogramo
1 inch	2.54 centímetros
1 foot	30.5 centímetros
1 yard	91.4 centímetros
1 mile	1.61 kilómetros
1 ounce	28.3 gramos
1 pound	453.6 gramos

PARTS OF SPEECH
Partes de la oración

English/Inglés	Español/Spanish
adjective	el adjetivo
article	el artículo
adverb	el adverbio
conjunction	la conjunción
idiomatic expression	la expresión idiomática
interjection	la interjección
noun, feminine (fem.)	el nombre (femenino)
noun, masculine (masc.)	el nombre (masculino)
preposition	la preposición
pronoun	el pronombre
verb	el verbo
verb form	la forma de verbo

FOR TRAVELERS
Para los viajeros

English/Inglés	Español/Spanish
Everyday Courtesies	**Cortesías Corrientes**
Hello!	Hola!
Good-bye.	Adiós.
Please!	¡Por favor!
Thank you!	¡Gracias!
See you later.	Hasta luego.
My name is...	Me llamo...
I'm glad to meet you.	Mucho gusto.
How are you?	¿Cómo está usted?
I'm sorry.	Lo siento.
Excuse me.	Disculpe.
Pardon me.	Perdón.
Here is my address.	Aquí tiene mi dirección.
Have fun!	¡Que se divierta!
Useful Expressions	**Expresiones Útiles**
Where is...	¿Dónde está...
the bathroom? –	el baño? –
Over there.	Allá.
the hotel? – To the right.	el hotel? – A la derecha.
the hospital? – To the left.	el hospital? – A la izquierda.
the bank? – Two blocks ahead.	el banco? – Dos calles derecho.
the museum? – Around the block.	el museo? – A la vuelta de la esquina.

English/Inglés	Español/Spanish
the church? – I need a map.	la iglesia? – Necesito un mapa.
the embassy? – I need a taxi.	la embajada? – Necesito un taxi.
the post office? – Straight ahead.	el correo? – Adelante.
Do you speak English?	¿Habla usted inglés?
I don't understand.	No entiendo.
Please speak slowly.	Hable más despacio, por favor.
Please repeat.	Repita, por favor.
Please write that for me.	Escríbame eso, por favor.
What time is it?	¿Qué hora es?
Where is tourist information?	¿Dónde está la oficina de turismo?

Basic Questions	**Preguntas Básicas**
Who is it?	¿Quién es?
When?	¿Cuándo?
What time?	¿A qué hora?
How much?	¿Cuánto?
What?	¿Qué?
What is it?	¿Qué es eso?
What's happening?	¿Qué pasa?
Where?	¿Dónde?
Where can I get souvenirs?	¿Dónde consigo cosas típicas/recuerdos?
Where can I find an Internet-café?	¿Dónde puedo encontrar un café-internet?

444

English/Inglés	Español/Spanish
How?	¿Cómo?
Where can I exchange money?	¿Dónde puedo cambiar dinero?
How is the rate on the dollar/euro?	¿A cómo está el dólar/euro?
How do I get to the embassy?	¿Cómo llego a la embajada?

Getting Assistance	**Ayuda**
Help! I need a doctor.	¡Socorro! Necesito un doctor.
Help! I've been robbed.	¡Socorro! Me han robado.
Help me! Call the police.	¡Ayúdeme! Llame a la policía.
Help me! I need to go to the hospital.	¡Ayúdeme! Necesito ir al hospital.
Please, I need to go to the hotel.	Por favor, necesito ir al hotel.
Please, I need to go to a pharmacy.	Por favor, necesito ir a la farmacia.
Excuse me, where are the restrooms?	Perdón, ¿dónde están los baños?

Signs	**Avisos**
Warning(s)!	¡Advertencia(s)!
Caution!	¡Precaución!
Danger!	¡Peligro!
Watch Your Step!	¡Cuidado!
Open	Abierto

English/Inglés	Español/Spanish
Come in!	¡Pase!/¡Adelante!
Welcome!	¡Bienvenido!
Push	Empuje
Pull	Tire
No Vacancies	No Hay Vacantes
Closed	Cerrado
Prohibited!	¡Prohibido!
No Smoking!	¡No Fumar!
No Admittance!	¡Prohibido entrar!
Do Not Handle!	¡No tocar!
Wait!	¡Espere!

Activities	**Actividades**
I would like to take a trip to Toledo.	Me gustaría hacer un viaje a Toledo.
Would you like to go by train, bus, or car?	¿Quiere ir por tren, por autobús, o por coche?
I would like to go to the beach.	Me gustaría ir a la playa.
I would like to go skiing.	Me gustaría ir a esquiar.
I would like to go to a restaurant.	Me gustaría ir a un restaurante.
I would like to go to a drugstore.	Me gustaría ir a una botica.
I would like to go to a gift shop.	Me gustaría ir a una tienda de regalos.
I would like to go to a bookstore.	Me gustaría ir a una librería.

English/Inglés	Español/Spanish
I would like to go to a department store.	Me gustaría ir a una tienda de departamentos.
I would like to go to the market.	Me gustaría ir al mercado.
I would like a walking tour of the city.	Me gustaría un paseo a pie por la ciudad.
How much is the tour/trip?	¿Cuánto cuesta la gira/el viaje?
May I use a credit card?	¿Puedo usar tarjeta de crédito?
Have a good trip!	¡Buen viaje!

Food	Comida
I would like...	Quisiera...
breakfast, lunch, dinner, snack	desayuno, almuerzo, cena, merienda/bocadillo
bread, rolls	pan, panecillos
cheese	queso
water/bottled water, coffee, tea, milk	agua, agua de botella, café, té, leche
juice, chocolate, soft drink	jugo, chocolate, refrescos
meat, fish, poultry	carne, pescado, pollo
vegetables	legumbres
Check, please.	La cuenta, por favor.
the tip	la propina
fast-food restaurant	restaurante de comida rápida

English/Inglés	Español/Spanish
Going Shopping	**Ir de Compras**
market, supermarket	mercado, supermercado
boutique, department store	boutique, tienda de departamentos
bakery, cake shop	panadería, pastelería
pharmacy	farmacia
bookstore	librería
What's the price?	¿Qué precio tiene?
That's too expensive.	Es muy caro.
Do you accept credit cards?	¿Acepta tarjeta de crédito?
I need a receipt.	Necesito recibo.

AQUÍ SE HABLA ESPAÑOL

Spanish is spoken here

Spain

United States

Mexico

Central America

South America

Mexico
Guatemala
El Salvador
Nicaragua
Costa Rica
Panama
Cuba
Puerto Rico
Dominican Republic
Venezuela
Colombia
Ecuador
Peru
Bolivia
Chile
Paraguay
Argentina
Uruguay
Spain
Parts of the United States